MÉMOIRES

TIRÉS DES

ARCHIVES DE LA POLICE

DE PARIS.

MÉMOIRES

TIRÉS DES

ARCHIVES DE LA POLICE

DE PARIS,

POUR SERVIR A L'HISTOIRE DE LA MORALE ET DE LA POLICE,

DEPUIS LOUIS XIV JUSQU'A NOS JOURS.

Par J. Peuchet,
Archiviste de la Police.

TOME I.

PARIS,

A. LEVAVASSEUR ET Cie,

Place de la Bourse, 8.

1838.

INTRODUCTION.

Il est bon que, de temps en temps, dans nos archives confuses où l'histoire entasse au jour le jour les documents justificatifs d'une époque tout entière, on descende intrépidement avec un flambeau pour mettre au néant les papiers inutiles et rendre à la lumière une foule de renseignements que le pays peut avoir à consulter dans un double intérêt, philosophique et social, c'est-à-dire, dans l'intérêt de l'étude des passions humaines, si mal appréciées encore, et dans l'intérêt des conseils d'organisation qui résultent de nos diverses expériences, des malheurs et des élans dont le passé nous lègue le souvenir. L'histoire ne saurait être un vain délassement, un recueil plus ou moins attrayant d'anecdotes sans liens entre elles et sans autorité pour l'avenir. L'examen réfléchi des époques antérieures est naturellement le guide du publiciste de quelque valeur, dans la retouche indispensable des institutions, puisqu'après tout la mobilité nous apparaît comme le caractère invariable de tout ce qui respire. Sans la méditation de nos fautes, où en seraient nos progrès ?

Le tableau mystérieux de la vie privée, la mise à nu des ressorts les plus secrets de l'histoire, telle est la mission que s'est proposée Jacques Peuchet, et dont l'accomplissement employa sa vive persévérance dans le cours de ses fonctions d'archiviste. Il se fit une riche érudition sur ce point.

Jacques Peuchet a vu les germes imperceptibles des événements les plus graves croître et grandir dans les ténèbres de la vie privée, et des mêmes éléments sortir invariablement des résultats analogues. Les drames historiques les plus éclatants ne furent dès-lors pour lui que l'explosion violente et la manifestation publique des modifications inaperçues introduites depuis longtemps dans les mœurs; et ces modifications, à leur tour, ne lui parurent s'être installées dans la conscience générale que par les évolutions nouvelles et le développement successif de l'esprit humain.

Peut-être le premier rudiment de la formule au moyen de laquelle l'histoire cessera de se présenter à nous comme un indéchiffrable chaos, est-elle au fond de cette conviction qu'il a si souvent exprimée devant nous. Il voulait parfois organiser ce chaos historique, et se proposait alors de prendre le cœur humain pour fanal, avec ses goûts natifs, ses élans invincibles et sa tendance invariable, en l'acceptant tout d'abord comme une cause irrésistible, afin d'illuminer avec ce principe les époques les plus incertaines de nos annales.

Comme la plupart des hommes qui rapportent tout à leur propre pensée, dès qu'ils en ont une, il prétendait que le moyen d'acheminement certain vers la meilleure organisation des diverses forces sociales ne devait se trouver que dans le perfectionnement de la régie administrative.

Il ne repoussait même que très-faiblement le reproche de matérialisme, quand on l'accusait de prétendre à subordonner l'essor de l'humanité au génie de la police : c'est qu'il prêtait à ce mot de police un sens large et loyal. Il affirmait que l'on n'avait pas fait autre chose que de la police depuis le commencement du monde, police bonne ou mauvaise, mais de la police enfin ; et que les peuples, comme les enfants, passent par la férule et les premières douleurs de l'école, sous la conduite de leurs chefs de file, avant de s'émanciper et de prendre définitivement possession de l'ordre et de la liberté. S'il accordait volontiers cette dictature provisoire, ce pouvoir de faire et de défaire, cette marge immense au génie administratif, c'est qu'il entendait que ce génie songeât de tout temps à la santé publique par de savantes précautions d'hygiène, à la sécurité de l'individu et à l'autorité de la justice par des moyens habiles de vigilance, à la réforme successive des lois par l'étude suivie des symptômes de leur application, à la morale par l'éducation, à l'approvisionnement universel par la répartition des denrées, et par conséquent par la répartition des travaux de toute espèce, à l'architecture enfin qui lui paraissait indignement négligée. Le mot de *responsabilité* lui paraissait écrit à toutes les pages de l'histoire, dans les malheurs et les catastrophes des empires, et à chaque page de la vie privée dans la lutte ardente et les haines continues des individus entre eux. Aussi, cette responsabilité, Jacques Peuchet l'invoquait avec feu ; c'était pour lui l'épée de Damoclès éternellement menaçante.

Notre penchant national à déshonorer les mots, et par suite à déshonorer les fonctions correspondantes à ces mots, lui paraissait désastreux et absurde. Il aurait voulu réhabiliter la police, et disait avec humeur que la nécessité de l'espionnage ressortant du dogme trop légèrement admis de la vie privée, il fallait honorer les braves qui se dévouaient pour aller chercher des tigres dans nos cavernes.

Il voyait enfin dans la vie privée une protestation flagrante contre la vie publique : le mal ne venait que de là suivant lui. Quoique exagérée, cette thèse mérite qu'on l'examine. On verra percer, de temps à autre, des éclairs de cette conviction dans le cours des notes qu'il a recueillies. Chez lui c'était une idée fixe que ses recherches favorites ont développée, mais qu'il redoutait de traduire ouvertement en système. Toutefois, au sein du désordre apparent de sa manière, sa préoccupation rejaillit toujours, comme les échos de lumière d'un paysage, quelque désordonné qu'il soit en apparence révèlent, au peintre qui veut le transporter sur la toile, des lois intelligentes et mathématiques.

Jacques Peuchet, issu d'une bonne famille de bourgeoisie, honorable et bien aparentée, naquit à Paris en 1760. Élève du collége de Louis-le-Grand, les dispositions qu'il manifesta lui attachèrent ses maîtres; il arriva qu'ils en prirent un soin extrême à développer son intelligence. Excellent latiniste, helléniste renforcé, connaissant déjà les deux littératures, il se sentit assez habile pour prendre les degrés; il passa maître ès-arts, et sa dernière thèse fut si brillante que longtemps après on se la rappelait dans le monde érudit.

Ses parents le destinaient à la médecine; il suivit les cours, parut à l'amphitéâtre: mais ici la vocation lui manquait; il aimait mieux défendre et étudier les hommes que de les guérir au moyen d'arcanes plus qu'incertains. La médecine lui parut si germaine de la charlatanerie qu'il l'abandonna. Il tourna ses idées vers l'étude des lois du pays et se fit avocat. Là, du moins, le caractère de généralité qu'il cherchait dans une profession se laissait apercevoir; bien que la science d'enfiler des mots lui parût souvent encore l'art de parler beaucoup pour ne rien dire; il fit son cours de droit et fut reçu avocat.

En 1788, l'abbé Morellet, médiocrité dont les philosophes faisaient entre eux un homme de génie, eut l'instinct de la valeur de Peuchet.

Ces avances honoraient celui auquel il les adressait; notre auteur s'exagérait de son côté la valeur du suffrage de Morellet et se glorifia des rapports qui s'établirent entre eux; en retour, il acheva tellement de plaire au prêtre philosophe, que celui-ci le choisit pour être son collaborateur, l'initia aux mystères de l'économie politique ; science qui pourra bien en devenir une quand elle passera par le cerveau d'un homme de génie, mais qui, jusqu'à ce jour, n'a conduit qu'à des tâtonnements dans l'obscurité.

En conséquence de cette association, Peuchet travailla au Mémoire contre la nouvelle compagnie des Indes, dont le privilége venait d'être rétabli ; ou plutôt, et selon la coutume, il entreprit à lui seul la besogne, que Morellet fit semblant de retoucher, comme la chose se pratique dans la plupart des collaborations, à ce que dit toujours l'un des collaborateurs. Lorsque cet abbé spéculateur imagina la tromperie du *Dictionnaire du Commerce*, qui lui valut tant de considération, de crédit, d'argent, et auquel il ne travailla jamais sérieusement, Peuchet lui fut encore attaché ; il s'occupa activement à rassembler des matériaux, des documents, des notes, des mémoires propres à confectionner cette œuvre importante. Si tout cela fut sans résultat pour la fortune du pauvre diable de factotum littéraire, du moins les recherches auxquelles il dut se livrer lui ouvrirent l'intelligence, et l'intelligence lui resta. Disons tout, il toucha mille francs pour sa part de la pension de quatre mille francs dont l'abbé Morellet jouit jusqu'à la révolution.

Ces deux amis se séparèrent; les entrepreneurs de la nouvelle Encyclopédie, dite méthodique, comprenant le mérite de Peuchet, l'attirèrent à eux et lui confièrent la partie majeure de la *police* et de la *municipalité*. Ces travaux sur la police et sur la municipalité occupèrent vivement Peuchet. Il touchait enfin à la spécialité qu'il cherchait depuis longtemps; il put examiner la vie sociale dans son embryon, chercher les ressorts du gouvernement sur des proportions faciles, juger l'homme, et, d'un seul foyer d'activité, conclure à tous. Ainsi, dès avant 1789, il s'occupa de ce qui, plus tard, devint la principale affaire de sa pensée.

M. de Calonne l'ayant connu, l'apprécia, l'employa et s'en trouva bien.

A la chute de ce ministre, qui valait mieux que sa réputation, Peuchet se mit à l'écart. Le successeur de Calonne, Loménie de Brienne, alors archevêque de Toulouse, alla le chercher dans sa retraite et l'employa. Ce ne fut pas jusqu'à la fin de son ministère; car Peuchet ayant, avec une indépendance honorable, embrassé la cause des parlements, en lutte avec le ministre, celui-ci lui fit partager la chute de ceux-là. Il fut congédié en 1788; c'était le bon moment pour une disgrâce.

Sa réputation était faite; ses concitoyens aussi l'appréciaient, et le lui prouvèrent en 1789. Il fut nommé, à Paris, électeur-représentant de la commune et membre de l'administration municipale au département de la police, qu'il géra uniquement depuis le mois de septembre 1789 jusqu'en août 1790.

Comme tant de bons esprits, il salua l'aurore de la révolution : ce ne fut pas pour longtemps. Habile à bien voir, il comprit de bonne heure où l'on voulait aller. On l'a entendu dire, à propos de cette époque de sa vie: *Les journées des 5 et 6 octobre 1789 m'enlevèrent rapidement le bandeau que la philosophie avait noué sur mes yeux; dès que je pus être éclairé, j'allai à lumière, c'est-à-dire au royalisme.*

Peuchet voulait dire sans doute au *pouvoir*, ses idées de liberté se confondant avec celle d'équilibre et de centralisation.

En conséquence du volte-face, M. de Montmorin lui accorda sa confiance, l'utilisa, le *goûta* comme les autres ministres, et lui fit obtenir du roi la direction principale de la *Gazette de France*. Les succès qu'il eut dans ce journal ne tardèrent pas à lui procurer le *Mercure*, que le célèbre Mallet du Pan lui abandonna, comme s'il eût été l'Elysée de cet autre Elie.

Dès que les révolutionnaires eurent jugé Peuchet, ils se promirent de l'écarter; la victoire contre la monarchie les mit à même. On le destitua de ses fonctions municipales, il devint leur point de mire. Au 10 août 1792, on l'incarcéra; un ami lui fit rendre la liberté.

Dans la tempête adore l'écho, a dit Pythagore; Peuchet, en ces jours de trouble, se régla sur un autre adage : *Cache ta vie.* Il sentit à merveille que pour la conserver il fallait se faire oublier.

Soudain il quitta Paris, se réfugia dans une campagne isolée, se dit malade, se dit Jacobin et resta ce qu'il était.

Son masque de jacobinisme lui profita. L'habileté de sa conduite lui procura les honneurs municipaux; et tandis que la terreur agitait et calmait la France, il devint administrateur du district de Gonesse; il y clabauda, comme beaucoup d'autres, assez pour pouvoir faire, sans péril, un peu de bien par-ci par-là. Aussi disait-il gaiement et avec raison : *Hurler avec les loups n'emporte que l'obligation de faire assaut de voix avec eux et non celle de partager leurs repas de charogne; il ne manque aux honnêtes gens que l'adresse pour gouverner le monde à la barbe des méchants;* maxime commode sans doute, mais que nous nous garderons d'éplucher trop sévèrement, parce que, après tout, ces tergiversations de Peuchet pour demeurer ferme à son poste tenaient aux prédilections favorites de l'individu plus qu'à des principes de couardise et d'hypocrisie. Il avait un but et des études; sa conscience capitula devant son but: il complétait, dans ses fonctions, ses études sur la municipalité. Ses amis virent le volte-face avec indulgence.

Son civisme le fit rentrer dans Paris, et à la fin de 1793, lors de la proclamation sans résultat de la constitution de l'an III, que l'on montra au peuple, mais dont on ne lui laissa pas prendre le goût, Peuchet, dont on appréciait le mérite, fut mis à la tête du bureau des lois et des matières contentieuses *sur les émigrés, les prêtres* et *les conspirateurs.* Ici encore son habileté le sauva de lui-même; il profita, dit-on, de ses fonctions, pour faire un bien infini à ces infortunés dont on demandait partout la spoliation et la mort. Ce fut à lui que, dans une circonstance, Billaud-Varennes dit :

— « L'ami, prends-y garde, marche droit, tu « m'as la mine d'être un *enragé de modéré,* et cela « te portera malheur. »

Si ces menaces de Billaud-Varennes sont vraies, il faut avouer qu'elles furent tardivement révélées par J. Peuchet; mais il ne devait en parler qu'à propos et dans le bon temps.

Ses ennemis profitèrent du 18 fructidor pour

l'inscrire sur la liste de proscription. Voué à la déportation, il échappa aux gendarmes, se blottit à l'écart et attendit. Voulant occuper ses longs et tristes loisirs, il fit le plan et il exécuta son beau, son important ouvrage : *La Géographie commerçante*, qu'il publia en l'an VIII (1800), cinq vol. in-folio.

C'est la refonte de l'ouvrage de Morellet sur un nouvel ordre. L'Anglais Mac Culloch s'est servi de ce livre pour son Dictionnaire du commerce, et l'ouvrage de Mac Culloch vient lui-même d'être refondu par nous (1).

Un travail aussi gigantesque et si bien dirigé attira sur lui l'attention de Chaptal, homme digne, à tous égards, de comprendre et de signaler le mérite; *car lui aussi était peintre.* Bonaparte, alors premier consul, avait fait un homme d'état de Chaptal en lui confiant le portefeuille du ministère de l'intérieur. Chaptal, aussitôt, nomma Peuchet membre du *conseil de commerce et des*

---

(1) Deux volumes grand in-8, 36 fr.

arts. Plus tard, le comte Français de Nantes, à qui on avait départi l'heureuse tâche de placer des hommes de distinction, investit Peuchet d'une place majeure dans son administration, si fertile en gens de savoir et d'esprit; Peuchet en augmenta le nombre.

La restauration, en avril 1814, le trouva investi de ces fonctions; elle lui donna la *censure des journaux* et en fit un poste de confiance. Poste périlleux entre les mains d'un homme qui, dans la sincérité de son cœur, pensait qu'un roi, aussi bien intentionné qu'Henri IV, par exemple, pouvait faire plus de bien à son pays par sa bonne volonté que l'arbitraire plus disséminé de toutes les assemblées délibératives du monde.

Peuchet se retira aux Cent-jours; cet acte de désintéressement, sinon de courage, lui fit obtenir la place d'archiviste de la préfecture de police, qu'il occupa jusqu'en 1827.

Il est sûr que Napoléon l'aurait rappelé à son premier poste, si l'autorité de l'empire se fût affermie. Les démarches qui ont un air de dévouement ne déplaisent jamais absolument aux hommes du pouvoir; et M. de Bonald l'a dit. Napoléon était essentiellement monarchique.

Assez semblable en maintes choses à l'académicien Lemonthey, qui fit du bien à petit bruit, cacha de son vivant la moitié de sa façon de penser, et se réserva d'être un révolutionnaire posthume, dans le but assez prudent de se ménager à tout hasard une existence heureuse et commode. Peuchet, quoique très-royaliste dans le fond, alliait à ce désir de stabilité sur un point, des appétits de liberté qu'il ne trouvait nullement incompatibles avec la solidité du trône; mais il lui fallait un pouvoir fort. Il comprit à merveille les fragilités qui l'entouraient, et se censura plutôt que de contribuer à leur ébranlement. Les révolutions submergeaient ses espérances; il en gémissait, car on ne peut rien organiser à travers le tumulte. Il ne voyait que cela. Volontiers il faisait le poltron sur ce chapitre, et craignait d'être, pour le moindre souffle, dans la débâcle de cet ouragan. Ses écrits, publiés tandis qu'il vivait, fourmillent de lacunes que nous retrouvons dans ses papiers, soigneusement étiquetées pour reprendre leur place dans ses ouvrages après sa mort. Ces lacunes sont curieuses. La supériorité de son point de vue le place au-dessus de tous les partis et donne la clé de ses contradictions apparentes. Il était, lui, du petit nombre de ces gens qui veulent, au centre des sphères exclusives où tourbillonnent séparément les divers partis, hostiles entre eux, trouver le point de ralliement qui les utilise et les rassemble, comme le géomètre fixe le point central où vont aboutir tous les rayons, comme le mécanicien constate le pivot sur lequel jouent les forces différentes qu'il fait concourir à l'unité. Personnellement, il avait connu les meilleures têtes de son siècle; Fauchet et Babeuf, Mirabeau et Saint-Simon, l'abbé Syeyès et Charles Fourier. L'éclectisme qui cherchait à s'impatroniser en France l'avait d'abord séduit, puis il s'en était éloigné comme d'une tentative orgueilleuse de l'impudence humaine, qui se permet de choisir et de rejeter à son gré, de son propre chef, dans l'œuvre de Dieu et dans le genre humain, où tout est à prendre. Sa prédilection le ramena toujours vers les intérêts matériels, plus faciles à pétrir et à manier, disait-il, que les cerveaux. Il s'obstinait sur ce point, passant par-dessus les autres disputes, insistait avec verve, persuadait quelquefois, et les orateurs de la Constituante, de la Convention, du Tribunat, ainsi que ceux de la Chambre élective sous la Restauration, durent à sa conversation et à ses renseignements plus d'une considération élevée sur l'état de gêne et de misère où la Commune est encore en France. La vie privée, qu'il appelait *la vie privée de lumière,* était surtout son texte critique, et, comme on le pense bien, les relations ténébreuses de l'ancienne police l'avaient mis à même de plonger dans ce bourbier, dont les fermentations causaient nos fièvres putrides et nos douleurs sociales. Homme de ménagement durant sa vie et accommodant à l'excès dans ses écrits, son dernier mot fut que nos générations étaient le fumier de l'avenir, et que de notre dispersion sur le sol naîtrait enfin, au milieu des douleurs, l'arbre de la science du bien et du mal.

Outre les ouvrages que nous avons déjà signalés comme sortis de sa plume, il est l'auteur des suivants :

1° *Exposition de ma gestion*, 1792, brochure in-8.

2° *De la classification des lois*, 1793, in-8.

3° *Vocabulaire des termes du commerce*, 1800, in-4. Cet ouvrage, appendice de la *Géographie commerçante*, y est joint; quelquefois on l'en a aussi séparé.

4° *Du commerce des neutres en temps de guerre*, traduit de L'Italien Lampredi, 1801, in-8.

5° *Bibliothèque commerciale*, 1802 et suiv.; publication périodique arrêtée en 1809, à cause de la guerre continentale et reprise en 1814; elle fut suspendue cette fois après l'émission du premier numéro, à cause du 20 mars; la suite en fut annoncée en 1817; mais elle n'eut pas lieu.

6° *Statistique élémentaire de la France*, 1807, in-8.

7° *Considérations sur l'utilité et le rétablissement de la franchise du port de la ville et du territoire de Marseille*, 1807, in-8.

8° *Topographie et statistique de la France*. Chanlaire fut son coopérateur dans la composition de cette brochure, 1807, in-8.

9° *Collection des lois, ordonnances et réglements de police, depuis le XIII*ᵉ *siècle jusqu'en* 1818, dix vol. in-8; œuvre précieuse à consulter.

10° *Situation actuelle des colonies*, 11 vol. in-8.

11° *Vie privée, politique et littéraire d'Honoré Riquetty, comte de Mirabeau*, 1821, trois vol. in-8.

12° *Etat des colonies et du commerce dans les Deux-Indes, etc.*, 1821, deux vol. in-8.

13° *Histoire philosophique et politique de l'établissement des Européens en Afrique*, œuvre posthume de Raynal, dont Peuchet se fit l'éditeur, 1823, quatre vol. in-8.

14° Barbier, dans son Dictionnaire des Pseudonymes, lui attribue la publication des *Mémoires du marquis d'Argens*.

15° *Ses Mémoires*. Certes ceux-ci ne seront pas la moindre production sortie de sa plume, et à coup sûr ce sera la plus amusante. On y trouvera vérité, récréation, variété, exactitude des anecdotes, de la science, en un mot ce qu'on cherche dans cent ouvrages et que celui-là seul présentera complètement.

Nous avons dû, quoique à regret, émonder çà et là des mots et de légers détails qui ne supporteraient pas le jour; mots et détails conformes à la licence des mœurs qu'il a dû constater. Sauf ces riens, nous assurons les lecteurs de l'intégrité du texte.

Alphonse LEVAVASSEUR.

MEMOIRES

TIRÉS

des Archives de la Police de Paris.

CHAPITRE PREMIER.

Etablissement des lieutenans généraux de police de Paris. — Leurs fonctions. — Lois de 1572. — *Bureau de police* composé de quatre bourgeois élus. — Attributions de ce bureau. — Edit de 1667 formé de l'ancienne administration de la police avant cet édit. — Responsabilité des lieutenans de police vis-à-vis du Parlement. — Audiences du Châtelet. — Dépenses de la police par qui réglées, ordonnées et payées.

On peut fixer à l'année 1667 l'époque de l'établissement de cette police qui depuis a reçu des développemens si immenses à Paris et acquis tant de pouvoir et de crédit.

L'histoire nous apprend que Louis XIV, voulant réformer plus complétement cette partie de l'administration, ainsi qu'il avait fait pour les autres branches du gouvernement, s'occupa d'instituer un magistrat dont la fonction particulière fût d'être chargé du soin de la police de Paris, et qui fût à sa nomination.

Antérieurement, et par un édit de 1666, il avait pourvu, en grande partie, au moyen de faire régner dans la capitale la sûreté, la tranquillité ; mais l'absence d'une autorité indépendante dans sa marche et entièrement livrée au soin de la police municipale, empêchait que les améliorations qu'il avait projetées reçussent leur exécution.

Avant cette époque, la police, qui faisait une des grandes attributions du prévôt de Paris, était exercée sous la haute surveillance du Parlement de Paris (1), par deux lieutenans au Châtelet, l'un civil et l'autre criminel, et par le bureau de ville, présidé par le prévôt des marchands, juridiction municipale chargée de

---

(1) On a la preuve de cette suprématie du Parlement dans ce qui se passa lors de la fronde en 1649. Lorsque la cour fut contrainte à se retirer à Saint-Germain, le Parlement, toutes les chambres assemblées, rendit un arrêt qui ordonnait au prévôt des marchands, comme chef des échevins de la ville, de veiller à la sûreté publique et à la garde des portes, de faire prendre les

la police du commerce par eau et de la garde des ponts.

Il n'est pas indifférent pour le sujet que je traite de connaître comment, avant l'édit de 1667, la police s'administrait dans la capitale.

Un édit du mois de juin 1572 prescrit qu'il sera, pour cet effet, formé un *bureau* composé de l'un des présidens et de l'un des conseillers du Parlement, d'un maître des requêtes, du lieutenant civil, du prévôt des marchands, de l'un des échevins et de quatre bourgeois du *nombre de ceux qui ne faisaient pas commerce,* à tel point on comprenait, à cette époque sage, le danger de confier la police à des hommes dont elle contrarierait les opérations, ou qui chercheraient à l'employer elle-même à leur avantage personnel ; enfin, les procureurs du roi au Châtelet et à l'Hôtel-de-Ville achevaient la composition de ce bureau imposant par le choix de ses membres, véritable garantie sociale.

Cette assemblée était investie du droit de faire exécuter les ordonnances de police, de juger les

---

armes aux bourgeois avec défense aux sentinelles de laisser sortir aucunes munitions de guerre, ordre aux officiers du Châtelet de pourvoir à l'approvisionnement de Paris et au passage des vivres avec défense même d'en empêcher l'entrée.

(*Mémoires de Montjelat.*)

contraventions sur des rapports des commissaires au Châtelet, magistrats inférieurs dont l'origine remonte aux plus anciennes époques de la monarchie. Ce *bureau de police* était encore autorisé à juger en dernier ressort jusqu'à une valeur de dix francs actuelle et avec appel jusqu'à quarante francs : on renvoyait aux juges de droit ceux dont le délit emportait une peine corporelle.

Cette manière d'administrer la police parut, malgré ses garanties, offrir des inconvéniens ; elle dura peu. Un arrêt du conseil, enregistré au Parlement le 2 décembre 1577, y substitua un mode qui avait quelque rapport avec celui institué postérieurement en 1791.

« Il y aura dans chaque quartier de Paris (disent ces lettres-patentes) des notables habitans qui seront élus et qui auront la charge de police ; ils pourront condamner jusqu'à la somme d'un écu. On pourra se pourvoir, par appel, contre leur jugement, mais seulement par voie de plainte, à l'*assemblée générale de police*. Cette assemblée se tiendra une fois par semaine, devant le prévôt de Paris ou les lieutenans, le prévôt des marchands et échevins, obligés de s'y trouver ; il leur sera fait rapport par un des élus de ce qu'ils auront fait et de ce qu'ils estiment nécessaire de faire pour le

« bien public, afin qu'ils puissent agir tous par
« un même esprit. »

Divers articles de ce réglement prescrivent la manière dont *les sergens de police* (à peu près ce que l'on appelait, avant la révolution, *les inspecteurs de police*, aujourd'hui *officiers de paix* et *sergens de ville*) et les commissaires de police devaient se conduire dans l'exercice de leurs fonctions. On appelait aussi, dans ces assemblées de police, les *maires et gardes-jurés des bourgeois et artisans*, lorsque les matières qu'on y traitait pouvaient les intéresser.

La police s'administrait à peu près de même dans toutes les villes de France, qui, à cette époque, avaient un hôtel-de-ville et un gouvernement municipal, ainsi qu'on peut s'en assurer par l'ordonnance de Moulins, de 1569.

On doit conclure de ces préliminaires que, loin d'être écartés du maniement des affaires, les habitans de la cité étaient, à cette époque, appelés à en connaître, notamment de celles qui avaient trait à la police locale. C'était une suite des franchises et des droits urbains qu'ils partageaient avec les officiers de justice royale et seigneuriale.

Cependant l'étendue de Paris, ses accroissemens progressifs, le grand nombre d'étrangers qui y arrivaient, le besoin qu'avait le gouvernement d'avoir des moyens plus efficaces et plus dépendans de ses volontés, pour y maintenir la tranquillité et la sûreté publique lui firent penser à changer l'administration de la police. On proposa donc une magistrature unique qui en serait chargée. Louis XIV adopta ce projet avec empressement : on le débattit dans des conférences tenues chez le chancelier Séguier, et dès le mois de mars 1667 parut le célèbre édit portant création de la charge de *lieutenant de police* pour la ville de Paris, enregistré au Parlement le même mois.

« Notre bonne ville de Paris, y fait-on dire
« au roi, étant la capitale de nos états et le
« lieu de notre séjour ordinaire qui doit servir
« d'exemple à toutes les autres villes du royaume,
« nous avons estimé que rien n'était plus digne
« de nos soins que d'y bien régler la justice et
« la police, et nous avons donné notre appli-
« cation à ces deux choses; elle a été suivie de
« tant de succès, et plusieurs défauts de la po-
« lice ont déjà été si heureusement corrigés, que
« chacun, excité par la commodité qu'il en re-
« çoit, concourt et prête volontiers la main
« pour la perfection d'un aussi grand ouvrage ;
« mais il est nécessaire que la réformation que
« nous y apportons soit soutenue par des magis-
« trats; et, comme les fonctions de la justice et

« de la police sont souvent incompatibles et « d'une trop grande étendue pour être bien « exercées par un seul officier dans Paris, nous « avons résolu de les partager, etc. A ces cau- « ses, etc.

Les avantages que l'on trouva dans cette loi pour la prompte administration de la police donnèrent lieu à des créations semblables pour les autres villes un peu importantes. Mais ce fut seulement en 1699 que cette magistrature commença à être établie dans les provinces.

Le choix que le roi fit de La Reynie pour premier lieutenant de police, ne pouvait être plus heureux. La Reynie avait été du nombre des maîtres des requêtes qui assistaient aux conférences de M. le chancelier. Je reviendrai plus loin sur ce magistrat qui, dès son entrée en fonctions, opéra de grands changemens dans la police de Paris.

Le lieutenant de police était dans les mains du gouvernement pour les mesures de surveillance et de répression, ainsi que pour les recherches qu'il prescrivait; mais le Parlement conserva toujours sur ce magistrat, comme sur les membres du Châtelet, une haute juridiction. C'était au Parlement qu'il prêtait serment, qu'il rendait compte chaque année de l'état des provisions de la capitale et des précautions prises par lui dans les événemens graves. C'est ainsi que dans la malheureuse affaire du 30 mai 1770, lors du mariage de M. le dauphin avec l'archiduchesse Marie-Antoinette, dont il sera question au tome II, le lieutenant de police de Sartines fut mandé à la barre du Parlement pour se justifier des torts dont on l'accusait dans ce fâcheux événement. Il en avait été de même à l'époque du désordre arrivé à Paris sous M. Berryer en 1750, à l'occasion des vexations exercées par les agens de la police contre les mendians et des bruits répandus cette fois, comme tant d'autres, qu'on enlevait les enfans pour en faire des bains de sang.

Le lieutenant de police réunissait deux caractères distincts et non séparés, celui de juge et celui d'administrateur. On avait regardé cette union comme indispensable dans l'exercice de la police. Comme juge, il tenait ses audiences au Châtelet, où, sur les rapports des commissaires de police, il prononçait des jugemens en forme de sentence, sur les contraventions aux ordonnances de police; en sa qualité d'administrateur et de commissaire du roi dans certaines attributions spéciales, il connaissait de toutes les mesures à prendre pour la sûreté et la tranquillité publiques, était chargé de prévenir les crimes et d'exécuter les ordres du roi.

Le nombre et la nature de ses attributions et l'étendue de son ressort étaient fixés par l'ordonnance de sa création ; mais cela n'empêchait pas que souvent il ne fût en concurrence avec le prévôt des marchands dans l'exercice de certaines fonctions.

Les dépenses de la police étaient réglées par le lieutenant de police, ordonnancées par le contrôleur général des finances et acquittées par le trésor royal qui versait dans la *caisse de la police*, à raison d'un douzième par mois, la somme accordée. Alors le gouvernement percevait sur la ville de Paris des droits spéciaux. Au nombre de ceux-ci étaient comprises les entrées aux barrières ; elles faisaient partie des fermes du roi. Les droits sur les halles et les marchés étaient également au profit du gouvernement ; aussi était-il juste que le trésor acquittât les dépenses de cette administration. Aujourd'hui elles sont à la charge de la ville de Paris, et se trouvent réglées par le corps municipal et le ministre de l'intérieur.

CHAPITRE II.

Aperçu sur l'organisation de l'ancienne police. — Ses bureaux. — Usages des lettres de cachet et ordres du roi. — Affaires de la librairie. — Violation du secret des lettres. — M. Puissant et M. Chicou. — Leur fortune. — Edit de 1740. — Charges d'inspecteurs. — Elles sont rétribuées cent écus, et se vendent quatre cent mille livres. — Commissaires au Châtelet. — Honoraires des commissaires de police. — Le guet et la garde.

J'ai suivi dans ce qui précède l'ordre des temps; j'ai fait connaître l'institution du magistrat chargé de l'administration de la police et de ses fonctions. Je vais maintenant, avant d'aborder la partie historique et anecdotique, retracer brièvement l'organisation de la police elle-même, et m'attacher à expliquer son système administratif. Je dirai les abus et la corruption qui y régnaient. De ce côté, la matière est large et les matériaux ne me manqueront pas.

La police, depuis la création de son chef unique, s'exerçait : 1° par les bureaux du lieutenant de police; 2° par les commissaires de police; 3° par les magistrats de police; 4° par des agens secrets à qui on a donné le nom de *mouchards*. Ce nom leur vient de celui d'un espion fameux au seizième siècle (1).

Le lieutenant de police renvoyait extraordinairement à ses chefs de bureau les demandes, les éclaircissemens, les réclamations qui lui étaient adressés. Il gardait pour son cabinet les ordres particuliers de la cour et des ministres; mais il était rare qu'il prît aucune mesure ou donnât aucun ordre sans en avoir conféré avec ses *commis* principaux : depuis on a changé ce titre en celui d'*employés*.

---

(1) Un inquisiteur de la foi, sous François II, s'appelait *Mouchy*, du nom d'un village de Picardie où il était né; il se fit nommer Antoine Democharès, et les espions qu'il employa, connus d'abord sous le nom de *mouches*, à cause de son sobriquet de Mouchy, furent ensuite appelés *mouchards Démocharès*.

Les bureaux se tenaient à l'hôtel de la police, rue Neuve-des-Capucines ; c'était là qu'on trouvait le magistrat et son administration ; celle-ci se composait *du secrétariat général*, où l'on expédiait les ordres du roi relatifs à la Bastille, Vincennes et autres prisons d'état, ainsi que les décisions du magistrat sur les demandes de réclusion dans les prisons ou la mise en liberté des détenus. Les affaires de la librairie, de la censure des pièces de théâtre, l'ouverture des lettres et les renvois aux différens bureaux dépendaient aussi du secrétariat. La protection de ceux qui y étaient attachés avait une telle importance qu'elle était avidement recherchée, car elle devenait un grand appui dans les affaires qu'on pouvait avoir avec la police.

Les autres bureaux étaient au nombre de sept, en y comprenant celui des nourrices ; chacun avait des attributions déterminées et un chef particulier. Les chefs jouissaient de beaucoup de crédit et décidaient presque seuls d'un assez grand nombre d'affaires. Le traitement nominal était peu considérable ; mais les gratifications que les commis recevaient, soit du lieutenant de police, soit des personnes dont ils avaient soutenu les intérêts, portaient ce traitement à un taux décuple et au-delà de celui qui était inscrit sur l'état des appointemens. On connaissait, par exemple, la fortune de M. Puissant, appointé sur cet état pour un traitement de quatre mille livres, et qui avait voiture et tenait maison splendide (1).

Ces exemples se retrouvent dans la police moderne : je n'en citerai qu'un seul. M. Chicou, mort il y a deux ans, s'était fait *trente-cinq mille francs* DE RENTE dans la place de chef de la troisième division, celle des halles, marchés et approvisionnemens à la préfecture de police. Mais M. Chicou cachait sa fortune, et M. Puissant en jouissait d'une manière assez honorable. Puissant-Deslandes était homme de bonne compagnie ; il servait volontiers les gens de lettres qui pourtant n'épargnent guère la police.

Les approvisionnemens de Paris, le nettoyage des boues, l'illumination, les détails relatifs aux manufactures, arts, commerce, aux ordres du roi qui avaient rapport à ceux-ci, et ceux des dépenses de la police étaient au nombre des attributions les plus avantageuses pour les premiers commis de la police.

L'éclairage par réverbères, établi pour la première fois en 1769, était exécuté par un entre-

---

(1) Il maria richement sa fille à M. Casal de Toulouse, dont postérité : son fils laissa une brillante fortune détruite par la révolution, mais assez considérable pour que la veuve de M. Puissant Ducluseau puisse soutenir le titre de comtesse.

preneur qui traitait de gré à gré avec le lieutenant de police. Il n'y avait pas pour cet objet, non plus que pour le nettoiement, d'adjudication au rabais. Ces objets étaient dans les bureaux de M. Puissant; on ne disait pas alors dans les attributions.

Un des premiers commis de la police qui, du temps de M. Lenoir, avait le plus d'importance, c'était M. le Chauve. Il avait dans ses bureaux les ordres du roi, les places demandées, les mémoires et les informations relatives à leur obtention. Les ordres s'expédiaient du secrétariat.

Les agens principaux de cette administration étaient les inspecteurs de police, officiers de l'ordre administratif à la disposition du magistrat de police. Ils avaient le titre de conseillers du roi et achetaient leur charge (édits de 1708-1740-31 juillet même année). Ils étaient au nombre de vingt, et faisaient entre eux bourse commune pour les honoraires de leur emploi. Ils étaient répartis dans les vingt quartiers de Paris.

Conformément à la loi du 28 pluviose an 8 (17 février 1800), Paris est divisé aujourd'hui en douze arrondissemens municipaux. Chacun de ces arrondissemens est divisé en quatre quartiers, ce qui forme quarante-huit subdivisions régies par un nombre égal de commissaires de police principaux ; je dis *principaux*, parce que sous M. de Belleyme, on a compliqué cette classification en ajoutant vingt-quatre commissaires adjoins.

Les inspecteurs de l'ancienne administration eurent leurs fonctions spécifiées par l'édit de mars 1740 ; il y est dit que :

« Les vingt inspecteurs de police auxquels a
« été réduit le nombre de quarante qui existait
« antérieurement seront distribués dans les di-
« vers quartiers de Paris par le lieutenant gé-
« néral de police pour avoir, sous les commis-
« saires au Châtelet, l'inspection sur le nettoyage
« des rues, les lanternes, lumières publiques,
« périls imminens, et sur tout ce qui concerne
« l'observation des réglemens de police. Ils seront
« tenus de donner avis dans le jour et à l'instant
« même, si le cas le requiert, tant au lieutenant
« de police qu'au commissaire près duquel ils
« seront distribués, de toutes les contraventions
« qu'ils découvriront, et donneront aussi avis de
« tous les abus qu'ils découvriraient et généra-
« lement de tout ce qui peut avoir rapport à la
« police, et assisteront les commissaires dans les
« visites quand ils seront requis par eux. »

Par cet édit, la finance des inspecteurs fut fixée à 75,000 livres, et l'on attribua 6,000 livres de gages à la compagnie des vingt inspecteurs, à répartir entre eux. Ces charges ayant acquis une grande importance, se vendirent dans la suite plus du quadruple de leur premier prix. On en a vu monter à près de 400,000 livres, et les honoraires fixes étaient de cent écus....

D'après le texte de l'edit que je viens de citer, on voit que les inspecteurs étaient d'une hiérarchie distincte de celle des commissaires au Châtelet, comme aujourd'hui les officiers de paix différent des officiers de police judiciaire.

Les commissaires au Châtelet formaient une compagnie de magistrats d'un ordre inférieur; ils prenaient le titre de *conseillers du roi, exécuteurs au Châtelet de Paris.*

Leur établissement date des premières époques de la création du Châtelet de Paris. Les arrêts du Parlement accordaient nommément auxdits commissaires, dans le cas de flagrant délit, d'informer d'office, d'interroger les accusés et même de les constituer prisonniers. Ils n'ont aujourd'hui que le droit de lancer des mandats d'amener et de dépôt, comme officiers de police judiciaire.

Les honoraires des commissaires de police étaient peu élevés; mais ils tenaient du lientenant de police des attributions secrètes dont ils étaient indemnisés. Les péd......., les filles publiques, les étrangers, les prêtres libertins, etc., formaient autant de départemens partagés entre eux. De plus, on doit y ajouter le droit exclusif de l'apposition et levée des scellés dont le produit montait à une forte somme, ce qui explique le prix de 60 à 80,000 livres, auquel ces charges étaient parvenues.

Le guet et la garde de Paris, qui étaient deux corps différens, entraient aussi dans le cercle d'attribution du lieutenant de police. Il était en outre, par divers arrêts du conseil commis, pour connaître des affaires contentieuses, des communautés d'arts et de métiers et des nombreux détails que la police exigeait.

Tel est l'aperçu de cette organisation, moitié arbitraire, moitié légale, qui présidait à l'édilité de la ville de Paris; établissement utile, mais où la corruption s'était glissée; sans doute en raison de la puissance énorme que lui offrait l'usage discrétionnaire des lettres de cachet et des ordres du roi. De plus, cette administration pouvait à loisir violer le secret de la correspondance privée; à cet égard, nous pouvons même dire que le gouvernement, par une fausse application du besoin de la conservation, lui en faisait une loi. Il en résultait que rien n'était caché et que la moindre affaire galante pouvait être connue de deux cents personnes et l'était au moins de quarante.

J'en ai assez dit sur le matériel de la police ; maintenant, afin de la faire mieux connaître, je vais extraire des nombreux documens qui sont en mon pouvoir, un choix parmi les rapports qui me présenteront un aspect piquant et propre à satisfaire tous les appétits du lecteur.

CHAPITRE III.

1631. Emeute des marchands de vin. — Rapport curieux sur cette affaire. — Réponse *courtoise* du prévôt aux réclamations des marchands de vin. — Briois, fermier-général. — Insubordination des soldats du colonel Maillet. — Rassemblement furieux. — Vociférations. — Représentations faites au cardinal de Richelieu par le prévôt des marchands. — Le cardinal cède. — L'ordre se rétablit.

S'il est un événement digne d'être consigné dans l'histoire de la police de Paris, c'est celui qu'on trouve inséré dans un procès-verbal du *bureau de ville*, au mois de février 1631. Aucun historien, que je sache, n'a parlé de ce fait remarquable ; la pièce d'où je l'extrais est de toute authenticité.

« Dans les premiers jours de février 1631, une troupe d'environ cent cinquante personnes, composée de maîtres et de garçons marchands de vin, se rendit au bureau de ville pour se plaindre d'un nouvel impôt que l'on voulait établir sur les vins vendus en détail. Ces hommes dirent que l'édit qui devait l'établir était à la cour des aides pour y être vérifié, et qu'ils venaient supplier messieurs du bureau de ville de se joindre à eux, et d'empêcher que la vérification eût lieu. Ils parlaient *tous ensemble, tumultueusement*, porte le procès-verbal, et faisaient mille menaces, à quoi M. le prévôt des marchands leur dit *fort courtoisement :*

« Qu'ils se tussent ; que la ville les assisterait pour empêcher la vérification et l'établissement de ladite imposition, et qu'elle allait présenter requête à la cour des aides pour avoir communication de l'édit, afin de le contredire, de le combattre et d'en empêcher l'établissement. » Puis, *mon dit sieur* le prévôt des marchands ajouta : « Qu'une autre fois, ils ne vinssent pas en troupe, et que c'était assez de trois ou quatre d'entre eux, et qu'il ne pouvait trouver bon la présence de cette multitude qui semblait vouloir faire violence à l'autorité. »

« Ladite troupe, animée sans être satisfaite, mécontente surtout de la dernière partie du discours de son premier magistrat, consentit à se retirer, mais non sans proférer des menaces et des invectives; *même en descendant les montées,* ils disaient tout haut « qu'il fallait aller à la maison de Briois, fermier général des aides, pour le traîner à la voirie en compagnie de tous ceux qui le soutiendraient. »

« Un quart d'heure après, *messieurs de la ville* furent avertis que la troupe du peuple était en la maison du sieur Briois pour y faire quelque sédition, qui fut cause que MM. de Lacour et Pepin, échevins, y furent aussitôt; ils y demeurèrent environ une demi-heure; et, à leur retour, dirent à M. le prévôt des marchands que les mêmes qui étaient venus tantôt, étant en plus grand nombre, avaient couru chez ledit traitant pour le piller; que la porte fermée avait donné le loisir auxdits messieurs échevins d'arriver, d'employer de *belles paroles*, à l'aide desquelles les mutins, marchands de vin et garçons s'étaient retirés. Comme lesdits sieurs de Lacour et Pepin achevaient de dire ces choses, il vint un homme fort échauffé avertir messieurs de la ville que le peuple se mutinait plus que jamais, et qu'il y fallait promptement remédier.

« Aussitôt mesdits sieurs le prévôt des marchands et les échevins furent droit à la maison de Briois, et y virent plus de quatre à cinq cents personnes de toutes classes, *taverniers*, valets de tavernes, crocheteurs, charretiers et autres qui disaient *tout hautement et bellement* « qu'il fallait mettre le feu à la maison de ce pillard de traitant, qu'ils voulaient ce Briois pour l'écorcher vivant, comme lui et ses pareils faisaient chaque jour par leurs voleries aux bourgeois et aux manans de la bonne ville de Paris. »

« Lequel peuple, mesdits sieurs prévôt des marchands et échevins s'efforcèrent d'adoucir, mais ils n'en purent venir à bout. Ce que voyant mesdits sieurs de ville, prièrent M. Maillet, colonel, dont la maison avoisinait celle dudit sieur Briois, de prendre les armes et d'armer sa compagnie pour arrêter ladite sédition.

« Lequel dit sieur Maillet sortit avec ses gens, la pertuisane en une main et un pistolet en l'autre, et fut lui-même quérir ses hommes de porte en porte; mais ce fut inutile, pas un de sa compagnie ne voulut sortir, disant que c'était contre eux que ladite imposition se faisait, et qu'ils ne voulaient pas secourir ce Briois, au contraire qu'il le fallait arder. Ainsi le sieur

Maillet, colonel, malgré son bon vouloir, ne put seul faire retirer ce peuple. Les plus furieux commencèrent même à lui ruer des pierres, ce qui le contraignit à se réfugier sous une porte.

« Cependant le prévôt des marchands et échevins s'étaient rendus au Louvre auprès de M. le garde des sceaux pour demander secours. On donna ordre aussitôt à M. d'Hocquincourt, grand-prévôt de France, et au chevalier du guet, de se transporter avec leurs archers au lieu de la sédition.

« Lesquels (dit le procès-verbal), en approchant de ladite maison, et mettant l'épée à la main, firent un peu reculer le peuple, pénétrèrent dans la cour dudit prévôt et s'y établirent en état de défense. Mais cela ne servit à rien, car une *milliasse de racaille de peuple* y abordait de toutes parts, qui menaçait tout haut de tout tuer. Ce que voyant ledit sieur chevalier du guet, qui craignait qu'à la longue il ne pût résister à la rebellion croissante, à ce peuple *mal morigéné*, à ces *têtus bourgeois* de Paris, *qui vont à la bataille comme au spectacle, pour voir et s'amuser*, et qui déjà sortaient en armes, envoya au Louvre supplier Sa Majesté de le renforcer de quelques compagnies des gardes, ce que Sa Majesté fit ; il lui dépêcha deux compagnies.

« A l'arrivée de ces gardes, le sieur grand-prévôt, avec les siens et autres archers, fit une sortie pour faire refouler le peuple. Il donna ordre de faire feu sur les mutins ; quelques coups de carabine furent tirés ; deux hommes furent tués et trois pris. On mena ces derniers dans la cour de la maison de Briois.

« Alors les charretiers et les gens sans aveu, comprenant qu'il ne faisait pas bon pour eux en cette place, voyant d'ailleurs que les compagnies des gardes prenaient position autour de la maison de Briois, et que, sur l'ordre de messieurs de la ville, on commençait à faire des chaînes, se retirèrent, étant plus de six heures du soir.

« Malgré la retraite du peuple, des compagnies des gardes et le chevalier du guet restèrent dans le logis de Briois ; et, vers les sept à huit heures du soir, comme on craignit sans doute pour la vie de cet homme, vint en ce lieu M. le duc de Montbazon, gouverneur en cette ville, assisté de six ou douze gentilshommes, le pistolet au poing. Il dit au sieur Briois qu'il avait commandement du roi de l'enlever pour le mener en sûreté, et, au même instant, le fit monter dans son carrosse, et ledit de Montbazon le mena en son hôtel, sis rue de Bétizy, où il demeura jusqu'au mardi *en suivant*, à quatre heures du matin, qu'il sortit de cette ville pour éviter de plus grands malheurs.

« Le mardi, quatrième dudit mois de février, sur les neuf heures du matin, ladite compagnie des gardes du roi fut levée, et il demeura seulement une garnison dans ladite maison, le chevalier du guet, avec trente hommes de ses archers, qui se barricadèrent dans la cour de ce logis.

« Environ trente à quarante hommes, ce même jour, recommencèrent à s'assembler dans la rue, en dépit de la garnison. *Petit à petit,* plus de trois cents se joignirent à eux, qui restèrent là jusqu'à six heures du soir, jetant des pierres, menaçant de tout tuer, demandant tout haut ce Briois, disant qu'ils le voulaient avoir, et qu'ils l'auraient pour faire une boule de sa tête, et des quilles de ses autres membres, afin qu'il servît à leur amusement, lui qui depuis si long-temps les avait fait mourir de faim et les avait spoliés de tous points.

« Cette troupe furieuse, sur les sept heures, voyant qu'il faisait fort nuit, et qu'aucune tentative n'était praticable, en raison du bon ordre qu'on avait établi, se retira. Depuis, aucun d'eux ne se représenta, et cette émotion fut pleinement assoupie. »

Il paraît, par la suite du même procès-verbal, que le peuple, loin de céder aux exhortations et aux promesses, ne s'apaisa que lorsqu'il eut appris le retrait du projet d'ordonnance, et qu'il eut la certitude que justice lui allait être faite. En effet, le mercredi, cinquième jour du même mois, tout étant rentré dans la paix apparente, sorte de civilité dont nul n'était dupe, M. le prévôt des marchands fut trouver son éminence monseigneur le cardinal duc de Richelieu, commandeur des ordres du roi, évêque de Luçon, et premier ministre de Sa Majesté très chrétienne Louis XIIIme du nom, roi de France et de Navarre, auquel il fit entendre le grand préjudice que ledit édit pour l'établissement du quatrième au lieu du huitième sur la vente des vins au détail, causerait à l'état, et qu'il serait impossible de l'établir, le suppliant très humblement d'en parler au roi, et de lui faire voir ce qu'il était convenable de faire.

« Cedit jour, son éminence le cardinal de Richelieu dit au sieur prévôt des marchands qu'il avait parlé au roi dudit édit; que Sa Majesté lui avait dit qu'elle ne voulait plus que l'on en poursuivît la vérification, et que jamais plus on n'en parlerait. Et ledit sieur prévôt des marchands s'en retourna plein de joie à l'Hôtel-de-Ville, d'où il fit dire aux maîtres et gardes de la marchandise des vins, aux taverniers et autres, que Sa Majesté, ayant égard à leurs doléances, ne voulait plus que l'on poursuivît la vérification de cet édit si mal agréable à sa bonne bourgeoisie et à ses amés les manans de Paris. »

Cet événement et les circonstances qui l'accompagnèrent offrent plus d'un sujet de réflexion. On y voit l'esprit du jour, celui du gouvernement, et particulièrement la manière d'agir de Richelieu, qui, dans un commencement de ministère, ne voulut point irriter le peuple. On pourrait peut-être aussi comparer la manière dont l'autorité se conduisit en cette circonstance, les ménagemens mêlés de fermeté qu'elle apporta dans une émeute où le peuple menaçait des plus grands excès, avec ce que nous avons vu au mois de novembre 1827. Car dans cette dernière époque, il n'y eut à proprement parler que quelque tumulte et pas de sédition. Au total, j'ai pensé que ce récit méritait de trouver place dans cette chronique de la police de Paris.

Maintenant, profitant d'autres documens isolés que j'ai trouvés dans un carton oublié derrière un des bustes qui ornent la salle des passe-ports, à la préfecture de police, je vais remettre en scène le cardinal de Richelieu, d'une manière plus intéressante et plus directe. Le document dont je parle est un rapport qu'il se fit faire sur les démonstrations hardies de l'amour que le duc de Buckingham, favori du roi d'Angleterre Jacques Ier, osa afficher à l'encontre de S. M. Anne d'Autriche, infante d'Espagne et reine de France, par son mariage avec S. M. Louis XIII. On sait que Buckingham, envoyé en France pour défendre les protestans auprès de Louis XIII, s'avisa de faire le passionné devant la reine. Le roi le vit et le trouva mauvais; il s'en plaignit à son ministre encore plus que lui furieux, car il avait eu des prétentions à surprendre le cœur de la reine, et, en conséquence, il supportait moins patiemment que le roi-époux la pensée de croire Anne d'Autriche favorable au duc de Buckingham. Alors, et voulant tirer au clair cette affaire si importante pour lui, il avait mis en jeu deux hommes très célèbres à cette époque, et dont aujourd'hui la mémoire n'est pas encore éteinte, tous deux gens d'esprit et d'intrigues, le médecin Bois-Robert et le marquis de Beautru. L'un et l'autre ont toujours passé pour avoir espionné la cour et la ville, au profit de Richelieu. Les archives de la préfecture de police établissent ce fait sans réplique. La pièce que je vais citer en offre la preuve matérielle; cette pièce est un rapport écrit de la main de Bois-Robert et signé par lui et Beautru. Ce rapport est fait tantôt en nom collectif, tantôt individuellement. Le voici dans toute sa naïveté.

CHAPITRE IV.

Bois-Robert et Beautru. — Ils sont les espions du cardinal de Richelieu. — Le duc de Buckingham et la reine Anne d'Autriche. — Singuliers déguisemens. — La femme blanche. — Madame de Luynes. — Quelles furent les relations d'Anne d'Autriche avec l'ambassadeur d'Angleterre. — L'oratoire de la reine. — Rapports des espions du cardinal. — Le portrait de la reine. — Départ de Buckingham.

« Je dirai d'abord à son éminence que le hasard m'ayant fait retrouver un Irlandais que j'avais connu à Paris, lorsqu'il y faisait ses études, je l'avais obligé, et lui, dès ce moment, m'en avait gardé une reconnaissance passionnée. Il quitta Paris pour revenir en Angleterre, où, pour toute fortune, il est devenu le valet de chambre favori de sa grâce mylord duc de Buckingham. Quoique les profits de cette place soient énormes, Patrice O'Reilly (c'est le nom de cet Irlandais) est toujours sans le sou. C'est ainsi qu'il imite son noble maître. Je l'ai bien reçu lorsqu'il est venu me voir; et tant j'ai de zèle à servir monseigneur, j'ai souffert de m'encanailler en la compagnie de ce valet, espérant le faire utilement parler sur son maître. C'est à quoi je suis parvenu en lui avançant quelque argent.

« *Signé*, Bois-Robert. »

« Monseigneur, ne rêvant qu'au bonheur de satisfaire son éminence, j'ai profité, pour m'ouvrir des intelligences dans la maison de l'ambassadeur d'Angleterre, des souvenirs d'un duel qui eut lieu il y a bien vingt bonnes années, avant l'ordonnance si chrétienne, rendue par le roi notre seigneur. Un jeune Anglais, sir Hamilton, d'une noble famille d'Écosse, se trouvant sans second, le sien ayant eu une jambe cassée au moment où il se disposait à le rejoindre, me pria courtoisement de lui prêter le collet en cette affaire. C'est une partie qu'un gentilhomme ne refuse jamais. J'accompagnai donc sur le pré sir Hamilton qui tua son adversaire, un Espagnol des *Medina-Sidonia*. De mon côté, je fus moins heureux, car le comte de Variclery, d'origine italienne, mais mon compatriote depuis deux cents ans (1), me mit hors de combat avec un grand coup d'épée qui exigea un traitement de plus de six mois.

« De ce jour, sir Hamilton ne me quitta pas plus que son ombre; il était vivement rappelé par ses parens, mais n'avait voulu partir qu'après ma complète guérison. En me quittant, il s'engagea sur l'honneur, sans que je le lui demandasse, à me satisfaire en tout ce que j'exigerais de lui.

« Les années s'écoulèrent, notre liaison diminua, nous cessâmes de nous écrire; peut-être même étions-nous en train de nous oublier tout-à-fait, lorsque je le retrouvai au nombre des gentilshommes d'ambassade venus à Paris à la suite du duc de Buckingham. Je n'ai point perdu cette occasion de lui rappeler le passé ; je l'ai sommé

---

(1) La maison de Variclery, séparée en deux branches dans le seizième siècle, l'une à Montbrison dans le Forez, l'autre à Saint-Félix dans le Lauraguais, tire son origine des Carrare, seigneurs souverains de Padoue. Ceux-ci, assassinés par les Vénitiens qui s'emparèrent de leur seigneurie, ne laissèrent que deux rejetons qui s'enfuirent d'abord à Gênes. Plus tard, l'un d'entre eux passa en France, où sa postérité se perpétua.

de me tenir sa parole ; et, malgré le chagrin que lui a causé mon insistance, il m'a conté tout ce qu'il savait. Or, monseigneur, c'est de ce que j'ai appris de sir Hamilton et de ce que Bois-Robert a su tirer du valet de chambre que va se composer le récit suivant.

« *Signé*, le marquis de BEAUTRU. »

« Il est public à l'ambassade d'Angleterre que le duc aime la R.... Il ose avoir le portrait de cette princesse dans son cabinet, sous un dais de velours bleu, surmonté de plumes blanches et rouges; il en a un autre peint en miniature, entouré de gros diamans, qu'il porte toujours suspendu à son cou par une chaîne d'or, comme s'il l'eût reçu en présent de la R.....

« Il va souvent chez madame la connétable (1); il feint d'aimer cette dame, mais elle n'est que sa confidente ; il a su acquérir ses bonnes grâces par l'envoi de 2,000 pistoles et d'un nœud de

---

(1) Marie de Rohan, née en 1600. Elle épousa, en 1617, Charles d'Albert, duc de Luynes, connétable de France, et, en 1621, elle se remaria, peu après la mort de son premier mari, à Claude de Lorraine, duc de Chevreuse. Célèbre par son esprit, sa beauté, sa galanterie, elle fut haïe de Louis XIII, des cardinaux de Richelieu et de Mazarin : « Je n'ai jamais vu qu'elle en qui la vivacité « suppléât au jugement ; elle avait des saillies si brillantes qu'elles

diamans estimé au moins 100,000 liv. Ce cadeau fut offert à la connétable, sur un mot qu'elle dit de la gêne où elle se trouvait. Elle accepta l'or à titre de prêt et le bijou comme une galanterie. Depuis, toutes les raretés précieuses des Grandes-Indes (l'Asie méridionale et les deux Amériques, suivant la manière de parler du temps) ont afflué chez madame de Luynes; et en retour, elle prête au Buckingham sa maison et son éloquence.

« Elle ne cesse de parler de lui à la R...., et de faire remarquer, *à travers son insolence*, l'excès de son amour. Il y a huit jours, la R.... alla collationner chez madame la connétable. Le roi avait promis d'y venir; mais le duc ne voulut pas être contraint de faire suite à Sa Majesté Très Chrétienne, pas plus qu'il ne consentit à s'éloigner de *sa dame*, titre audacieux qu'il donne à la plus grande princesse du monde. Il se déguisa donc cinq fois pendant cette après-midi, et toujours avec des habits différens : la première, il portait la grande

---

« paraissaient comme des éclairs, et si sages qu'elles n'auraient pas « été désavouées par les esprits les plus judicieux. (*Cardinal de* « *Retz en ses Mémoires*.) » Exilée à cause de l'aventure de Buckingham, elle rentra en France lors de la régence d'Anne d'Autriche, qui dut à son tour l'exiler. Elle devint l'un des boute-feux de la Fronde, et mourut en 1679; malgré son second mariage, on la qualifiait souvent du titre de *madame la Connétable*.

livrée des Albert (1) ; il se trouva parmi la valetaille à la descente du carrosse; et, avec une témérité inconcevable, ce fut lui qui abattit le marche-pied, usurpant ainsi les fonctions des officiers de la couronne; et sa main, dit-on, en rendant cet office, pressa tendrement le pied de la R....

« La R.... se promena d'abord dans le jardin. Le duc reparut au nombre des jardiniers chargés de présenter des fleurs et des fruits à notre souveraine; il osa même lui débiter un compliment, mais à voix si basse qu'on ne sait ce qu'il lui dit : la R.... rougit.

« Plus tard il reparut sous la robe d'un magicien, diseur de bonne aventure ; il parla deux fois à la R..... On remarqua d'abord que la connétable touchait le bras de S. M., comme pour la prémunir contre de la surprise ; et lorsque le faux astrologue, s'étant approché de la R...., lui parut conter sa bonne aventure, cette princesse se troubla si fort que madame de Chevreuse fit un signe muet au duc, comme pour l'avertir qu'il avait été trop loin. Nous ne savons, monseigneur, quelle sorte d'impertinence le duc a pu se permettre.

---

(1) ALBERT, nom de trois branches, des ducs de Luynes, de Chevreuse et de Chaulnes.

« On le vit ensuite sous le masque figurer à deux entrées du ballet des Démons, dansé à cette gracieuse fête. Enfin, et pour lui procurer la satisfaction de rester plus long-temps auprès *de sa dame*, on avait à l'avance imaginé la mascarade de si bon goût, à laquelle votre éminence et le roi applaudirent tant, celle de la visite faite à la R.... en hommage de sa beauté et de ses mérites, par les empereurs de la Chine, du Japon, d'Abyssinie, du Mogol, du Mexique, par le sultan de Constantinople, le sophy de Perse, le grand kan de Tartarie et par l'inca du Pérou, chacun d'eux escorté d'une suite de masques dont le bon goût et la richesse de costumes ne se peuvent imaginer.

« On savait que les souverains étaient tous des seigneurs des maisons de Lorraine, de Rohan, de Bouillon, de Chabot, de La Trémouille : en conséquence, et en apparence pour prolonger la beauté du spectacle et le triomphe de la R...., les potentats ci-dessus nommés furent invités à faire cercle et à être de la compagnie de Leurs Majestés. Le duc de Buckingham représentait le Grand-Mogol, qui devait être le jeune duc de Guise ; mais celui-ci, pour un prêt de 3,000 pistoles, avait consenti à laisser prendre sa place. Buckingham était resplendissant de pierreries, et, à la connaissance de toute la cour, il portait les diamans de la couronne d'Angleterre : par un excès de folle confiance, le roi de la Grande-Bretagne les a laissé emporter en France par son favori (1).

« Le jeune duc de Guise accompagnait M. de Buckingham en qualité de seigneur de sa suite, de manière à ce que la connétable aidant, il pût changer de costume avec l'ambassadeur, au moment où le roi devait inviter les majestés de circonstance à se démasquer pour souper avec lui et la R....

« L'escamotage réussit au moyen d'un cabinet où le grand-mogol entra avec son porte-sabre; et, comme après le souper on devait danser et se remasquer, le souper fini, un nouvel échange de turban et de robe permit au duc de reprendre son premier rôle. Ce fut toujours par le charitable secours de la connétable. Ainsi, durant tout le bal, il fut permis au téméraire étranger d'entretenir librement *sa dame*. Que ne lui dit-il pas ?

---

(1) Georges Villiers, duc de Buckingham, né en 1592, en Angleterre, au comté de Leycester, d'une famille originaire de Normandie, favori successif des rois Jacques et Charles. Il devint, en moins de deux ans, grâce au premier de ces monarques, *chevalier*, *gentilhomme de la chambre*, puis baron, vicomte, marquis, gardien des cinq ponts, dispensateur des impôts, etc. Un assassin Felton, le tua le 23 août 1628.

« Depuis cette soirée, il ne s'est pas passé un seul jour sans qu'avec l'assistance de la même madame de Chevreuse, le duc de Buckingham n'ait vu incognito la R... et ne lui ait parlé quelquefois.

« Enfin, avant-hier, son éminence se rappellera sans doute que le bruit s'est répandu au Louvre de l'apparition de *la femme Blanche*, que plusieurs valets de pieds et femmes de la suite de Sa Majesté ont déclaré avoir vu ce fantôme. Le roi ne sait rien de ces bruits, et on ne l'en informe pas dans la crainte de l'effrayer. Quant au fond de l'histoire, le voici : mylord duc, peu satisfait sans doute de toutes les occasions qui l'ont mis en présence de *sa dame*, a voulu se procurer une audience plus intime; sous prétexte d'avoir à remettre à cette dame une lettre secrète de sa belle-sœur (1), il a sollicité une entrevue. La lettre en question devait, disait-il, demeurer ignorée, puisqu'il s'y agissait des moyens de perdre M. le cardinal de Richelieu. C'est par ce moyen qu'il est parvenu à obtenir le rendez-vous. Les soussignés ne croient que médiocrement aux encouragemens que ce seigneur recevait dans sa coupable passion. Ce-

---

(1) Henriette de France, fille de Henri IV, sœur de Louis XIII et femme, depuis 1627, de Charles I", roi d'Angleterre.

pendant les femmes sont si étranges ! Mais celle-ci, sans doute accoutumée à la galanterie chevaleresque et aventurière de l'Espagne, ne voit dans ces démonstrations qu'un amusement dont elle se divertit sans intéresser son cœur.

« En conséquence, l'audience accordée, il a fallu chercher les moyens de la procurer. Madame la connétable, nourrie aux intrigues et prétendant encore mieux récréer la dame, a imaginé de faire jouer à l'ambassadeur le rôle mystérieux de la *femme Blanche,* qui, d'ailleurs, lui servirait à faciliter sa retraite, si on le surprenait, par l'épouvante que causerait une telle apparition.

« En effet, le duc, ayant revêtu des habits d'une coupe bizarre et de couleur blanche, parsemés de larmes noires et ornés de deux têtes de mort, l'une posée sur la poitrine, l'autre entre les deux épaules, se couvrit le visage de la pellicule inventée par Noblin (1). Cette pellicule lui avait

---

(1) Homme digne d'être sauvé de l'oubli où l'ont laissé tous les dictionnaires. Dessinateur-mécanicien, inventeur d'une foule de curiosités dans le genre de l'automate et du canard de Vaucanson, il donna des leçons de prestidigitation au grand Condé, à Louis XIII et à Monsieur, duc d'Orléans. Né à Paris, vers 1600, il mourut à Versailles en 1695; il laissa un riche cabinet d'objets d'arts. J'ignore ses prénoms. La pellicule dont il est ici question, était une peau de baudruche étendue d'une couche de cire blanche et molle. Cette peau était coupée d'après

déjà servi avec avantage à la fête de la duchesse de Chevreuse, dans les déguisemens où il ne pouvait employer le masque ordinaire. Les traits ainsi refaits, le duc se coiffa en outre d'un bonnet aussi extraordinaire que le reste de l'accoutrement; et à ce bonnet il attacha un loup de velours noir (1), enfin il recouvrit le tout d'un immense manteau, et ajusta par-dessus son bonnet un de ces chapeaux espagnols à larges bords, dits *sombreros*.

« Un homme de confiance de la duchesse (mais qui ne croyait ne conduire au Louvre qu'un astrologue italien) introduisit *notre aventurier* par les petites entrées et les couloirs, où depuis longtemps ne sont admises à veiller que des créatures de la favorite. Enfin, grâce aux précautions les mieux prises, on arriva sans nul encombre jusqu'au cabinet de la R.....

« Madame de Chevreuse, en charitable prin-

---

un modèle convenu, et en la superposant à tous les méplats du visage, elle changeait entièrement la configuration; elle ne laissait libres que les yeux et les organes respiratoires.

(1) La mode existait déjà et se perpétua plus de cent cinquante ans après pour les femmes nobles et riches bourgeoises de porter des masques de velours noir. On les attachait par des rubans ou on les maintenait à l'aide d'un bouton de jais que l'on serrait avec les dents. On entrait dans l'église avec *le loup*, nom donné à ce masque. La maréchale de Clérembault portait le sien même à la cour.

cesse, voulait se retirer ; on avait déjà écarté, je ne sais sous quel prétexte, madame de Flottes (1), mais la R.... pria d'abord la connétable de rester. Alors, comme le duc se disposait à quitter son attirail, S. M. l'a plaisanté gracieusement sur l'effet bouffon de cette mascarade. Le duc s'est montré galant, mais son amour-propre souffrait au fond ; et la R...., toujours si bonne, s'étant aperçue de la peine qu'on lui causait, l'en a dédommagé en lui donnant sa main à baiser. Le duc l'a portée respectueusement à ses lèvres, et s'est agenouillé aux pieds de S. M.; après quoi, il a supplié la R.... d'entendre lecture de la lettre confidentielle qu'il avait à lui remettre. C'était le mot entre lui et madame de Chevreuse pour que celle-ci effectuât enfin sa retraite ; mais il n'en a pas été besoin, la R.... ayant consenti à passer avec le duc dans l'oratoire pour entendre la lettre. Ils y sont entrés ; et, comme la porte de l'oratoire était restée entr'ouverte, madame de Chevreuse l'a fermée. Tout à coup, de l'antichambre, un bruit assez considérable est venu alarmer la confidente, c'était le signal du valet Bertin qui annonçait la venue du roi. Mais le drôle s'était trompé ; et Sa Majesté, loin de se rendre chez la R...., sortait au contraire du Palais et

_____

(1) La dame d'honneur d'Anne d'Autriche.

allait chasser la pie-grièche au jardin des Tuileries, avec Baradas, qui ne le quitte pas plus que son ombre.

« Néanmoins l'alerte était donnée, le duc a repris son attirail et s'est sauvé comme un larron. Mais, dans son trouble, le chapeau est tombé, le manteau s'est entr'ouvert; et ç'a été pour quelques gens du petit service, qui ont aperçu le personnage, une pas médiocre frayeur. Profitant de cette panique, le duc s'est jeté dans la chambre du valet Bertin, d'où, après quelques instans, il est enfin sorti en honnête homme.

« C'est sur ces entrefaites que son éminence qui venait voir la R...., a surpris l'appartement en si grande émotion, et a entendu des gens de bonne foi soutenir qu'ils ont vu la femme Blanche, ou le grand *chasseur de Fontainebleau*, ce qui pour beaucoup est tout un.

« Voilà, monseigneur, ce qui est venu à notre connaissance, et ce que nous nous sommes empressés de porter à la vôtre pour servir et valoir ce que de raison. »

Cette manière de procès-verbal corroborant la scène de la chambre, du lit, et de je ne sais quelle promenade où le duc se montra si audacieux que la reine se voyant contrainte de rappeler les dames éloignées momentanément par respect ou par complaisance, fit éclater les ressentimens d'une double jalousie, celle du cardinal envenima celle du roi. Les choses en vinrent au point que le duc reçut l'ordre tacite de partir promptement, à moins qu'il ne voulût être mal mené. On sait que l'audacieux ambassadeur ne partit que lorsqu'il vit les affaires en tel état que demeurer eût été ruiner gratuitement son honneur non moins que celui de la reine. Mais ce n'était qu'une temporisation ; car, peu de temps après, le duc, sous je ne sais quel prétexte, revint encore; cependant ce dernier voyage fut court. On négocia pour lui faire abandonner, avant son départ, le portrait en miniature de la reine ; il répliqua vivement qu'on pouvait le lui ravir, mais que certes il ne le rendrait pas.

On a dû remarquer le soin mis dans le rapport de Beautru et de Bois-Robert à ne nommer jamais complétement la reine, c'était un ménagement de courtisanerie puisque le cardinal de Richelieu auquel s'adressait le rapport devait être bien au fait de la qualité de la dame.

CHAPITRE V.

Mort du curé Merlin. — L'archevêque de Paris. — Lutte de l'abbé Poncet avec le neveu du curé Merlin. — L'abbé Poncet protégé par l'archevêque et Anne d'Autriche. — Le prêtre Merlin est soutenu par les dames de la Halle. — Emeute pour soutenir *son droit*. — Hérédité de la cure de Saint-Eustache. — Mot spirituel de Voiture. — Installation du *curé héréditaire*. — Abonnement des domaines. — Refus de payer cet impôt. — Refus du parlement d'enregistrer l'édit qui frappe cet impôt. — Le duc d'Orléans. — Lâcheté de ce prince. — Sa *verbosité*. — Représentations des marchands. — Le contrôleur général Emery. — Le président Molé est audacieusement menacé. — Sa fermeté impose aux mutins. — Les Parisiens prennent les armes. — Soulèvement de Paris. — Violences. — Effroi de la Cour. — Prélude des guerres de la Fronde.

Après la mort d'un curé de Saint-Eustache, nommé Merlin, l'archevêque de Paris, qui alors était Henri de Gondi, oncle du fameux coadjuteur, s'investissant du droit de nomination à cette cure, en disposa, à la recommandation de la reine régente (Anne d'Autriche), en faveur d'un prêtre nommé Poncet. Le neveu du défunt, qui portait le même nom que son oncle, prétendit disputer la cure à l'élu de l'archevêque. Il se prévalait d'une résignation que son oncle lui avait faite de ce bénéfice; elle était réelle, mais on prétendit qu'elle pullulait de nullités.

Merlin lui-même sentait la faiblesse de son droit; mais, pour assurer le triomphe de ses prétentions, il s'appuya du vœu des paroissiens de Saint-Eustache, et notamment de la protection des femmes de la Halle, demeurant sur cette paroisse. Elles soutenaient Merlin, tant pour sa bonne mine, sa charité et son habitation constante sur la paroisse, que pour sa parenté avec le défunt, dont la piété et les aumônes abondantes avaient mis le souvenir en vénération dans tout ce monde-là.

Les paroissiens, excités par l'abbé Merlin et ses partisans chaleureux, s'assemblèrent donc dans le but de porter le curé de leur choix et d'empêcher surtout que son rival Poncet ne prît possession de la maison curiale. On envoya quelques troupes d'archers et de gardes pour dissiper les attroupemens, mais ce moyen ne fit que rendre le peuple plus furieux. Il monta tumultueusement au clocher, sonna le toscin et s'empara de l'église. Quelques-uns parmi les plus échauffés proposèrent de se rendre à l'hôtel de M. le chancelier et d'y mettre le feu, parce qu'étant paroissien de Saint-Eustache, il ne prenait pas le parti du neveu du curé.

Les femmes de la Halle, en possession de longue main du droit de se montrer au Louvre dans des occasions importantes (la cour résidait alors au Palais-Royal, donné au roi par le cardinal de Richelieu), les femmes, dis-je, ne firent point défaut à cette habitude, et, dans l'occurrence, envoyèrent une députation à la reine régente. Celle qui porta la parole répéta plusieurs fois et comme le meilleur argument : « *que depuis plus de cent ans les Merlins avaient été leur curé de père en fils, et qu'elles n'en voulaient pas d'autre.* »

Voiture était présent; il dit gravement à Anne d'Autriche :

« Madame, voilà une raison de généalogie, de paternité et d'hérédité légitime qui me semble triomphante; je ne doute pas d'ailleurs que l'abbé Merlin n'ait un fils prêt à le remplacer lui-même en cas de mort. Ces bonnes femmes paraissent sûres de leur fait. »

La régente n'aimait pas qu'on la gênât dans l'exercice de son autorité; mais elle ne put s'empêcher de rire de la naïveté de ces propos. Elle commençait presque sa régence ; et, comme ensuite elle apprit que le peuple se montrait disposé à soutenir son curé *héréditaire*, elle céda, ayant pris conseil du cardinal Mazarin, déjà investi de sa confiance. C'est ainsi que le Merlin devint curé de Saint-Eustache au détriment du pauvre Poncet. Je serais curieux de savoir le nom de son successeur, et cela à propos du mot des dames de la halle.

On a pu juger par l'émeute arrivée à Paris, en 1631, à l'occasion de l'impôt sur les vins, et par celle de 1645 à propos de la nomination du curé de Saint-Eustache, quelle était alors en pareil cas la façon d'agir du gouvernement. Dans l'une et dans l'autre de ces émeutes, il avait cru devoir céder quelque chose au peuple plutôt que d'employer les moyens de rigueur. D'ailleurs il faut remarquer que le Parlement et l'Hôtel-de-Ville étaient toujours très disposés à protéger les Parisiens, et au moins à intervenir pour eux auprès de l'autorité. Cette mesure était prudente et tendait à prévenir les malheurs que la résistance d'un côté et que l'opiniâtreté de l'autre devaient nécessairement amener. C'est en raison de cette conduite du pouvoir à l'égard du peuple que ces exemples sont propres à donner une idée de la police de l'époque. Pour en mieux établir l'artifice et le mécanisme, j'en citerai encore qui rentrent ainsi dans l'esprit de cette chronique.

La cour, malgré le refus du Parlement d'enregistrer certains édits qui augmentaient les droits aux entrées de Paris, les faisait percevoir par ses préposés. Il y eut de la part du peuple de la mutinerie, des requêtes furent même présentées au Parlement contre les exacteurs; mais les choses demeurèrent là, et l'impôt ne fut pas perçu. Ceci se passait sur la fin de 1647.

L'année suivante, la régente et le ministère, pressés par le besoin d'argent, voulurent faire lever un nouvel impôt sur les maisons. Cet impôt reçut le nom *d'abonnement des domaines;* une chambre fut composée de conseillers au Parlement ayant mission spéciale d'en maintenir la perception.

Les particuliers refusèrent de payer; on saisit les loyers de leurs maisons. Alors le peuple se porta en foule au palais où siégeait le Parlement, et reprocha à ces magistrats d'avoir autorisé cette exaction. On maltraita même quelques conseillers qui faisaient partie de la *chambre impopulaire du domaine.* Le Parlement, quoique irrité, ne parut pas ressentir ces offenses : il comprenait l'imprudence de sévir contre des gens qu'on voulait forcer à payer un impôt dont l'édit n'avait pas été soumis à la formalité sage et conservatrice de l'enregistrement.

Cependant on continuait d'exiger l'impôt, et les exactions mobilières continuaient. Dans cette occurrence, les Parisiens se mettent de mauvaise humeur; ils s'excitent, s'encouragent, et, un beau jour, sept à huit cents marchands s'assemblent en tumulte et députent dix d'entre eux à Gaston, duc d'Orléans, oncle du roi, et revêtu, pendant la minorité, de la fonction importante de lieutenant de la couronne.

Ce prince, sans vertu et sans énergie, avait passé sa jeunesse à se révolter et à trahir ses amis, entraînés dans ses séditions. Sans cœur, sans courage, indigne fils de Henri IV, et frère non moins indigne de Louis XIII, à qui du moins on ne contesta pas son héroïque valeur, il avait causé le supplice de Chalais, de Marillac, de Montmorenci, de Cinq-Mars, de de Thou, sans en avoir jamais témoigné ni regret ni honte. Aussi, dans une circonstance où il s'avançait pour empêcher le comte de Montrésor de trébucher du haut d'un amphithéâtre où ce dernier était monté, Montrésor lui dit, en s'appuyant sur le bras que lui présentait le duc : *Ah, monseigneur, voici la première fois que votre altesse royale tend la main à l'un de ses serviteurs pour descendre de l'échafaud ;* et le prince dut endurer ce mot sanglant, et d'une vérité si cruelle que ce n'était pas même une épigramme. L'âge, sans lui enlever son amour de la brouillerie, de la sédition et du commérage, avait augmenté sa timidité, sa paresse et son incurie. Jaloux du pouvoir de la reine-régente, de celui du cardinal de Mazarin qui dédaignait de le mener; envieux de la valeur brillante de M. le prince Henri de Condé, ex-duc d'Enghien, il attendait un moment favorable pour agiter de nouveau l'état, comme il fit peu de temps après l'époque qui nous occupe. Marié deux fois, et n'ayant que des filles, il survivait à son importance et se tenait constamment en tutelle de l'un ou de l'autre de ses domestiques. Alors c'était l'abbé de La Rivière sous la direction duquel il était. On sait que la princesse de Montpensier (la grande Mademoiselle) disait de cet abbé : *Celui-là doit bien connaître ce que vaut le duc d'Orléans, mon père, car il l'a vendu et revendu assez de fois.*

Comme le nom de ce prince était une sorte d'autorité, ce fut à lui que les marchands adressèrent leurs députés. Ceux-ci vont au Luxembourg où résidait habituellement le duc d'Orléans, à qui Marie de Médicis, sa mère, fondatrice de ce palais, en avait fait donation viagère, pénètrent dans la chambre de Gaston, et lui demandent justice, tout en lui faisant entendre qu'ils se la rendront eux-mêmes, si on la leur refuse. Le prince, charmé de mettre la main à cette méchante affaire, espérant peut-être par ce moyen se donner du crédit et ébranler celui de ses rivaux, écoute les bourgeois, les harangue, et, dans les plus belles phrases du monde, leur promet son appui auprès de la reine-régente. La députation, flattée de cet accueil, et croyant ses intérêts en bonnes mains, salue et se retire. Ce fut, comme dans mille autres occasions, matière pour le duc à exercer son penchant à la *verbosité;* car, disent les écrivains de l'époque, il parlait avec facilité et toujours en termes choisis. Voici comment Voiture s'exprime à cet égard : « La tâche de M. le duc d'Orléans est finie quand il a cessé de parler; toute action lui semble inutile; avec des mots, il croit tout parachever. »

Cependant le gros de l'assemblée des marchands, parmi lesquels certains connaissaient bien le duc d'Orléans, conseillèrent de ne pas attendre le succès de ses démarches; et on avisa, le lendemain, de suivre le proverbe et d'aller à Dieu directement, sans s'embarrasser plus long-temps de ses saints.

Le jour suivant, et pour continuer la scène, les mécontens se rendent au palais. Ils rencontrent le président Thoré, fils du contrôleur général des finances Emery ou Hémery, homme exécré du peuple et méprisé des gens de bien. A sa vue, la fureur populaire se ranime; tous les cris se réunissent contre lui; il est de vingt côtés appelé « *fils du tyran ! voleur comme son père ! tu mérites la corde !* » disent les uns, « *qu'ils soient pendus tous les deux !* » ajoutent les autres. Des menaces on ne tarde guère à passer aux effets. Ces hommes irrités auraient massacré ce magistrat sur la place où déjà on le retenait par force, si quelques amis de Thoré ne l'eussent arraché de leurs mains.

Dans cet état d'exaspération, ils viennent au premier président et lui parlent avec audace; ils le menacent de lui faire payer les maux dont on accable journellement le peuple.

Heureusement se trouvait à la tête de la magistrature parisienne un de ces hommes énergiquement trempés, et qui semblent créés tout exprès pour de semblables circonstances; je veux parler de Mathieu Molé, dont toute la vertu peut se résumer dans ce mot mémorable : *Il y a loin du fer d'un assassin à la poitrine d'un homme de courage* (1) !

---

(1) Réponse faite par Mathieu Molé à des factieux qui le menaçaient du poignard, et dont ces paroles arrêtèrent le bras. Mathieu Molé fut aussi garde des sceaux. Il naquit en 1584 et mourut en 1652.

Magistrat inébranlable, l'honneur du siége, l'exemple du palais, respecté de la cour et de la ville, intrépide par le calme au moins autant que M. le prince par l'ardeur; pieux sans hypocrisie, savant sans pédantisme; sévère sur les fleurs de lys, et très indulgent à la maison, simple, aumônier, sujet fidèle, même dans la disgrâce, et là encore servant le roi avec autant de zèle que de loyauté, Mathieu Molé a légué à la postérité un nom dont l'honneur est devenu non seulement le patrimoine de sa famille, mais encore celui de la France politique; habile autant que juge intègre, jamais il ne se laissa ni tromper ni corrompre.

Ni le mécontentement de la reine, ni l'audace du prince de Condé, ni l'astuce italienne de Mazarin ne l'épouvantèrent ni ne le séduisirent. On comprendra facilement que de son premier regard il domina cette émeute de bourgeois, auxquels il répondit tout d'abord : « Que, s'ils ne se retiraient pas, que s'ils n'obéissaient pas aux ordres du roi, il ferait dresser des potences dans la cour où l'on attacherait, par son ordre, les plus mutins. »

Ces paroles imposèrent au plus grand nombre; cependant quelques-uns des plus hardis répondirent : « Que les potences étaient faites pour les juges iniques et prévaricateurs dont on ne recevait aucune protection et qui se montraient les esclaves de la faveur. »

Mais, malgré cette démonstration, la foule se retira à petit bruit, obéissant par déférence, mais non par crainte, à l'injonction du premier président; car l'émeute était loin d'être vaincue.

Le Parlement, instruit de ces faits, crut devoir entamer une procédure contre les séditieux. La régente et la cour, charmés que ces magistrats, jusqu'alors populaires, se compromissent avec les citoyens, les laissèrent procéder et même appuyèrent de tout leur pouvoir l'arrêt rendu.

Cet arrêt décrétait de prise de corps un riche marchand, nommé Cadeau, un procureur au Châtelet et quelques autres.

Mais, dans la nuit du 11 au 12 janvier 1648, les bourgeois, persistant dans leur animosité, ne discontinuèrent pas de tirer des salves de mousquetterie afin de montrer qu'ils étaient en armes et prêts à se défendre. Au bruit de ces mousquetteries, le lieutenant-civil est arraché de son sommeil. Inquiet, il se lève et envoie demander d'où venait ce bruit, et pour quelle cause des gens, de profession paisible, en sont à proclamer la guerre.

Les bourgeois répondent séchement qu'ils s'essaient pour l'unique service du roi, et que si d'autres leur venaient demander de l'argent, ils répondraient à coups de fusils, de mousquets ou d'arquebsues.

La cour mal conseillée, ou cédant secrètement au désir d'entraîner le Parlement dans cette affaire, commit l'imprudence de donner l'ordre au régiment des gardes françaises et gardes suisses de prendre les armes. Le lendemain tout Paris était soulevé et ressemblait à un camp retranché.

Le 12, on dispose le régiment des gardes françaises et celui des gardes suisses sur les places publiques. Un général fut nommé pour s'y joindre à la tête des chevau-légers. Il se porta vers Saint-Denis, et, *en sa personne*, disent les Mémoires de *Omer Talon*. On brisa les portes de la maison de Cadeau et d'un autre marchand qu'on ne trouva pas à attendre la force armée. D'ailleurs, on fut charmé de ne les pas rencontrer ; car en tout cela on voulait plutôt effrayer que punir. Et ces sentimens du gouvernement d'alors demontrent, ce me semble, combien peu sont fondés à son égard les accusations passionnées de despotisme et de violence.

Ces mouvemens imprudens et impuissans tout ensemble, augmentent les alarmes du peuple. Il monte dans les clochers et dans les tours des églises de la rue Saint-Denis, et sonne le toscin. En peu de temps la sédition prend un accroissement effrayant; on tend les chaînes. Déjà les compagnies de bourgeoisie se forment; le prévôt des marchands se rappelant la journée des barricades, et d'un autre côté, sachant que Mazarin n'a ni la fermeté, ni la promptitude d'exécution de Richelieu, s'empresse de se rendre au Palais-Royal. Il prévient la royauté et le premier ministre de ce qui se passe, leur peint le tour que prennent les choses, le danger où l'on va se trouver si tout Paris s'insurge, ainsi qu'il arrive maintenant dans divers quartiers.

La cour, ordinairement téméraire quand on lui cède, et maladroite quand on lui résiste, est à son tour effrayée. Elle craint qu'on ne la retienne prisonnière au Palais-Royal; en conséquence, aussi prompte à reculer qu'elle l'avait été à se mettre en avant, elle fait retirer les soldats, et ses émissaires vont répandre le bruit qu'on n'a mis les troupes en bataille que pour accompagner le roi à Notre-Dame où il devait aller, pour remercier Dieu du recouvrement de sa santé. Et en effet, pour ne pas avoir l'air d'en imposer, le très jeune Louis XIV, guéri de la petite vérole, qui avait fait craindre pour ses jours, se rendit en grande pompe à la cathédrale.

Les historiens de l'époque qui rapportent ces événemens, blâment la cour de son peu de fermeté; mais ils auraient dû aussi rendre justice aux bourgeois de Paris sur leur bonne contenance. Au reste, le Parlement jouait là deux jeux, et l'avantage fut au fond en sa faveur. Cette sédition ouvrit en quelque sorte la porte à la guerre dite de Fronde, qui tarda peu à s'allumer, et sur laquelle je regrette de n'avoir aucun dossier de police qui sans doute nous ferait mieux connaître ce temps de trouble et de confusion. Maintenant je vais passer à l'histoire du premier lieutenant de police ; et là, je pourrai choisir entre des faits. Cependant en voici un encore antérieur à sa nomination, et que je dois conserver en raison de son importance.

CHAPITRE VI.

Rapport sur Fouquet. — L'abbé Fouquet. — Ambition des deux frères. — Scènes de violence. — La présidente de Bellières. — Elle se fait l'instrument de Fouquet. — Funeste passion du surintendant. — Rivalité redoutable. — Plan de résistance à l'autorité royale. — Singulière prédiction. — L'agrafe de diamans. — La fête de Vaux. — Origine des révélations sur Fouquet. — Son arrestation. — Sa mort.

« Monseigneur, pénétré de la confiance dont vous m'honorez, reconnaissant de la place avantageuse que vous avez accordée à mon père, et surtout de votre prévoyante bonté qui lui a permis de la faire régir par un tiers, afin que les Fouquets ne me soupçonnent pas de servir le roi à leur détriment ; certain, enfin, puisque j'en ai votre parole, d'être admis dès la première occasion dans la compagnie de M. d'Artagnan, je me mets à votre discrétion, et vais vous faire connaître, sous forme de missive, dont vous pourrez user comme vous l'entendrez bien, ce que j'ai découvert de contraire aux intérêts de Sa Majesté dans la maison de M. le procureur général Nicolas Fouquet, surintendant général au département des finances, où je suis employé en qualité de secrétaire intime.

« M. Fouquet a un nombre considérable d'amis, et se montre d'un facile abord à tous ceux qui ont du crédit. Il oblige encore parmi les autres ceux qui possèdent quelques avantages personnels ; il place sur cette liste les plus grands seigneurs de la cour. MM. Arnaud de Pomponne, le bonhomme Pélisson, homme d'esprit et de sens, le bonhomme Lafontaine, sorte de stupide rêveur, faiseur de fables, dont la meilleure ne doit pas être fort bonne.

« La présidente de Bellières, la marquise de Sévigné, mademoiselle de Scudéry, la Ninon de l'Enclos, sont encore des amies principales de M. Fouquet. Tous ceux et celles dont je vous parle sont pensionnés par lui. Sa magnificence est réellement une magnificence royale; mais il a dans sa maison un ennemi irréconciliable, c'est son frère, l'abbé Fouquet. L'abbé est enragé de n'être pas encore évêque. Il accuse même son frère de ne s'être pas déjà employé à lui préparer le chemin du cardinalat; enfin l'ambition de M. l'abbé Fouquet est hors de toute croyance. Il en résulte chaque jour des scènes violentes auxquelles j'assiste souvent; j'entends les menaces de l'abbé, qui dit à son frère que s'il tombe, ce sera lui, l'abbé, qui causera sa chute.

«Le procureur général méprise son frère, dont il connaît l'incapacité; aussi ne cesse-t-il pas de lui dire :

« —Pensez-vous qu'il suffise d'être avide et ambitieux pour mériter des grandeurs, et avoir la capacité suffisante à n'être pas honni? Vous êtes ignorant, joueur, colère, débauché; vous avez perdu tout le fruit de vos études; si je vous mettais en avant, vous seriez trop connu, et moi par suite trop vite déconsidéré. Croyez-moi, contentez-vous de beaucoup d'argent que je vous donnerai, et renoncez au reste.

«Cette conclusion met l'abbé en fureur; il jure, il blasphème, frappe du pied, invoque le diable; enfin, à le voir, on croirait qu'il va porter quelque mauvais coup à son frère.

« L'enfer serait dans cette maison, si leur mère, sainte femme, déjà a demi canonisée de son vivant par les pauvres dont elle est la providence, ne s'employait continuellement à mettre la paix entre ses enfans. Elle ne cesse de leur répéter que le nombre de leurs ennemis mutuels est trop grand pour qu'ils ne cherchent pas à le rendre moins dangereux en s'unissant contre la sourde guerre qu'il leur suscite.

« M. Fouquet a tant d'affaires : celles du roi, les siennes, celles de ses amis, qu'on s'étonne qu'il ne meure pas à la peine. Il donne le jour au roi, aux deux reines (Anne la mère, Marie, la femme de Louis XIV), aux ministres ses confrères, aux audiences, à la galanterie. Il travaille presque toute la nuit ; je ne sais où il dort, comment il dort, je le vois toujours éveillé et debout. Le nombre est immense des billets doux, lettres galantes, poulets d'amour, qu'il expédie ou qu'il reçoit. Chaque jour je le trouve occupé d'une femme nouvelle ; il cause en outre avec les Juifs, les Bohêmes, les diseurs de bonne aventure, les astrologues. En un mot, on dirait que n'ayant pas assez des choses de la terre, son incroyable activité a besoin de s'occuper de celles des autres mondes.

« On lui a tiré plusieurs fois son thême de nativité, mais il n'en est pas content. On lui a montré dans un miroir magique une givre (couleuvre) dévorant un écureuil (1); depuis, il a redoublé de haine et de crainte envers vous, monseigneur.

« Il y a quelques jours que l'intendante de ses menus plaisirs, madame de Bellières, entra dans son cabinet par la porte dérobée. J'avais veillé avec monseigneur pendant plus de trois nuits; il me dictait pourtant, mais la nature victorieuse m'avait endormi malgré mes efforts. M. Fouquet s'en étant aperçu s'arrêta, prit une plume d'entre mes doigts, m'entoura d'un grand paravent de laque noire, et continua d'écrire ce que j'avais interrompu.

« Madame de Bellières, dis-je, entra, fit quelque bruit, je m'éveillai; mais, soit par besoin de dormir encore, ou plutôt par désir de surprendre leur conversation, je ne changeai pas de posture; et, la tête appuyée sur le bureau, je demeurai complétement endormi en apparence.

« A la vue de son amie, M. Fouquet entr'ouvrit le paravent, me regarda, et me trouvant immobile, ne douta plus que je ne ne fusse plongé dans le plus profond sommeil. Il le dit à la sur-

---

(1) La devise de Fouquet était un écureuil avec ce mot : *Quo non ascendam?* Une couleuvre (givre en terme de blason) était le meuble de l'écu des Colberts, et dans celui des Letelliers sont trois lézards.

venante ; mais, comme de temps en temps il dérangeait le paravent pour s'assurer si je ne m'éveillais pas, je me mis à ronfler de si grand cœur et avec tant de naturel, que tous deux cessant de soupçonner de moi, poursuivirent sans se gêner la conversation dont je vais vous rendre compte, monseigneur. Il y a des phrases que je ne comprends pas; peut être en aurez-vous la clef.

« Madame de Bellières, dès son entrée, s'assit.

« — Ah! que je suis lasse, mon pauvre ami! Et comment reconnaîtrez-vous tout le mal que je me donne pour vous?

« — Suivant l'importance de vos services et la valeur de votre mérite, répondit-il en riant. Vous le savez, aux uns je paie la mule, aux autres le cheval; à ceux-ci la chaise à porteurs, à ceux-là le carrosse... Vous vous êtes donc bien fatiguée pour moi, chère belle? (Ceci fut dit du ton le plus affectueux.)

« — Au point d'en tomber malade. Encore si le succès était au bout.

« — N'y est-il donc pas? reprit-il avec moins de bonté, ou bien n'y mettez-vous pas votre savoir-faire?

« — Ingrat, je gage que vous m'accusez de votre insuccès!

« — Non certes?

« — Oh! si vraiment! Mais pourtant raisonnons. Est-il possible, malgré votre esprit, votre galanterie, votre magnificence, vos protections, qu'on vous préfère à l'AUTRE? Voyez son rang, son âge, sa figure.

« — Je vois le diable! s'écria M. Fouquet en frappant impatiemment du pied; je raffole de cette fille; et s'il faut la couvrir d'or, que rien ne vous arrête. L'AUTRE ne m'en laissera pas manquer pour son service.

« Ici tous deux ont ri de nouveau. Lui a repris :

« — Peignez-moi bien amoureux; cela fait toujours bon effet, et d'ailleurs je le suis à en perdre la tête. Faites bien valoir surtout mes anciennes conquêtes. N'oubliez ni madame de Sévigné, ni la *femme à Scarron*.

« — Mais c'est les compromettre en pure perte!

« — Dites toujours; le moyen est excellent : pour obtenir une femme, il faut livrer au vent la réputation de cent autres.

« — Mais ce sont vos amies!

« — Raison de plus; et dans leur intérêt même, parlez : plus elles auront eu d'amans, plus elles paraîtront désirables.

« — Je jurerais que la première se borne à faire du pédantisme épistolaire avec les siens; mais quant à la seconde, c'est une trop madrée commère pour tailler des plumes sans nécessité absolue. Avez-vous de leurs lettres ?

« — J'ai mieux que cela !

« — Quoi donc ?

« — Leur portrait !

« — Ah ! que vous êtes ingénieux ! dit en riant madame de Bellières ; vous me mettez en bonne humeur ; et il me prend fantaisie pour vous faire mieux encore valoir auprès de notre aimable boiteuse, d'ajouter au nombre de vos conquêtes mademoiselle de Scudéry.

« — Miséricorde ! elle est si laide !

« — Ah ! il me faut vous donner tous les genres de courage.

« — Donnez-moi d'abord celui de vivre dans l'impatience mortelle où vous me tenez. Vous ne me connaissez qu'à demi, chère belle. En vous priant de me servir auprès de la nouvelle reine de mon cœur, croyez-le bien, je vous confie moins les intérêts de ma galanterie que ceux de ma passion. J'aime cette femme comme je n'ai point encore aimé aucune autre. Elle sera la trois centième peut-être que j'aurai désirée, mais sera certainement la seule que j'aurai aimée !

« — Grand merci pour les deux cent quatre-vingt-dix-neuf autres !

« — Allons, ne vous fâchez pas, et souvenez-vous que c'est un amoureux qui vous parle ; un amoureux qui pour un œil brun quitterait toutes les affaires du monde, et que toutes les affaires du monde réclament et absorbent. Vous le savez ; ici, je fais tout, j'atteins à tout, j'englobe tout. Ah ! il faut être Atlas.... Je le serai ; mais pour cela, il convient que deux hommes disparaissent. Tous deux, ils m'embarrassent ; ils intriguent contre moi. Le roi les écoute ; il a envie de n'être plus enfant ; et moi, je veux que, content de ses jouets, il ne me dispute pas ce que je suis décidé d'avance à ne lui pas céder.

« — Mon ami, vous perdez la tête ; prenez-y garde, ne comptez sur rien, tant que le lézard et la givre poursuivront votre gentil écureuil.

« — Ils tomberont, croyez-m'en. Le roi vient à Vaux. Là, j'espère si bien le circonvenir qu'il ne verra plus que par moi. Ses très chers sont mes intimes et tous gens à mes gages ; enfin c'est lui qui paie, et moi qui profite ; mais, dans tous les cas, si l'on me menace, je saurai me rendre redoutable. Bellisle est à moi, c'est une de nos meilleures places fortes, et j'y aurai une retraite sûre. Tenez, tantôt, j'ai minuté sur ce papier les dispositions à prendre par mes amis dans la supposition impossible où ils auraient à me délivrer de quelque guet-apens.

« Ici, il alla retirer de derrière son grand miroir de Venise un papier que, ce matin même, je l'avais vu y cacher. Il le lut à madame de Bellières qui s'exclamait souvent, et finit par dire :

« — Mais c'est un plan complet de révolte et de résistance à l'autorité royale !

« Et, après une petite pause, elle a ajouté :

« — Iriez-vous jusqu'au bout ?

« — Ah ! madame, a-t-il répondu, jamais je ne chercherai à nuire au roi. Je donnerais ma vie pour lui. Sa personne m'est sacrée, et plutôt que de l'offenser, je me tuerais à ses pieds. Mais je sais où va la malice de Letellier, de Colbert ; je ne dirai pas de Lyonne : celui-là est sans fiel et ne sait guère au sûr s'il m'aime ou s'il me hait ; mais les autres me sont implacables ; c'est entre nous une guerre à mort, je me tiendrai toujours en garde contre leur mauvais vouloir pour moi, et toute résistance contre eux me sera légitime. Le roi est donc en dehors de ceci.

« — Vous ne lui serez irrespectueux qu'auprès de la belle boiteuse.

« — Ah ! sur ce terrain-là, il n'y a pas de quartier neutre ; tout y est de bonne prise, et chacun a le droit de guerroyer en liberté.

« — Mon ami, cette femme vous sera fatale, j'en ai le pressentiment.

« — Au contraire, elle achèvera d'accomplir

ma haute fortune. Voici un thême de nativité fait avec soin, en voilà un autre; tous me disent que mes nombreuses et dernières années s'écouleront en paix et en élévation. Ce dernier est précis. Il y est formellement dit *que j'habiterai les lieux très hauts.* Cela peut-il signifier autre chose que le sort fera de moi un premier ministre; et j'en suis tellement convaincu, que je cherche à vendre ma charge de procureur général au Parlement de Paris. Elle m'a cependant coûté assez cher, dix-huit cent mille livres, plus que l'on n'en a mis dans l'acte de vente; mais en la cédant, j'espère encore en tirer un meilleur prix.

« — Vous avez tort, a dit madame de Bellières, de vouloir résigner cette charge. Songez, mon cher Fouquet, que c'est pour vous un moyen plus sûr que tout autre de vous maintenir à la fortune qui, après tout, vaut autant, sinon mieux que le pouvoir.

« Ici, j'ai cru que prolonger plus long-temps mon sommeil, serait le rendre suspect : je me suis réveillé. M. Fouquet est venu à moi, et m'a plaisanté sur mes ronflemens. Madame de Bellières est partie en emportant dans un sac de peau d'Espagne deux mille pistoles neuves et une superbe agrafe de diamans. Elle avait grand'peine à tenir le tout. Son écuyer le lui aura pris dans l'antichambre.

« Voilà, monseigneur, ce que je peux vous mander aujourd'hui. Faites fond sur mon exactitude, ma vigilance et ma passion à vous servir... »

Nota. La signature a été si bien effacée que je n'ai pu la découvrir sous une lourde tache d'encre noire qui la recouvrait. Tout ce que j'ai pu conjecturer, c'est que ce nom n'était composé que de quatre à cinq lettres au plus, et qu'aucune de celles-ci ne montait ni ne descendait en dehors de la ligne.

Ce rapport adressé à Colbert vient de la Bastille. Il en fut retiré par M. Lenoir ; je l'ai trouvé dans les papiers de celui-ci ; sir Edgerton m'en offre mille écus.

On a compris qu'il s'agissait ici de mademoiselle de Lavallière, dont Fouquet était amoureux sans s'embarrasser de la passion du roi. Cette hardiesse du surintendant détermina sa chute. On sait que mademoiselle de Lavallière se plaignit à Louis XIV de ce que Fouquet avait voulu lui acheter ses faveurs.

— L'ingrat ! s'écria le roi ; je ne doute plus qu'il ne soit traître.

Dès lors sa perte fut résolue. Dans un premier moment de colère, Louis XIV voulut le faire arrêter au milieu de la fête que le surintendant des finances lui donnait à Vaux. Mai la reine-mère fit voir à son fils l'odieux de ce coup d'état. L'arrestation eut lieu à Nantes, où Fouquet, mis en jugement, fut condamné à la déportation perpétuelle. Le roi, qui aurait, dit-on, souhaité sa mort, le garda prisonnier à Pignerol. C'est là qu'il est mort.

Au reste, la hauteur où était bâtie la citadelle de Pignerol, et où Fouquet termina sa vie si misérablement, justifia d'une cruelle manière la prophétie qui le prédestinait à habiter, à la fin de sa carrière, *les lieux très hauts*.

CHAPITRE VII:

Anecdote sur M. de Tourreil. — M. Quatresols, conseiller. — Paul Y'dumarc. — Apparition fantastique. — Assassinat. — Enfant naturel abandonné. — Le vieux meuble et le trésor. — Succession miraculeusement recouvrée.

« Monseigneur, dès que l'ordre de votre grandeur m'a été transmis, je me suis transporté rue de la Harpe, hôtel de Rennes, et m'étant fait reconnaître à noble de Tourreil (François), écuyer et capitoul de la ville de Tholose (1), je lui ai demandé en votre nom de me faire le récit qui a tant frappé madame la duchesse de Cardonne (2); il a mieux fait, car il me l'a donné écrit de sa main; le voici, vous pouvez en faire prendre copie, en garder l'original, et le transmettre au roi qui a eu le désir de connaître cette anecdote si étrange. Le rang, la fortune, la position sociale de M. de Tourreil (3), la facilité avec laquelle on peut vérifier l'exactitude de ce qu'il raconte, tout donne un précieux caractère de sincérité à ce récit; au reste, votre grandeur en jugera mieux que tout autre, etc. »

Nota. On trouve à la suite, et d'une autre écriture :

« Cette lettre, adressée à monseigneur le chan-

---

(1) Toulouse.

(2) Le maréchal de Lamothe-Houdancourt fut créé par Louis XIII, duc de Cardonne; sa femme la maréchale, née de Prie, fut gouvernante de monseigneur le dauphin. On la nommait tantôt ou maréchale, ou duchesse, ou gouvernante. Ses trois filles furent les duchesses d'Estrée, d'Aumont et de Ventadour; celle-ci lui succéda dans sa charge; elle éleva Louis XV.

(3) Les Tourreils, anciens gentilshommes, sont originaires de Toulouse. Celui dont il est ici question, fut père de Jacques de Tourreil, procureur général au Parlement de Toulouse, membre des académies des inscriptions et française; il a traduit Démosthènes.

« celier de France Séguier, a été écrite par
« M. de Quatresols, conseiller au Parlement de
« Paris, et la pièce qui s'y trouve attachée par
« une épingle, est sans doute de la main de ce
« monsieur François de Tourreil. »

« J'avais vingt ans, lorsque, pour la première fois, je vins à Paris, en la compagnie d'un de mes oncles, l'abbé de Polastre. Je laissais à Tholose un de mes amis intimes, mon condisciple de collége; il appartenait à la bonne bourgeoisie de cette ville, et se nommait Paul Y'dumarc. Son père, décédé depuis longues années, avait laissé deux fils riches, et sa femme qui ne se remaria pas.

« Mon ami, possesseur de bonne heure d'une assez belle fortune, avait le défaut d'aimer trop l'argent. Il trafiquait assez honteusement du sien, prêtait à divers des sommes à gros intérêt, et en même temps vivait en défiance de sa mère et de son frère. Je dois ajouter qu'il avait six ans de plus que moi, et qu'à sa seizième année, un attachement avec une pauvre fille du pays, lui procura les honneurs de la paternité. Il ne voulut jamais reconnaître cet enfant, appelé Paul comme lui, ni lui assurer un sort, tant il lui répugnait de faire le moindre sacrifice d'argent.

« Je partis donc pour Paris; j'y étais depuis deux ans, lorsque tout à coup je reçus deux lettres d'Y'dumarc. Il me demandait si je ne reviendrais pas bientôt, me parlait de son fils, et ajoutait: « Je suis bien malheureux de n'avoir « ici (Tholose) personne digne de ma confiance; « tu me manques. Il est des choses que l'on confie « de vive voix à un ami, mais que la prudence « interdit d'insérer dans une lettre. Reviens, « mon cher François, j'ai grand besoin de toi.»

« Je répondis aux deux lettres, et la correspondance en resta là. Une nuit, que j'avais été au bal chez le marquis de Soyecourt, je rentrai si tard que je ne voulus pas me coucher, ayant le lendemain, à sept heures du matin une audience de M. Dunoyer (1); je me jetai dans un fauteuil, où je ne tardai pas à m'endormir. J'eus alors un rêve; je vis une muraille s'élever devant moi. Elle était percée par une armoire à deux battans en bois de noyer, comme le reste du lambris. Sur le battant de droite, était, dans un cadre de bois noir, le portrait de S. M. Henri IV, avec deux vers au bas que je ne lus pas, ou ne pus pas lire; et, sur le battant de gauche, dans un cadre pareil, la figure de Sa Majesté alors régnante, Louis XIII.

« Je ne sais pourquoi à mon réveil ce songe

---

(1) Ministre sous Louis XIII. Il se flatta de succéder au cardinal de Richelieu; trompé dans son espoir, le dépit lui fit donner sa démission.

tout insignifiant me préoccupa particulièrement; pourquoi, dans la journée, il me revint encore à la mémoire ; le lendemain, je n'y pensais plus. Six mois après peut être, Chalvet, l'un de mes cousins, arrivant de Tholose, me demanda, en parlant de nos amis communs, si j'avais beaucoup regretté Paul d'Y'dumarc.

« — Serait-il mort? m'écriai-je.

« — Je t'en croyais instruit, reprit-il. Il y a six mois, en janvier dernier, un de ses paysans ayant avec lui des discussions d'intérêt, le tua nuitamment de deux coups de fusils.

« Je donnai quelques regrets à ce malheureux. — Et son fils? demandai-je.

« — N'ayant aucune raison de se croire en danger de mort, Paul n'a pas fait de testament. La mère et le frère du défunt se plaignant de ne pas avoir trouvé dans la succession tout ce qu'ils en attendaient, n'ont pas donné un denier au pauvre enfant de Paul.

« — Les vilains! Et qu'ont-ils donc perdu ?

« — Ils prétendent n'avoir trouvé dans la cassette de leur parent qu'une somme de beaucoup inférieure à celle qu'ils espéraient, et non plus aucune des lettres de change ou des billets que ses débiteurs lui avaient faits, car tu sais comment Y'dumarc faisait valoir son argent.

« C'est ainsi que j'appris les événemens survenus dans cette famille. Je demeurai encore un peu plus de deux ans à Paris; après quoi, je rerevins à Tholose. J'y étais depuis huit mois, lorsque je fus invité à aller passer quelques jours à Castelnaudary, chez mes cousins de Tréville. Je partis à cheval d'Avignonet, ayant à peu près trois heures de chemin à faire pour arriver chez mes parens. Dans ce trajet, un violent orage s'élève, mon valet me propose d'entrer dans la maison de campagne d'Y'dumarc, située à peine à cinquante pas de la route.

« Malgré mes liaisons avec le fils aîné, je ne connais pas même de vue sa mère, femme assez commune; je ne me souciais guère d'aller chez eux: c'était une sorte de liaison à faire; j'hésitais. D'ailleurs je leur savais mauvais gré de leur inhumanité envers l'enfant naturel de Paul. Cet enfant était venu me voir, et je lui avais fait quelque bien.

« De vifs éclairs, de violens coups de tonnerre annonçant un redoublement d'orage, et surtout l'épouvante qui saisissait mon cheval, me déterminèrent à chercher un abri sous le toit de cette famille. J'y arrive; deux minutes après, je me nomme, j'étais connu; on me reçoit à bras ouverts, on m'offrit une collation, et bientôt la conversation s'engagea sur le défunt. Ce fut alors que j'appris avec de nouveaux détails que son trésor et son portefeuille, le tout évalué à cinquante-cinq ou soixante mille francs ont été introuvables. Chaque débiteur se tenant sur la défensive, a dit. *Si je dois, vous avez des titres*; et, dans l'impossibilité de les montrer, on a dû se contenter de cette réponse, et désespérer de recouvrer aucune de ces créances.

« — Ma foi, dis-je, Dieu vous punit de l'abandon dans lequel vous laissez le fils de Paul.

« A ces mots, mère et frère se récrient que mon ami n'était pas le père de cet enfant : la fille l'avait trompé, etc.

« — Pouvez-vous parler ainsi, répliquai-je, lorsque la nature, afin d'en fournir une preuve irréfragable, a donné à l'enfant, non pas quelque ressemblance avec mon ami, ce qui n'aurait rien que de fort ordinaire, mais l'expression vivante de la physionomie de son oncle? Oui, monsieur, ajoutai-je en me tournant vers celui-ci, le pauvre garçon est votre portrait vivant.

« Cette conversation n'était pas du goût de mes hôtes; pour la rompre, on me proposa de monter dans la chambre qu'on me destinait pour la nuit. J'y consens, trouvant peu d'intérêt dans la compagnie que j'avais acceptée par nécessité. La mère, le fils m'escortent, la première, jusque dans le corridor, et le second, jusque dans la chambre même. J'y entre, il était grand jour encore ; je jette un coup d'œil rapide, et voici que mon cœur commence de battre, mon imagination de s'exalter, ma mémoire de s'ouvrir à un souvenir évanoui, et que je me mets à dire :

« — Monsieur Y'dumarc, voulez-vous consentir à donner 2,000 pistoles (20,000 liv.) à Paul, l'enfant naturel de votre frère, si je vous mets en possession de la part de succession que vous croyez perdue ?

« Celui à qui je m'adresse s'étonne d'un tel propos ; il me demande si je suis le dépositaire du secret ou du trésor de mon ami.

« — Je n'ai ni l'un ni l'autre ; et pourtant je suis certain, oui, très certain, d'augmenter votre fortune, si vous consentez à être bon frère et bon parent.

« Nous parlions haut ; madame Y'dumarc, qui nous entendait, accourt, conduisant avec elle le curé d'une paroisse voisine, venu lui aussi demander l'hospitalité à cause de l'orage. C'était un homme de qualité, un Fontaine-Vandomois, famille noble du Haut-Languedoc. La mère s'étonne, comme son fils, de ce que j'avance, me presse de m'expliquer, et moi je réponds que je n'en ferai rien, si on est sans pitié pour le malheureux que je protège. Le digne prêtre se joint à moi. Il ajoute :

« — Vous regrettez la perte d'environ 60,000 liv. Voilà plusieurs années qu'elles sont perdues ;

vous entrerez dans les deux tiers de cette somme, et un homme de votre sang aura le reste : résolvez-vous à faire ce qu'exige M. de Tourreil.

« Il y eut lutte encore entre deux sortes d'avarice, celle qui voulait le tout et celle qui se contenterait de la plus grosse part. Cette dernière l'emporta cependant. J'eus la parole des deux héritiers ; j'avais un témoin. Alors je dis :

« — La nuit où fut commis l'assassinat dont Paul Y'dumarc a été victime, j'eus un rêve où je vis une armoire en noyer, ouverte au milieu d'un lambris de même bois ; sur un des battans de cette armoire était le portrait de Henri IV, avec deux vers au-dessous, et sur l'autre battant, dans un cadre de bois noir, le portrait de Louis XIII.

« — Eh bien, qu'est-ce que cela signifie ? s'écria le trio.

« — Regardez, répondis-je, voici l'armoire et les deux portraits : le trésor est là, je n'en doute point.

« — Hélas ! on l'a tant visité, ce meuble !

« — Eh bien, visitez-le de nouveau. »

« Le frère dont l'avidité double la force, brise les planches qui fermaient diverses étagères, et, de leurs épaisseurs artistement évidées, tombent de toutes parts des contrats de rente, des effets au porteur, de l'or, et en telle quantité, qu'au lieu de la somme de 60,000 liv. tant regrettée, on eut à relever et à serrer celle de 127,000 liv.

« La joie indécente de ces deux personnages qui ne se souvenaient plus d'un fils et d'un frère, en présence d'un aussi beau supplément à sa succession me scandalisa non moins que le curé. Mais il y eut pour eux un rude moment, ce fut celui où ils s'imaginèrent que je réclamerais pour moi-même ma part du trésor. Je les rassurai, et, à leur éloge, je dois dire que chacun d'eux ajouta libéralement 5,000 liv. à la portion de l'orphelin. Je ne laissai pas refroidir l'enthousiasme, et, de concert avec le digne ecclésiastique, nous retirâmes de la masse 2,000 liv. en or et 10,000 en bons papiers.

« Tel est l'événement extraordinaire dans lequel j'ai joué un premier rôle, et dont je certifie l'exactitude en tous les points sur ma part de paradis, comme chrétien, et sur mon honneur, comme gentilhomme.

« Paris, ce 23 septembre 1667.

« *Noble* François de Tourreil,
« *écuyer et ancien capitoul, signé.* »

En conservant l'ordre des temps, je suis arrivé au personnel des lieutenans de police. Je vais dorénavant suivre, dans mes récits, leur succession complète. Je rapporterai les principaux traits de leur biographie, de leur administration et quelques événemens remarquables qui se sont passés pendant l'exercice de leur autorité. Je partagerai le reste de cet ouvrage en autant de parties qu'il y a eu de lieutenans de police. C'est, ce me semble, la meilleure distribution : elle me permettra de ranger chronologiquement des faits dont l'importance et l'intérêt ne pourront que gagner à cette classification.

CHAPITRE VIII.

Vues de Louis XIV sur l'administration de la police. — M. de La Reynie. — Son habileté. — Priviléges du Parlement et du clergé opposés à la bonne administration de la police. — Ménagemens que sont obligés de garder les lieutenans de police. — Vols et assassinats. — Les recruteurs militaires. — Sous prétexte de fournir des colons à l'Amérique, on enlève des femmes, des enfans et même des hommes. — Fréquence désastreuse des duels. — Éclairage. — Loteries et tripots clandestins. — 1687, Paris réceptacle de voleurs et assassins *Bohémes*, *Égyptiens*, *Grecs* ou *Zingari*. — Ce que dit l'avocat général Pasquier à ce sujet. — Curé chef de brigands. — Le comte de Bcu... — Aventure de M. de Saintaine. — Guet-apens. — Les sieurs Jacomé, usurier, et Combons, faux monnoyeur. — Projet d'assassinat déjoué par une jeune fille. — Atroce calomnie. — Enfant enlevé par des Bohêmes, et sauvé par le duc du Maine et madame de Maintenon. — Chambre de justice contre les empoisonneurs. — Loi contre les sorciers et devins. — Diverses anecdotes. — Mort du lieutenant de police.

Louis XIV, ai-je dit, comprenant la nécessité de faire des attributions diverses de la police un tout uniforme, sentit aisément que, pour y parvenir, il fallait la mettre sous la direction d'un seul homme, ferme, sage et prudent. Il ne pouvait mieux choisir que M. de La Reynie.

Nicolas de La Reynie naquit à Limoges, en 1625. Sa famille, déjà ancienne, le destinait à la magistrature. On l'envoya faire son cours de droit à Toulouse, dont l'université, à cette époque, était la plus célèbre du royaume. Nommé à vingt-deux ans conseiller au Parlement de Bordeaux, il était président à mortier dans cette cour en 1650. Cette année, La Reynie commença d'acquérir quelque importance personnelle. Les habitans de Bordeaux s'étaient soulevés contre l'autorité royale en faveur de M. le Prince (de Condé), et, pendant ces troubles, La Reynie, serviteur fidèle de Sa Majesté, courut plus d'un danger.

Il soutenait le parti de la cour, et par là se vit l'objet de la haine et des insultes de ce peuple mutiné. On pilla sa maison; et, pour éviter de plus grands malheurs, il se réfugia auprès du duc d'Épernon, fils du célèbre favori de Henri III, et, comme son père, gouverneur de la Guyenne.

Dans les momens de troubles, les services et les actes de dévouement au pouvoir sont presque toujours généreusement récompensés. Les hommes adroits savent surtout s'en faire un titre pour s'avancer plus rapidement. Aussi La Reynie, présenté au roi et à la reine régente qui étaient dans la province, en reçut-il le meilleur accueil. Ils lui promirent de reconnaître sa fidélité. Craignant qu'en le perdant de vue, on perdît aussi ses services, La Reynie suivit la cour à Paris. Sa persistance le fit nommer maître des requêtes, charge dont on n'aurait aucune idée juste si on la comparait aux places portant aujourd'hui le même nom. Homme laborieux et de capacité, homme d'exécution surtout, il fut, dès son début en ces fonctions, appelé aux conférences qui se tenaient chez le chancelier pour la réforme de la justice. Ce fut là que de jour en jour il fut mieux apprécié par le roi, et, par suite, nommé lieutenant-général de police, le 29 mars 1667.

Il apporta un zèle louable dans l'exercice de ses fonctions pour la réforme et l'amélioration de la police parisienne. Cette magistrature exigeait dans l'homme qui en était revêtu une connaissance des lois et une fermeté qui par la suite devinrent moins indispensables. De nombreux priviléges, les droits du Parlement, ceux du clergé et des magistratures une fois créés dominaient l'action de la police, et ne lui permettaient que difficilement l'initiative, même dans les choses de son ressort exclusif. Il fallait, pour exécuter les ordres du roi et faire régner le bon ordre, des préparations, des ménagemens non moindres que s'il se fût agi d'éluder ceux-ci et de détruire ceux-là. Mais la plus grande partie de ces vices d'organisation ont disparu aujourd'hui, et le dégagement de tant de contraintes a été pour l'autorité l'un des plus précieux avantages que l'on doit à la révolution.

On voit par le préambule de l'édit de 1666 pour la police de Paris, et par un acte antérieur du Parlement de 1662, que cette ville était le théâtre des plus grands désordres, et que, pour les réprimer, d'énergiques mesures étaient devenues indispensables.

« Il se commet à Paris, dit ce préambule,
« nombre de vols et assassinats, tant de nuit que
« de jour. Un grand nombre de vagabonds et
« gens vulgairement appelés *filoux* abondent
« dans cette ville. »

Il paraît aussi que d'autres coquins, sous prétexte de chercher des colons pour l'Amérique, enlevaient les femmes, les enfans, les hommes, et les vendaient aux fondateurs prétendus de nouveaux établissemens. Ces malheureux ainsi volés à leurs familles étaient enfermés dans des lieux appelés *fours*, d'où ils ne pouvaient communiquer avec personne. Et lorsque l'énergie des magistrats de police eut fait cesser cette odieuse spéculation, les recruteurs militaires, long-temps encore après, usèrent à Paris de moyens non moins tyranniques pour se procurer des soldats. Ces manœuvres criminelles se passaient au mépris d'ordonnances qui les prohibaient formellement.

A cette époque, Paris n'était point, ou était très mal éclairé. On doit à La Reynie l'établissement des lanternes publiques, quoique cet établissement ne fut complétement organisé que fort postérieurement à l'administration du premier lieutenant de police, je veux dire sous M. de Sartines, en 1767, c'est-à-dire un siècle après l'époque dont nous nous occupons. Avant la Reynie, les bourgeois ne sortaient de nuit qu'avec une lanterne à la main, ou précédés de l'apprenti ou de la servante qui portaient la lanterne; les magistrats et les seigneurs se faisant marcher devant eux des valets de pied ou hommes à cheval qui tenaient au poing des flambeaux de résine mêlée de cire. L'éclairage public se faisait par des chandelles, que chaque locataire était tenu de tenir allumées sur ses fenêtres.

D'autre part, les duels très communs en ce temps, réclamaient une mesure qui en réprimât l'audace. On dégaînait au coin des bornes, à tout propos et de tous côtés ; et ces sortes de combats, le plus souvent sans témoins, ni convention, dégénéraient en assassinats. On assiégeait continuellement la police de plaintes sur un tel désordre enraciné dans nos mœurs. La Reynie fit tout ce qui dépendit de lui pour tenir la main à l'édit rendu à cet effet au mois d'août 1679, et dont l'exécution à Paris lui fut particulièrement confiée. Vaine précaution! Il pouvait bien soumettre le peuple à son autorité, mais la noblesse, grande ou petite, lui échappait toujours, par la raison qu'à cette époque, il y avait réellement deux ordres au-dessus de la loi, le clergé et la noblesse.

Un autre abus aussi opiniâtre, et qu'il ne réussit guère mieux à faire disparaître, fut la plaie des loteries clandestines ou particulières. Quoi qu'il en soit, c'est en partie à sa sollicitation qu'on dut l'ordonnance du roi, en date du 14 mars 1687; elle fut suivie d'un arrêt du Parlement (18 juillet même année), qui défendit les jeux dits de *hoca, la bassette et le lansquenet*, et prononçait des peines afflictives et infamantes contre ceux qui en établiraient dans leurs maisons. Une autre ordonnance, plus remarquable et antérieure à celle-ci de plusieurs années, se rattache aux désordres occasionés dans Paris par le nombre immense de filoux, brigands, vagabonds, gens sans aveu, *grecs* ou escrocs, qui venant de tous pays, pullulaient dans la capitale, et dès la tombée de la nuit en faisaient un vaste coupe-gorge. On y volait, on y assassinait sur les ponts, sur les quais, sur les places, sur les boulevarts; on arrachait les manteaux, on coupait les bourses et on assommait quiconque faisait résistance. Des soldats en réforme, des laquais sans maître, des enfans de famille perdus de débauches, plus quelques nobles déhontés, et les galériens libres ou en fuite composaient la masse de ces misérables. L'épouvante qu'ils inspiraient était si grande que, l'hiver, dès cinq heures du soir, au plus tard, les rues restaient vides de piétons.

Cette ordonnance, du 11 juillet 1684, fut aussi rendue contre les Bohêmes ou Bohémiens, nommés encore *Zingari*, tribu à l'origine incertaine. Selon les uns, ces peuplades nomades viennent de l'antique Egypte, de la Mauritanie; selon les autres, elles seraient sorties de la Hongrie et de la Bohême, dont elles auraient retenu le nom. On les a souvent considérées comme un reste de ces dix tribus d'Israël si complétement dispersées, que leurs traces se retrouvent dans toutes les parties du globe. Ces *Zingari* ou Bohêmes, campés successivement dans les divers états de l'Europe, avaient paru plusieurs fois en France, et toujours pour y faire du mal; aussi étaient-ils suspects au plus haut point; et Louis XIV, si attentif au bien-être public, soumit tous leurs mouvemens à une surveillance perpétuelle.

Le préambule de l'ordonnance sus-mentionnée donne une idée de l'état de la police de l'époque.

« Malgré les soins (y était-il dit) que le roi et ses prédécesseurs ont pris pour purger leurs états des vagabonds et gens appelés *Bohêmes*, il a été cependant impossible de chasser entièrement du royaume ces *voleurs*, par la protection que dans tous les temps ils ont trouvée auprès des gentilshommes et seigneurs justiciers qui leur donnaient retraite dans leurs châteaux et maisons, nonobstant les arrêts des Parlemens qui le leur défendaient expressément. En conséquence le roi ordonne aux officiers de justice et de police d'arrêter ou faire arrêter tous ceux qui s'appellent *Bohêmes* ou *Égyptiens*, leurs femmes, leurs enfans, de faire attacher les hommes à la chaîne des forçats, pour être conduits dans les galères, et quant aux femmes, filles et enfans, de les conduire dans les hôpitaux, si on les trouve faisant le métier de Bohême; le tout sans forme, ni figure de procès. »

Cette ordonnance, faite d'après des rapports vraisemblablement exagérés, offrait une rigueur arbitraire qui en rendait l'exécution difficile, et annulait les bons résultats qu'on aurait pu en attendre. C'est ainsi que trop souvent, dans l'administration de la justice, comme de la police, l'illégalité des dispositions et l'exagération ont paralysé les meilleures lois.

Ce n'est au reste que depuis la révolution de 1789, qu'on a vu disparaître entièrement ces espèces de mendians et de vagabonds appelés *Bohêmes* ou *Bohémiens*. Leur nom seul est encore employé pour désigner les *diseurs de bonne aventure*, les gens sans aveu, sans asile, et d'une mauvaise réputation.

Si l'on doit s'en rapporter à Pasquier (1), dans ses *Recherches sur l'Histoire de France*, l'arrivée des Bohémiens en France daterait seulement de 1427. Ce fut en cette année qu'on les vit pour la première fois, rôdant et maraudant autour de Paris, faisant une guerre sourde aux volailles, aux pigeons, au gibier à poil et à plume, et souvent aux voyageurs isolés ou mal accompagnés. Pasquier dit à ce sujet:

« Que douze *penanciers* ou *pénitens*, qui se
« qualifiaient *chrétiens de la basse Égypte*, chassés
« par les Sarrasins, vinrent à Rome et se con-
« fessèrent au Pape, qui leur enjoignit pour pé-
« nitence de vivre pendant sept ans par le
« monde, sans coucher dans aucun lit. Cette
« troupe était composée d'un comte, d'un duc,

---

(1) Etienne Pasquier, né, à Paris, en 1529, célèbre avocat et avocat général à la cour des comptes, mort en 1615.

« et de dix hommes de cheval; leur suite for-
« mait un gros groupe de cent vingt personnes.
« Étant arrivés à Paris, ils furent logés à la Cha-
« pelle (village à la porte de Paris, du côté de
« Saint-Denis); on s'y rendait en foule pour les
« voir. Ils avaient aux oreilles des boucles d'ar-
« gent, et portaient les cheveux noirs et crépus.
« Leurs femmes étaient *laides, voleuses et diseuses*
« *de bonne aventure.* L'évêque de Paris les contrai-
« gnit à s'éloigner, et excommunia ceux qui
« les consultaient. Depuis ce temps, on vit des
« bandes de cette espèce errer dans le royaume.
« Les états généraux tenus à Blois, en 1560, en
« demandèrent l'expulsion ; mais, malgré l'or-
« donnance qui fut rendue alors, et qui les con-
« damnait aux galères s'ils ne se retiraient, ils
« continuèrent à rester, etc.. »

Cette inefficacité de l'ordonnance était chose toute naturelle, et que l'on comprendra facilement si on veut bien se rappeler de quelques mots de ce préambule. Le roi s'y plaint que les seigneurs justiciers s'intéressent aux Bohêmes et leur donnent retraite.

Une des causes principales qui provoqua cette ordonnance foudroyante ressortit d'une aventure qui eut lieu à cette époque, et que je transcrirai ici, d'après un mémoire manuscrit qui fait partie des nombreuses pièces laissées à ma disposition. Cette anecdote est un vrai roman, à cause de ses détails et de ses résultats. Je crois éteinte la famille qui joue le principal rôle ; cependant je n'indiquerai que par quelques lettres le nom de cette famille, dans la crainte qu'il en soit resté quelques membres.

Le comte de Beu..., homme de qualité, bien en cour, et sa femme mieux encore à cause de l'attachement que lui portait une princesse de la maison royale, avaient en province un parent peu noble, mais fort riche, ce qui compensait le manque de qualité auprès de certaines gens. Ce monsieur, appelé Saintaine, habitait un château isolé, fort perdu dans les bo   Berri. Il tenait à grand honneur ses liens de sang avec les Beu....., et avait souvent dit au comte, son cousin, que si, lui, Saintaine, venait à mourir sans être marié, il lui laisserait tous ses biens, terres seigneuriales ou roturières, ses contrats, ses rentes, son capital, et surtout ses argenterie, mobilier et bijoux d'orfévreries, de pierreries et de diamans. Il s'agissait à cette époque de plus de cent mille livres de rente, et de douze cents mille francs au moins de valeur en meubles et autres objets dont j'ai fait la nomenclature.

Le comte de Beu..., homme hardi, violent, querelleur, jouissait d'une très mauvaise réputation : il était moralement prouvé qu'il avait pris part à l'empoisonnement d'une grande princesse; c'est assez dire qu'il était capable de tout. Très grand seigneur, habitué aux grandes allures, beau parleur, partisan audacieux, il avait long-temps exercé sur certain grand prince un empire despotique, et dont, à part le crime reproché, l'origine était peu honorable.

On doit penser qu'avec un tel caractère rien ne pouvait arrêter le comte de Beu... dans l'exécution des choses où son intérêt l'appelait, pas même la crainte des peines dont la loi a institué l'effroi pour les vicieux.

M. de Saintaine venait à Paris tous les ans passer quatre mois d'hiver. Il logeait dans l'hôtel de son parent, rue Payenne; et là, à chaque voyage, soit par reconnaissance du bon accueil qu'il recevait, soit par frayeur du terrible comte et pour s'en ménager l'amitié, Saintaine s'engageait de plus belle à léguer son brillant héritage à la famille de ce bon parent. Ces intentions bienveillantes étaient d'autre côté reconnues par le comte, qui ne se faisait faute de qualifier Saintaine de cousin, chaque fois qu'on se trouvait en compagnie des princes étrangers, les Lorrains, les Rohan, les Bouillon, ou qu'il y avait là quelques maréchaux de France, cardinaux, prélats ou autres gens de haute distinction. Voici pourtant ce qui arriva.

M. de Saintaine, jusqu'à sa cinquantième année, avait repoussé toute proposition de mariage. Bon, simple, poli, religieux observateur de sa parole, pieux à l'excès, il était très aimé dans son pays, où, selon l'usage, on lui donnait un revenu quatre fois plus gros que le sien. Il tenait un noble état de maison, avait des chiens, des chevaux, des piqueurs, et chassait beaucoup, vu la vaste étendue de ses terres. Il possédait ainsi tous les élémens matériels du bonheur; et si, parfois, la pensée lui vint de perpétuer sa race par des enfans de son sang, il repoussa ce désir, comme quelque coupable suggestion du diable.

J'ai dit que quoiqu'il fût riche, le bruit public augmentait de beaucoup sa fortune, et qu'on le disait cousu d'or.

Fort au-dessus du commun par la représentation, il était cependant de trop nouvelle et chétive noblesse pour qu'il eût renoncé à faire lui-même ses affaires et se fût mis au régime ruineux d'un intendant. En conséquece, pendant les huit mois passés dans ses terres, il allait çà et là, aux foires, aux marchés, vendant lui-même ses récoltes et ses denrées; en un mot, trafiquant en digne hobereau campagnard.

Une foire annuelle avait lieu à la Châtre. Il y vint; et le bruit courut, vers le milieu du jour, qu'il s'y était rendu pour toucher une forte somme d'argent, et que la vente d'un troupeau nombreux et de mille sacs de blé lui en avaient fait réaliser sur-le-champ une non moins importante.

Il y avait à cette même foire un curé, mauvais prêtre, vrai brigand, et passant pour être le compère d'une bande de voleurs qui désolait le pays. Deux gros bourgeois d'une aussi méchante réputation, car l'un prêtait sur gage et l'autre faisait de la fausse monnaie, passaient pour les associés du curé. Tous les trois étaient venus à la Châtre; ils avaient suivi M. de Saintaine avec intérêt, et seuls savaient qu'en bonnes lettres de change au porteur ou en pistoles sonnantes et bien trébuchantes, il remporterait à son château 20,000 liv. au moins (1).

Le curé, seul, salua ostensiblement l'honorable voisin, s'informa de l'heure où il partirait; puis, l'un des deux autres entra dans l'écurie où le cheval de M. de Saintaine et ceux de deux domestiques prenaient leur provende; il rôda autour des crèches, caressa ces trois bêtes, et sortit.

Les jours n'étaient pas longs. Saintaine, avant

---

(1) Cette somme représentait alors 60,000 francs de notre monnaie.

de rentrer chez lui, avait à faire cinq lieues de pays; il comptait, pour franchir rapidement cette distance, sur la bonté de ses chevaux. Il monta en selle, ses domestiques y sont; on prend un trot rapide, et, à deux lieues de la Châtre, on rencontre le curé dont j'ai parlé; on se salue; on cause, on chevauche de compagnie. Le curé engage le voyageur à s'arrêter chez lui; il a à lui offrir bon souper et bon lit; refus poli; on veut rentrer au manoir tout de suite. Le curé cesse ses instances.

Mais voici que le cheval d'un des domestiques tombe tout à coup et met son homme à bas, qui se relève, va faire redresser sa bête.... mais inutilement: elle est aux abois, elle va mourir... elle meurt. On s'étonne de cet incident, lorsque, en même temps, le cheval du second domestique jette des ruades, hennit avec fureur, et part d'une course tellement rapide que le malheureux cavalier, violemment désarçonné, est jeté à terre, où il a les deux cuisses cassées. Mais nouvel étonnement, nouvel effroi! car le cheval lui-même, ayant fourni sa course, va mourir à cinq cents pas plus loin. Enfin, celui monté par M. de Saintaine manifeste déjà les mêmes symptômes de vertige; son maître en descend précipitamment. Le pauvre animal éprouve d'horribles convulsions; mais, soit qu'il ait moins été empoisonné, soit qu'il ait plus de force que les autres, on espère de le sauver.

Cependant on se perd on conjectures sur la cause de ce triple accident. L'avoine des animaux était-elle mêlée de quelque plante vénéneuse? ont-ils été mordus par quelque reptile? ou leur empoisonnement est-il le résultat de quelque infernale machination? Le curé ne laisse pas de débiter quelques lieux communs sur la malignité humaine; il s'informe des ennemis que peut avoir M. de Saintaine. Celui-ci répond qu'il ne s'en connaît aucun; cependant il est inquiet, il ne s'en cache pas, et termine en disant : « Si ce n'est point être indiscret, monsieur le curé, c'est moi qui maintenant vous demanderai pour cette nuit-ci l'hospitalité que tantôt vous m'offriez. »

Le curé se montre joyeux de pouvoir obliger un seigneur si digne d'estime; il conseille à M. de Saintaine d'envoyer sur-le-champ à la Châtre son domestique, comme lui sain et sauf, afin qu'il y fasse soigner le cheval resté en vie. Quant au second et infortuné valet, comme son état ne permet pas qu'on le transporte plus loin, le curé propose de le faire admettre chez un de ses confrères, desservant la paroisse sur laquelle ceci se passait. On y transporte donc ce malheureux, le laissant aux soins d'un ancien chirurgien des armées du roi en retraite dans le même village, et qui accourut, comme tant d'autres, au bruit de ce désastre si peu commun.

De tout ce qui venait de se passer il en résultait que M. de Saintaine restait seul avec la somme que j'ai fait connaître, les lettres de change dans son portefeuille, et les 12,000 livres en louis neufs dans son porte-manteau. Le curé attacha le porte-manteau sur son cheval, et toujours avec l'aide de son confrère, procura à M. de Saintaine une autre monture. Ils se mirent en chemin, et, la nuit étant close, arrivèrent au manoir curial, où ils devaient coucher.

C'était une antique demeure, reste d'un château seigneurial bâti du temps des croisades. Une aile en avait été en partie reconstruite pour servir de logis, et elle communiquait par des passages et des souterrains au reste de l'édifice. La chapelle de ce château était ainsi devenue l'église du village; plusieurs salles habitées par le curé donnaient entrée dans le saint lieu; et quant au cimetière, on l'avait formé d'un ancien *jardin de plaisance*. Une belle pièce d'eau touchait aux murs; elle occupait l'espace où avaient été les fossés. Un pont de planches la traversait, et de l'autre côté on entrait dans une vaste forêt, dont les premiers bouquets avaient autrefois servi de parc à cette noble baronnie. Enfin, du côté opposé au cimetière et à l'église, était le jardin potager de M. le curé.

Cette description des lieux, oiseuse en apparence, deviendra plus tard nécessaire.

Dès que le curé et son hôte eurent mis pied à terre, une manière de valet, homme d'écurie au besoin, cuisinier un peu plus tard, et bedeau à l'église, où il carillonnait en quatrième métier, sans compter celui de jardinier, qui n'était pas son moins fatigant, ce factoton, dis-je, s'avança, prit les chevaux, reçut d'un air assez libre les ordres de son maître, examina curieusement le convive, et alla sans doute remplir les instructions qu'on venait de lui donner.

Le curé, voulant faire preuve de savoir-vivre, complimenta alors M. de Saintaine sur sa bienvenue, lui fit servir des rafraîchissemens par une vieille servante, et en même temps demanda à cette hideuse créature, car à la laideur elle joignait une malpropreté dégoûtante, si mademoiselle était rentrée de l'église.

—Monsieur, ajoute-t-il en s'adressant à M. de Saintaine, ne soyez pas scandalisé, je vous prie, de m'entendre parler d'une nièce. Celle-ci est bien vraiment la fille de défunt mon frère. C'est une enfant de dix-huit ans, que j'élève par charité ; elle est orpheline, et c'est un devoir pour moi de lui servir de père.

Ces mots étaient à peine dits, que parut la nièce. C'était une belle fille, d'un maintien quelque peu embarrassé, mais qui ne messéyait point à son air. Elle avait une taille parfaite, une gorge charmante; elle était blanche et fraîche, portait ses cheveux sans boucles, et avait ses bras nus jusqu'au coude, suivant la mode du pays. A la vue de l'étranger, elle se troubla tout-à-fait, pâlit, rougit tour à tour; et quand son oncle lui eut commandé brutalement d'amuser leur hôte, ses yeux admirables se remplirent de larmes.

Le curé parut préoccupé; son domestique rentra, et lui fit un signe, que Saintaine put voir répété dans un petit miroir de Venise. Alors ce prêtre s'excusa sur ce qu'il avait à sortir pour se rendre chez un malade. « Mais, mon oncle, demanda la nièce, qui donc est malade? — Le grand Pierre. — Je viens de le voir passer. — Vous avez mal vu, répondit séchement l'oncle; et Jean, qui vient m'avertir, est sans doute mieux informé que vous. »

Le ton des paroles du curé était si dur, il était si clair qu'il mentait, que, malgré lui, son hôte eut quelque regret d'être venu coucher chez un pareil homme; cependant son imagination n'alla pas plus loin. Le curé en sortant envoya la servante dans la pièce où il avait laissé

M. de Saintaine avec Julienne (c'était le nom de la nièce). Cette précaution n'avait rien que de fort convenable.

On causa peu. La lune se levait. M. de Saintaine s'approcha d'une fenêtre pour voir la campagne, et, à son grand étonnement, il aperçut le curé se promenant avec deux individus devant la façade de la maison. Tous trois paraissaient fort échauffés dans leur conversation. Tout à coup un des deux inconnus tira de sa poche trois poignards, en remit un au prêtre, un autre à son compagnon, et cacha le troisième dans son sein.

M. de Saintaine frémit; il venait d'assister, sans qu'on s'en doutât, aux préparatifs de quelque crime. La mauvaise réputation du curé lui revint en mémoire, et, ses souvenirs aidant, il reconnut au bout de quelques minutes l'usurier et le faux-monnoyeur dans les deux autres personnages complices de cet armement nocturne. Cette réunion ne pouvait avoir pour objet que quelque tentative perverse; car si les intentions de ces hommes étaient bonnes, pourquoi n'étaient-ils pas entrés? pourquoi le curé, qui les attendait certainement, ne les avait-il pas annoncés? Alors M. de Saintaine songea à la forte somme dont il était nanti; et l'accident arrivé à ses chevaux, l'éloignement préparé de ses domestiques, tout cela lui parut un coup monté. Mais de tels projets supposaient une si infâme trahison, qu'il voulut encore en repousser l'idée. Il revint auprès de la nièce.

Cette jeune fille, depuis la sortie de son oncle, n'avait cessé de regarder l'ouvrage qu'elle tenait à la main, et avait paru chagrine de l'attention mise par la vieille à ne pas la perdre de vue; mais le silence et la fatigue venaient d'endormir celle-ci, et, dans l'instant où M. de Saintaine se rapprocha de la jeune fille, Julienne releva sa tête, et, faisant à la hâte quelques gestes d'une éloquence effrayante, fit comprendre à l'étranger qu'il était en péril, mais qu'elle avait résolu de le sauver, et que pour cela il devait lui obéir en tout.

Le curé rentra. Le bruit de la porte réveilla la servante; elle fut si preste à se lever, que son maître ne soupçonna pas qu'elle avait manqué de surveillance. Lui recommença à s'excuser de son absence; puis, comme s'il se fût agi de la chose la plus indifférente :

— Monsieur, poursuivit-il, nous aurons un convive de plus, le sieur Jacomé, bourgeois de Bourges, qui était à la foire de la Châtre. Il vient d'arriver, et me prie de lui donner place au feu et à la table.

Ce Jacomé était l'usurier.

— Est-il seul? demanda M. de Saintaine; je l'ai vu tantôt avec Combons, son inséparable (le faux-monnoyeur).

— Oh! quant à celui-là, répondit le curé dont le visage demeura impassible, sa méchante réputation ne me permettrait de l'admettre qu'à regret... Il n'a pas paru.

M. de Saintaine n'eut pas besoin d'en entendre davantage pour être certain de son malheur; il était tombé dans un guet-apens, et ce Combons, que le curé disait ne pas avoir vu, était celui qui avait distribué les poignards.

En ce moment la nièce, élevant la voix :

— Mon oncle, dit-elle, ne conduirez-vous pas monsieur dans sa chambre? Il y trouvera du feu, et pourra prendre quelque repos en attendant que le souper soit prêt.

Puis, passant devant l'étranger, lui fait signe, dès qu'il sera rendu dans sa chambre, d'en fermer la porte soigneusement. Le malin prêtre, charmé d'être libre, acquiesce à l'insinuation de Julienne, et lui-même, deux bougies à la main, conduit M. de Saintaine dans la pièce où il devait reposer, et l'y laisse.

Libre de ses mouvemens, M. de Saintaine commence par pousser les deux verroux qui sont à sa porte, puis il tire son épée du fourreau, et amorce ses pistolets d'arçon que, par la volonté de la Providence, il avait retirés des fontes de son cheval, et mis dans ses poches lorsqu'il fut obligé de changer de monture. Il se rappela alors que, par deux fois, le curé a cherché à les lui enlever. Il en vérifie les pierres, et ces soins pris, il attend plus calme le secours qui lui est promis.

Vingt minutes, qui lui parurent des siècles, s'écoulèrent, personne ne venait. Mais bientôt il entend du bruit sur sa tête; il lève les yeux, et voit une petite trappe levée, une main blanche y paraît, laisse tomber un papier, se retire, et la trappe se referme. Ce papier contenait ces mots:

« On veut votre or et votre vie... Mon on-
« cle est affilié à des voleurs; à souper, on vous
« fera boire une liqueur qui vous endormira d'un
« sommeil léthargique, et à deux heures du ma-
» tin vous périrez. Je viens de tout apprendre de
« Jean (le factoton); il veut vous sauver et moi
« aussi..... Dissimulez avec tous ceux que vous
« verrez, on ne tentera rien avant votre som-
« meil; plus tard je vous expliquerai pourquoi. A
« souper, acceptez et mangez la pomme que je
« vous présenterai, elle renfermera l'antidote
« qui doit détruire l'effet de ce que vous aurez
« bu. Si ce fruit vous semble amer, n'en témoi-
« gnez rien, et ne le rejetez pas; vous sauver

« est mon devoir, je le tenterai, et Dieu, j'espère,
« ne m'abandonnera pas.

« Julienne Lameau. »

De l'autre côté du papier, était ce post-scriptum :

« De retour dans votre chambre, attendez
« vos libérateurs, et surtout ne vous épouvantez
« pas s'ils viennent à vous autrement que par la
« porte. Brûlez ceci, et ôtez vos verroux. »

Il achevait de prendre ce dernier soin, lorsque le curé, en la compagnie de l'usurier, parurent presque soudainement ; le premier présenta le second avec un air de mauvaise humeur, dont s'étonna M. de Saintaine. Mais il s'aperçut bientôt que ce manége était une hypocrisie de plus de ce misérable prêtre. Son compagnon s'étant avancé vers M. de Saintaine, lui dit :

— Monsieur, un homme mal jugé, mon vieil ami, est ici avec moi ; j'ai demandé pour lui à notre digne curé la moitié du lit qu'il m'accorde, mais il m'a répondu qu'à l'occasion de votre présence, il ne pouvait disposer de rien, et qu'il ferait ce que vous voudriez. Je vous adresse donc ma requête à l'effet que le sieur Combons de Bourges, notre concitoyen à tous, obtienne asile pour cette nuit.

Celui à qui on s'adressait, répliqua brièvement. Cette comédie l'indignait, la prudence le détourna d'en rien faire connaître, et on put introduire le troisième malfaiteur.

Il vint en effet, fit ses complimens, qu'on abrégea. La table étant mise, on s'y plaça. Le souper était bon ; il fut apparemment gai, chacun cherchant à voiler sa pensée. Un double signe de Jean et de Julienne indiqua à M. de Saintaine la bouteille qui contenait le breuvage somnifère ; on lui en versa rasade ; il en but une partie, put verser le reste, et tout se passa pour le mieux. La pomme offerte fut acceptée et mangée jusqu'aux pépins, malgré son amertume. Cependant la conversation languissait. M. de Saintaine faisait mine d'avoir envie de dormir ; ayant compris à un mouvement qu'il pouvait se retirer, il en demanda la permission à son hôte ; elle lui fut accordée avec empressement.

Il n'était que onze heures, devait-il se déshabiller ? Non sans doute ; dans tous les cas, et puisque ses libérateurs avaient une issue secrète pour venir à lui, il voulut se barricader de nouveau, et d'abord tirer les verroux..... mais ils n'y étaient plus..... une main perfide les avait enlevés pendant le souper. Cette circonstance le tourmenta, et lui fit craindre que les coupables ne tentassent leur coup. Il poussa la porte, la ferma à clef, puis traîna devant une lourde commode, qu'il chargea d'un grand coffre. Cette barricade était à peine finie, qu'un bruit léger attira son attention vers la partie de la chambre où se trouvait le lit; il y courut, mais en prenant la précaution de tenir son épée sous le bras, et de chacune des mains un pistolet. Dans son trouble, il ne s'aperçut pas qu'on avait déchargé ces dernières armes. A son approche, un panneau du mur, masqué par un portrait, s'entr'ouvre, glisse, et dans une ouverture pratiquée à cet endroit, laisse voir Jean et Julienne, tenant chacun une lanterne sourde à la main.

Ils lui firent signe de venir; et, comme il les rejoignait, le bruit d'une clef se fit entendre dans la serrure de la porte principale, les battans en furent poussés; mais, retenus par les meubles qui les encombraient, s'ébranlèrent sans céder. Une exclamation furibonde se fit entendre du dehors, et une si violente secousse l'accompagna, que la porte en craqua jusque dans ses ais.

Il n'y avait pas de temps à perdre, les ennemis étaient là..... M. de Saintaine prit la main que Jean lui tendait, et s'abandonnant à lui, le suivit avec Julienne dans le passage mystérieux d'où il venait d'entrer. Avant de se mettre en marche, Jean avait refermé le panneau. C'était une immense plaque de fer attachée à la muraille par des crochets énormes... Ils avaient fait à peu près une trentaine de pas, lorsqu'un bruit sourd et prolongé, comme le fracas lointain d'un tonnerre, leur annonça que la porte de la chambre était forcée. Julienne laissa échapper un cri que la prudence étouffa à moitié. Jean la rassura du mieux qu'il put ; et, après avoir parcouru un grand nombre de souterrains et de longues allées, ils se trouvèrent dans la campagne, à environ, un quart de lieue de la maison qu'ils fuyaient, et du côté opposé à la pièce d'eau. Là, se tenaient deux chevaux. Jean monta sur l'un, M. de Saintaine sur l'autre, et la jeune fille en croupe de ce dernier.

Ils partirent, et, au milieu du bois, ils aperçurent, descendant d'un côté éclairé par la lune, les bandits que le curé attendait sans doute. Rassurés ainsi sur les dangers du chemin, ils ne s'arrêtèrent qu'au point du jour. Ils étaient arrivés au château où M. de Saintaine faisait son habitation ordinaire. Ce même matin, on se remit en route pour Bourges, on n'y fut rendu que tard, et Julienne entra sur-le-champ dans une maison religieuse, en qualité de pensionnaire.

Le méchant curé, furieux de la fuite de son hôte, qui le privait d'une grosse somme, et craignant quelque dénonciation, s'empressa de la prévenir. Aucune preuve n'existait contre lui : le crime, jusque-là en projet, n'avait réellement point été commis. En conséquence, il s'en alla déposer à la Châtre une plainte en rapt de mineure, dirigée contre celui qu'il avait voulu égorger; de plus, il affirma que sa nièce était grosse, et perdit de réputation cette pauvre créature, à tel point que même après le procès gagné, et malgré le jugement qui innocentait M. de Saintaine, et livrait le curé à la force séculière, Julienne n'aurait plus trouvé à se marier dans tout le pays.

Mais que lui importait! elle avait certainement un mari, M. de Saintaine la chérissait. Aussi, surmontant bientôt la frayeur que lui causait son terrible parent, le comte de Beu..., il mena à l'autel la belle Julienne et en fit sa femme. La difficulté des relations et le silence du nouvel époux ne laissèrent connaître au comte ce mariage que plus de six mois après. Alors toute espérance sur la fortune de son cousin était enlevée à M. de Beu... par la grossesse de madame de Saintaine, qui, le dixième mois de son union féconde, mit au monde un enfant mâle, que l'on nomma Louis. La joie d'être père coûta cher à M. de Saintaine, il en mourut subitement, ce qui le sauva de la scène inconvenante et terrible que venait lui faire tout exprès le comte de Beu....

Trois ans s'écoulèrent. Le jeune Louis était élevé par sa mère comme l'héritier d'une fortune royale, lorsqu'une compagnie de Bohêmes, qui avait campé entre Saint-Germain et Versailles, vint prendre poste dans un bois voisin de Bourges. Les hommes et les femmes qui, au nombre de neuf, composaient cette tribu, se prirent un jour de querelle, en présence de plusieurs Berrichons. Un des leurs et sa femme et leur petite fille furent bannis solennellement et avec des cérémonies usitées en pareil cas par les Bohêmes. Ce ménage partit en pleurant.

Ce même soir, disparut dans son hôtel d'habitation, construit près d'une des portes de la cité de Bourges, le jeune Louis Saintaine. Dès lors sa trace demeura perdue. En vain sa mère, inconsolable, employa des sommes énormes à mettre en campagne des gens qui le trouvassent, aucune lumière ne lui parvint sur le compte de cet enfant chéri.

Toute la province accusa de ce vol les Bohémiens. Ceux-ci, protestant de leur innocence, affirmèrent que les vrais coupables étaient l'homme, la femme et la jeune fille qu'ils avaient congédiés. Il est certain que dès ce même jour, ce trio se rendit invisible. Les autres restèrent encore un mois autour de Bourges, puis en partirent publiquement.

Quatre ans après, un prêtre du Berry, qui avait été en cour de Rome pour la permutation d'un bénéfice, raconta que dans la campagne, non loin de Sienne, il avait rencontré la troupe de Bohémiens que tout le monde avait connue aux environs de Bourges. Ce qu'il ajouta donna beaucoup à penser : c'était que leur duc actuel et leur duchesse étaient précisément le couple qu'ils avaient paru repousser avec tant d'éclat. Cette séparation était donc une fourberie pour detourner sur deux seules têtes le soupçon du rapt dont toute la tribu se serait rendue coupable.

Sur ces entrefaites, madame de Saintaine mourut subitement. On en jasa, on demanda la descente de la justice. Un ordre supérieur vint presser l'information. Dix jours après, le comte de Beu... présenta requête à la fin d'obtenir la garde-noble de la fortune mobilière et immobilière de feu Guillaume-Georges de Saintaine, jusqu'au retour du fils, de ce gentilhomme, son légitime héritier. Le comte s'engageant à bien administrer, en bon père de famille, usant des fruits sans en abuser.

Des parens plus proches mirent opposition à ce que cette requête fût agréée : mais le crédit formidable de tous les Beu.... qui se réunirent en cette circonstance fit pencher la balance, et le comte obtint, du moins provisoirement, ce que, pendant de longues années, il avait cru devoir lui appartenir préférablement à tout autre.

Les choses en étaient là, lorsque madame de Maintenon, qui avait pris le soin d'élever en grand mystère les enfans de madame de Montespan, vit, en 1681, le duc du Maine, âgé de onze ans environ, entrer un jour dans sa chambre, conduisant par la main un garçon de son âge, beau comme le jour, vêtu en Bohême, fort déguenillé et suivi d'une fille véritablement de cette race proscrite, ayant environ dix-neuf à vingt ans.

La marquise se récria. Le jeune prince, son favori, lui dit :

— Maman, vous me dites que je dois être bon et généreux; voyez ce *petit garçon*, il paraît qu'il a été bien riche, bien riche, et qu'un méchant seigneur lui a enlevé sa fortune et l'a ravi à ses parens.

— Qui dit cela? repart madame de Maintenon surprise au plus haut point.

— Moi, noble dame, dit fièrement la courageuse jeune fille; moi, qui accuse le comte de Beu.... de l'avoir fait enlever par mon père et ma mère, qui s'en sont repentis au lit de mort. Le malheureux enfant fut ravi à sa première mère pour que sa fortune retournât au comte de Beu... Toute ma tribu l'affirmera. De plus, les **miens** sont morts à Venise, et la sérénissime république a dépêché un membre du conseil des dix, deux *procurateurs* de Saint-Marc, deux *avogadors* des *quaranties civiles* et criminelles et le chancelier de la république (1), comme témoins et tabellion pour recevoir leur déposition. J'ai, en outre, deux lettres dudit comte de Beu...., adressées à mon père; qu'il explique, s'il le peut, le motif de sa correspondance avec des *Zingari*.

Rien ne pouvait mieux convenir à l'esprit de la marquise de Maintenon qu'une telle levée de lièvre. L'intimité d'une Beu... avec madame la duchesse d'Orléans (Charlotte de Bavière) lui était déplaisante, et elle éprouvait une douce satisfaction à pouvoir procurer quelque désagrément à cette famille. Elle ne se fâcha nullement de ce que la rusée Bohémienne, tendrement attachée au petit Louis, avait amené celui-ci sur le chemin du duc du Maine. Elle fit au contraire de cette affaire la sienne propre; elle en parla au roi, des enquêtes eurent lieu.... Le crédit de Monsieur sauva le comte de Beu..., mais il ne put l'empêcher de restituer l'héritage au jeune Sain-

---

(1) Les *procurateurs* de Saint-Marc étaient les plus hauts dignitaires de Venise; les *avogadors* correspondaient à nos avocats généraux, et les *quaranties* étaient les cours civiles et criminelles de cette république.

taine, dont la tutelle fut confiée à l'intendant de la province, sous la haute surveillance de l'archevêque de Bourges. La jeune fille orpheline ne quitta plus Louis, et fut pour lui sa seconde providence. Mais Louis XIV, irrité contre les Bohêmes, à cause du rôle qu'ils avaient joué dans ce rapt criminel, ne les oublia pas, et l'an suivant, au mois de juillet 1682, fulmina la terrible loi qu'il croyait applicable à tous les Bohémiens, comme si tous eussent trempé dans cet acte de violence.

CHAPITRE IX.

1684, mendians. — Réglement pour la correction des enfans de famille et des femmes débauchées. — Répression de la mendicité. — Inefficacité des moyens employés. — Causes de cette inefficacité. — La Cour des Miracles. — Etrange prostitution. — Quêtes dans les églises et à domicile. — Empoisonnemens. — Etablissement de la chambre ardente. — Plaintes du Parlement à ce sujet. — Edit de 1682 concernant les sorciers et devins. — Recherches des empoisonneurs. — Exécution de l'édit de Nantes. — Odieux espionnage de M. de La Reynie. — Persécutions contre les protestans. — Ils sont entassés à la Bastille. — Mort de M. de La Reynie.

Au demeurant, les Bohémiens n'étaient pas les seuls hommes sur lesquels la police étendait ses rigueurs. Du temps de La Reynie, et long-temps encore après lui, les mendians formaient à Paris une classe nombreuse, importune, qui troublait la tranquillité de la ville, et dont l'astuce, l'audace, les déréglemens et les voleries demandaient une sévère répression.

Les moyens employés jusque-là pour extirper cette odieuse lèpre, l'établissement de *l'hôpital général* en 1656, le plus grand dépôt de mendicité qui ait existé, n'avaient pas non plus rempli leur objet. Nous verrons la mendicité continuer d'être à charge au public, et mal contenue par l'impuissance ou le vice des mesures employées à son extinction.

On voulut aussi à la même époque, mais plus imparfaitement encore, venir au secours des mœurs par des voies coërcitives, dont la direction fût du domaine de la police. Je parle du réglement, en date du 28 avril 1684, pour la correction des enfans de famille et des filles et femmes débauchés. Celles-ci, comme les premiers, devaient être renfermés à l'hôpital général pour y être retenus aussi long-temps que les administrateurs de cet établissement le jugeraient nécessaire. Le lieutenant de police y envoyait tous ceux et celles qui lui étaient dénoncés pour leurs mauvaises mœurs ou leur inconduite; mais les abus inévitables d'un système pareil devaient le rendre odieux et impraticable.

Le même résultat attendait les mesures prises contre les mendians depuis l'ordonnance de 1656, ce que prouve celle du 16 octobre de l'année 1682. Leur nombre alors était tellement considérable, si l'on doit s'en rapporter à ces ordonnances, que, quoiqu'il y en eût six mille à l'hôpital général, la ville en regorgeait encore. Le mal devint plus grand par la suite. Les mesures pour l'extinction de la mendicité punissaient, il est vrai, les individus, mais ne détruisaient pas les sources du mal.

Il paraît aussi que les mendians se firent craindre. Ils trouvaient appui et protection auprès du clergé, et de quelques personnes pieuses, mais ignorantes, qui, regardant les aumônes comme des actes que la religion commande, taxaient de barbarie l'arrestation des pauvres.

L'histoire du temps fait connaître qu'il existait quelques lieux à Paris où les mendians avaient établi leurs résidences, et formaient des réunions que la police était impuissante à dissoudre. On donnait au plus fameux de ces repaires le nom de *Cour des Miracles*.

« Ces mendians, dit Sauval dans ses *Antiquités*
« *de Paris*, se nourrissaient de brigandage ; cha-
« cun y arrivait dans une grande licence. Là,
« nul n'avait ni foi, ni loi ; on n'y connaissait ni
« baptême, ni mariage, ni sacrement ; les filles,

« les femmes les moins laides, se prostituaient
« pour deux liards, les autres pour un double
« (deux deniers), la plupart pour rien. Ils
« avaient une sorte de police entre eux, dont ils
« suivaient les ordres. Ils allaient mendier dans
« les rues, dans les églises; et, afin d'exciter la
« pitié, ils contrefaisaient les soldats estropiés,
« offrant aux gens le spectacle d'une grande mi-
« sère et de maux incurables (1). »

Une partie de ces repaires de la mendicité disparut lors de l'établissement de l'hôpital général; mais les mendians se dispersèrent dans Paris, ou se réfugièrent dans les lieux privilégiés, et la police fut obligée de recourir à des voies extraordinaires pour les en chasser.

Un autre abus que M. de La Reynie s'occupa de détruire, ne fut pas d'une répression plus facile. On faisait des quêtes dans les églises et dans les maisons, sous divers prétextes ; de jeunes femmes s'y introduisaient pour y solliciter la

---

(1) Cette Cour des Miracles existait tout auprès du passage du Caire. Son nom n'a pas disparu; il est encore porté par une sorte de *square*, sur lequel s'ouvrent diverses maisons, et notamment la chapelle des défunts Templiers. On sait que tout récemment cette chapelle fut réouverte par le chirurgien-pédicure Bézuchet-Fabre-Palaprat, autrement *frère Raymond du Temple*, sous le commandement duquel l'ordre tenta, mais inutilement, de se régénérer. Ce sectaire, devenu raisonnable, a quitté Paris.

générosité des particuliers en faveur de personnes de qualité dans le besoin. Un arrêt de la cour du Parlement fut rendu le 17 novembre 1667, portant défense à toute personne de faire aucune quête ordinaire ou extraordinaire, tant dans les églises que dans les maisons, sans permission du grand bureau des pauvres. L'arrêt permettait de saisir et d'emprisonner les contrevenans.

Lorsque La Reynie fut nommé lieutenant de police, il circulait des bruits d'empoisonnemens nombreux. Des crimes de cette nature avaient en effet été constatés, et le gouvernement établit une *chambre de justice*, ou *chambre ardente de l'Arsenal*, ainsi appelée, parce qu'elle se réunissait dans ce lieu, et qu'elle condamnait les coupables au supplice du feu ; elle avait mission spéciale de rechercher et juger les empoisonneurs et leurs complices. Voltaire, dans le *Siècle de Louis XIV*, a parlé de cette chambre et des criminels qu'elle condamna.

L'établissement de cette juridiction exceptionnelle fournit au Parlement l'occasion de se plaindre d'un tel empiétement sur ses attributions. Mais, en agissant ainsi, le gouvernement avait un motif tout particulier. Craignant, et avec raison, que de hauts personnages ne se trouvassent impliqués dans ces odieuses affaires, il avait voulu enlever au public la connaissance des procédures et des arrêts. Quoi qu'il en soit, par déclaration du mois de janvier 1680, La Reynie fut choisi par le roi pour être président, procureur général et rapporteur de ce terrible tribunal. Il était difficile de faire choix d'un homme plus propre à de semblables fonctions. Mieux que personne, il connaissait Paris, ses habitans et leurs mœurs, et sa place lui donnait les moyens assurés de se procurer les renseignemens nécessaires à la découverte de la vérité.

Nécessairement, et pour éclaircir ces mystères, l'attention de l'autorité dut d'abord être dirigée sur une classe de misérables que leur genre d'industrie plaçait naturellement comme intermédiaires entre les empoisonneurs et leurs victimes, nous voulons dire les sorciers ou devins. Voici à leur égard comment s'exprime l'édit du roi, enregistré au Parlement, en date du mois de juillet 1682. Il y est dit :

« Que l'exécution des anciennes ordonnan-
« ces ayant attiré des pays étrangers dans le
« royaume plusieurs imposteurs se disant savans,
« devins, magiciens, il serait arrivé que, sous
« prétexte d'horoscope et de divinations, ils au-
« raient surpris diverses personnes ignorantes
« et incrédules; qu'exploitant d'abord de vaines
« curiosités, ils en seraient bientôt venus aux

« impiétés et aux sacriléges; que, par une suite
« funeste d'engagemens, les malheureux qui se
« seraient abandonnés à la conduite de ces sé-
« ducteurs auraient ajouté aux maléfices l'usage
« du poison pour obtenir l'accomplissement des
« prédictions qu'on leur aurait faites.

« Enfin, qu'en vue de prévenir toutes ces
« abominations, il est ordonné à tous devins,
« devineresses, magiciens et autres gens sembla-
« bles, de quitter le royaume. La peine de mort
« est prononcée contre quiconque joindrait aux
« pratiques superstitieuses habituelles à ces sor-
« tes de gens, la profanation des choses saintes.
« Ceux qui auraient employé les maléfices et poi-
« sons seront condamnés à la même peine; en-
« fin, ceux qui auraient connaissance qu'il a été
« fabriqué des poisons, qu'il en a été demandé
« ou donné, sont tenus de le divulguer à la jus-
« tice, à peine d'être poursuivis comme auteurs
« des mêmes crimes. »

La loi détermine ensuite quelles substances doivent être déclarées poisons, et elle prescrit les mesures qui doivent en empêcher la vente, tant de la part des épiciers-droguistes que de celle des apothicaires.

Mais si la recherche des empoisonneurs occupa activement la police, une plus pénible fonction pour elle fut la poursuite de tous les religionnaires (1). C'était en l'année 1685, l'édit de Nantes venait d'être révoqué. Cette mesure, aussi barbare qu'impolitique, avait bouleversé le royaume ; et il est permis de douter que le roi l'eût prise, s'il eût été instruit du nombre et de l'importance de ceux qu'il traitait si inhumainement.

Néanmoins la loi était rendue. Cette loi avait donné au lieutenant de police la charge de surveiller les protestans ; il avait ordre d'empêcher leurs réunions, leurs prêches, de placer un espion dans chaque famille, de faire garder par un soldat la porte de chaque maison, en un mot, d'être encore plus le bourreau que le juge de ceux qu'on lui livrait.

Il faut le dire, La Reynie, homme de haute main et d'inflexible caractère, exécuta ces ordres avec une déplorable ponctualité. La Bastille reçut en peu de temps de nombreuses victimes qui cherchaient à fuir une cruelle persécution, et *protestaient* contre le manque de foi à une loi jurée.

Après avoir exercé sa charge jusqu'en 1697, c'est-à-dire trente années, M. de La Reynie la quitta, pour se renfermer dans les affaires du conseil d'Etat, dont il était devenu membre.

---

(1) Nom sous lequel on désignait alors les protestans.

Il mourut à Paris, vers le mois de juin 1709, dans sa maison de la rue du Bouloy. Le marquis d'Argenson lui succéda.

Dans les pages qui précèdent, j'ai voulu donner plutôt un crayon qu'une histoire de la vie du premier lieutenant de police. Maintenant, il me reste à faire un choix, dans les immenses matériaux dont je dispose, qui fasse connaître l'état de la police et de la société, de 1667 jusqu'au commencement du dix-huitième siècle. Cette tâche me sera facile, du moins en raison de la richesse de la mine que j'exploite; car la masse des manuscrits, procès-verbaux et lettres anecdotiques que j'ai entre les mains, et qui se rattachent à cette seule époque, suffirait à la composition de plusieurs volumes.

CHAPITRE X.

Singulières révélations touchant la Voisin. — La femme de chambre Rose. — Madame Henriette d'Angleterre. — Grossesse dissimulée. — Accouchement secret. — M. le duc d'Orléans. — Entrevue de Monsieur et de la Voisin à Meudon. — La bague de Turpin. — Grossière fantasmagorie. — Etrange crédulité. — Entrevue de la reine et de la Voisin. — La Voisin offre un philtre pour rendre le roi amoureux de la reine. — Indignation de la reine. — Poudre de succession. — Poupée d'amour. — Le cardinal de Bouillon. — Anecdote sur ce prince.

Personne n'ignore l'éclat qui résulta des arrestations, jugemens et mises à mort de la marquise de Brinvilliers et de la Voisin; raconter la vie et les crimes de ces deux femmes si coupables, serait prendre une peine inutile, car aucune circonstance de leurs forfaits et de leur trépas n'est ignorée. Mais mettre à jour les anecdotes que le gouvernement jugea convenable de taire, exposer dans leurs plus piquans détails les rapports qu'en fit la police, faire connaître un personnage dont le nom et l'existence ont échappé à l'investigation de tous les chroniqueurs du temps, et qui, vivant à la cour, demeura inconnu au roi lui-même, voilà ce qui, je pense, obtiendra l'honneur de plaire comme nouveauté et d'instruire comme révélation.

Afin de ne pas reproduire dans leur diffuse nudité, les erremens de procès-verbaux surchargés de termes de chicane ou d'argot de police, j'emprunterai à la fois à dix pièces différentes, les traits propres à former un tout intéressant.

« Monseigneur, ayant en main la lettre de cachet qui me délivre de toute crainte, à l'endroit des révélations que j'ai à vous faire, je vais parler comme le doit un fidèle serviteur du roi. Je saisirai d'ailleurs cette occasion pour vous renouveler l'assurance de mon dévouement au service de Sa Majesté. Certes, monseigneur, il faut, d'une part, une injonction venue d'aussi haut, et de l'autre, mon vif désir de reconnaître le service que vous m'avez rendu, pour que je me sois résolu à tomber aussi bas.

« Ce n'est point que la pensée de bien auquel je coopère ne me relève pas quelquefois, mais je ne peux oublier la croix que je porte à ma boutonnière, et la famille à laquelle j'appartiens (1). Je sais que je ne suis plus digne de l'une et de l'autre; que mes funestes passions et ma fatale liaison avec la Voisin ont fait de moi un misérable. J'apprécie l'étendue de ma dégradation, mais j'espère m'en racheter peut-être, en aidant à mettre un terme à cette longue suite d'abominations qui désolent les familles et épouvantent la société. J'entrerai donc, sans plus de propos, en matière.

« Lorsque monseigneur le lieutenant général de police me manda devant lui, je n'attendais plus que l'heure terrible où je devais expier mes tristes égaremens. Les paroles de ce grand magistrat, en me montrant le moyen de me réhabiliter, et

---

(1) L'ordre de Malte, le seul qu'un noble, à cette époque, portât en France, quand il n'avait pas le cordon bleu (ordre du Saint-Esprit). L'ordre de Saint-Louis fut institué en 1693, et Monsieur, comte de Provence, releva l'ordre de Saint-Lazare uni à celui de Notre-Dame-du-Mont-Carmel, tombé en désuétude. Les seuls bourgeois portaient la croix du Saint-Sépulcre. On se moquait des nominations que Dangeau faisait dans l'Ordre de Saint-Lazare, dont il était grand-maître, et qu'acceptaient à peine de minces hobereaux.

de payer la faveur qu'on m'accordait, me trouvèrent reconnaissant et sincère ; je lui dis ce que je vais répéter ici. Chaque mot que j'écris appartient à la vérité. Fasse Dieu qu'on n'en récuse pas un seul, puisque de la croyance qu'on y ajoutera dépend l'arrestation de la Voisin !

« Depuis dix ans, je suis en relation avec cette exécrable créature. Son valet, son compère, les deux prêtres ses principaux complices, et ses autres agens ne me sont pas moins connus qu'elle-même. Ces infâmes m'ont ruiné en abusant de ma faiblesse ; mais, en devenant leur dupe, j'ai surpris leurs secrets, je les tiens tous entre mes mains, je vous les livre. C'est surtout à Rose que je dois d'avoir pu les apprendre ; c'est à elle que je me suis adressé. Cette pauvre fille, séduite par le prêtre Lesage, vendue ensuite par lui à la Voisin, est depuis dix ans dans l'intelligence de tous les mystères de cette épouvantable maison, avant-poste de l'enfer.

« Rose, lorsque j'y parus pour la première fois, me montra de l'intérêt. Malgré l'affreuse existence qu'elle a menée, Rose, encore jolie aujourd'hui, était charmante alors. Je m'attachai à elle. Rose savait qu'elle ne pouvait devenir ma femme. Alors en possession de mon honneur, de mon nom, de ma fortune, comment aurais-je pensé que je deviendrais plus tard l'associé de ceux dont je payais les coupables services. Ce fut au moyen de la liaison clandestine établie entre moi et cette fille, qu'ils s'emparèrent de ma volonté et successivement de ma conscience. Dans la crainte de me perdre, Rose ne crut pas devoir m'éloigner en m'éclairant. Cependant mes malheurs la plongèrent dans un désespoir d'où elle n'a pu être tirée que par ma présence. Dès que monseigneur m'eut parlé, que je me fus engagé, que la promesse de la lettre de cachet eut dissipé mes derniers scrupules de gentilhomme, je profitai de la liberté qui m'était rendue pour courir vers cette pauvre abandonnée.

« Elle a une sœur, honnête femme qui a toujours gémi des étourderies de Rose. Cette sœur est mariée à un maître menuisier, pauvre diable qui ne peut s'empêcher d'être flatté de s'entendre traiter par moi de beau-frère. Je priai ces braves gens d'envoyer chercher Rose; ils le firent; elle vint... Je n'entretiendrai point monseigneur de l'état de mes feux quand je revis cette fille. Je la pressai étroitement dans mes bras, nos larmes se confondirent : Rose retrouvait en moi le seul homme qu'elle eût aimé..... En présence de ses parens, je dus abréger, quoiqu'à mon grand regret, cette scène de tendresse, comme j'en abrège ici révérencieusement le récit.

« Redevenu calme, je lui expliquai en peu de mots ce que je désirais d'elle. Rose me répondit :

« — Mon ami, puisque ta vie, ton honneur, ton avenir dépendent de ce que je pourrai dire, je parlerai ; je le ferai sans restriction aucune ; je fournirai les renseignemens et les pièces à l'appui ; je ne dissimulerai rien, mais à une condition, et cette condition je la fais plutôt dans ton intérêt que dans le mien ; la voici : Je ne serai ni arrêtée, ni interrogée juridiquement ; mon nom ne sera prononcé ni au public, ni aux misérables qui m'ont perdue. Plus on me mettra à l'écart, mieux je servirai les intentions de la justice. Si, au contraire, on veut me tourmenter et me contraindre à paraître, ma vie est à qui voudra la prendre, mais mon secret mourra avec moi.

« Vous le savez, monseigneur, je vous transmis cette condition, vous l'acceptâtes. Rose maintenant tient sa parole : elle est prête à répéter devant vous ce qu'elle m'a dit, et que je vous transmets ici.

« Elle a vu chez la Voisin les plus grands personnages de la cour. Monsieur le duc d'Orléans est venu deux fois la consulter, en la compagnie du chevalier de Lorraine, du marquis d'Effiat, et du comte de Beuvron. La première, fois il voulait savoir ce qu'était devenu un enfant mâle dont sa première femme, madame Henriette d'Angleterre, était grosse en 1668, et dont il affirme ne pas être le père. Sa femme, à ce qu'il croit, aurait été accoucher en Angleterre, où un chirurgien de ce pays l'aurait délivrée d'un enfant mort, et du sexe masculin. Pour être en mesure de répondre au prince, la Voisin envoya tout exprès à Londres son cousin Beauvillard; il manœuvra si bien, qu'il sut toute l'histoire. L'enfant n'était point mort, et le roi d'Angleterre, son oncle, le voyait en secret, et lui faisait mille amitiés. La Voisin rapporta ceci à Monsieur, qui s'en alla furieux; il ajouta même dans sa colère qu'il connaissait le père de l'enfant, et il osa nommer S. M. Louis XIV, à quoi la Voisin ne répondit pas non.

« Le soir même, Monsieur envoya cinq cents demi-louis à la Voisin; mais celle-ci, qui en avait dépensé le double pour le voyage d'Angleterre, dit aux valets chargés de lui porter la somme, qu'elle les en gratifiait pour leur peine. Loin de se fâcher d'une telle insolence, Monsieur lui réexpédia sur l'heure quatre mille pistoles, un gros diamant qui en valait au moins le double, et deux rangs de perles qu'elle a vendus douze mille livres tournois. Quant au premier envoi, il lui fit dire qu'il l'avait destiné à Beauvillard.

« La seconde entrevue eut lieu à Meudon. Monsieur y fit venir la Voisin. Il avait la fantaisie de voir le diable, et de lui demander la bague de Turpin ou un secret pour gouverner le roi (1). La Voisin, par un de ces tours de passe-passe qui lui étaient familiers, fit paraître dans un miroir une figure que Monsieur accepta pour celle de Satan; et, pour rendre plus complet l'effet de cette fantasmagorie, le prêtre d'Avaux, qui est ventriloque, faisait entendre une voix épouvantable, et qu'il était permis à un honnête homme, dans un moment de bêtise, de prendre pour celle du démon. Quant à donner un talisman pour gouverner le roi, le même prêtre avoua que le roi en possédait un lui-même qui ne permettait à aucun homme de le dominer.

« La reine a vu la Voisin une fois. La Voisin lui tira les cartes, et lui offrit un philtre qui ren-

---

(1) Une bague magique rendait Charlemagne tellement amoureux d'une de ses maîtresses, que, celle-ci morte, la passion du roi se porta sur le cadavre. Turpin, archevêque de Reims, historien de ce temps, soupçonnant la sorcellerie, s'empara de l'anneau placé au doigt ou sous la langue de la morte. Aussitôt la tendresse de l'empereur fut acquise au possesseur du talisman. Mais Turpin, ou trop pieux, ou trop fier pour ne devoir qu'à ce prix l'amitié de Charlemagne, jeta la bague dans un lac. Et aussitôt, établi au bord de ce lac qu'il ne voulut plus quitter, Charlemagne fit construire une ville qu'il nomma Aix-la-Chapelle, et dont il fit le siége de son empire. C'est dans cette ville qu'est son tombeau.

drait le roi uniquement amoureux d'elle. Sa Majesté, avec une générosité digne de plus de bonheur, répondit qu'elle préférait pleurer sur l'abandon de son époux, que de lui faire boire un breuvage qui pourrait lui être nuisible.

« Madame la comtesse de Soissons est venue déguisée plus de trente fois au logis de la Voisin, qui, autant de fois peut-être, a été chez cette dame. La comtesse a reçu en outre la Vigoureux (1), Lesage, d'Avaux et l'Italien Destinelli, celui qui avait la charge de confectionner *la poudre de succession*. Rose, à qui j'ai demandé le motif de tant de fréquentations, a répondu résolument.

La comtesse de Soissons avait un double but; elle prétendait d'abord à recueillir toute la succession du cardinal de Mazarin, sans s'embarrasser des autres parens, et de plus à regagner sur le roi l'ascendant qu'elle avait exercé autrefois. Bien différente de la reine, elle ne cessait de réclamer un breuvage ou une composition qui lui ramenât le roi amoureux et soumis. Elle a même, ô profanation! dans l'espoir d'obtenir ce philtre, mis entre les mains des imposteurs qui le lui promettaient, des cheveux, des rognures d'ongles, deux chemises, plusieurs bas,

---

(1) Autre sorcière et empoisonneuse, complice de la Voisin.

un col du roi ; le tout destiné à faire une poupée d'amour. Monseigneur sait qu'on se livre sur ces poupées aux plus infâmes pratiques. Je crois aussi qu'elle a donné du sang de Sa Majesté dans une petite fiole de cristal.

« Le cardinal de Bouillon s'est enquis auprès de la Voisin de quelle manière il faudrait s'y prendre pour déterminer le roi à céder en toute souveraineté à la maison de Bouillon, la province d'Auvergne, « quand même, pour y parvenir, disait-il, il faudrait amener les ennemis au cœur de la France. »

« Voici, monseigneur, touchant le même cardinal, la seconde anecdote que Rose m'a contée. Je la répète presque mot à mot, sans vouloir la garantir, ainsi que le fait cette fille, avec un entêtement dont je ne peux me rendre compte. »

CHAPITRE XI.

Encore la Voisin. — M. l'abbé d'Auvergne, cardinal, se rend chez la Voisin déguisé en Savoyard. — Ce qu'il y venait chercher. — La Voisin est elle-même étonnée des propositions qu'il lui fait et s'en indigne. — Il lève ses scrupules. — La nuit de vendredi et le treizième jour du mois. — La messe *à rebours*. — L'abbaye de Saint-Denis. — Profanation du tombeau de Turenne. — Affreux sacrilége. — L'évocation. — Apparition de M. de Turenne. — Le maréchal de Luxembourg veut voir le diable. — Il le voit et en a peur. — Singuliers effets de sa frayeur. — M. de Lauzun vient à son tour. — Il veut être aimé de la femme dont le roi sera amoureux. — La duchesse de Bouillon. — Ce qu'elle souhaite ne se dit pas. — Madame de Montespan. — Fouquet fait une pension à la Voisin. — Bussy Rabutin et la marquise de Sévigné. — Les philtres. — Triple empoisonnement.

Monseigneur l'abbé d'Auvergne, cardinal à vingt-sept ans, grand-aûmonier presque aussitôt, était à peine revêtu de cette charge, qu'on le vit accourir chez la Voisin. Il était déguisé en Savoyard, et, sous un tel costume, la sorcière eut grand'peine à reconnaître un si grand seigneur. Au demeurant, il ne venait pas pour peu de chose. Il s'était mis en tête que, malgré le noble désintéressement dont M. de Turenne avait donné tant de preuves, ce héros hypocrite devait avoir mis en réserve de grosses sommes et force pierreries provenant de ses campagnes et des présens qu'on lui aurait faits sous main.

« Cette belle idée, déshonorante pour son parent, lui parut, à lui, si naturelle, qu'il se détermina à ne rien négliger pour découvrir le trésor, quoi qu'il pût lui en coûter. Et, toujours d'après son idée, ce trésor devait être si bien caché, que nul des serviteurs ou des amis de l'illustre défunt n'en devait soupçonner l'existence. Il se confirmait surtout dans cette supposition en pensant à la mort inopinée du maréchal tué sur le champ de bataille, et qui nécessairement n'avait pu alors confier son secret à personne.

« Lancé dans de telles imaginations, Emmanuel Théodose de la Tour, prince de Bouillon, qui n'était pas homme, en matière de cupidité, à reculer, même devant l'absurde, se dit : « Puisque mon oncle a jugé à propos de quitter ce monde sans révéler où dormait son trésor, se consolant sans doute d'être enfoui en songeant que ce cher trésor l'était aussi, c'est à lui-même, à mon oncle, au grand vainqueur du grand Condé, que je demanderai où pourrissent ses écus. »

« Et pour en avoir le cœur net, il s'en fut trouver la Voisin.

« Celle-ci, il faut lui rendre justice (c'est Rose qui l'affirme), ne put entendre ce que voulait le sacrilége neveu sans lui demander s'il avait la cervelle à l'envers.

« Mais ce qui étonnait même la Voisin paraissait la chose du monde la plus simple au grand-aûmonier de France. Il se moqua des craintes de la Voisin, la railla sur l'impuissance de son art; et, afin de la déterminer plus sûrement à faire ce qu'il voulait, lui promit cinquante mille livres, si elle évoquait M. de Turenne, et deux cent mille, si le fantôme indiquait la place où gisaient l'or, la vaisselle, les bijoux et les pierreries du maréchal.

« La Voisin était avide, les cinquante mille francs vainquirent ses scrupules et dissipèrent sa frayeur. Voilà qu'elle, à son tour, semble revenir sur ses paroles, et bientôt elle convient que, malgré la difficulté de l'entreprise, il lui sera possible de forcer le tombeau à rendre le grand capitaine; elle s'engage de plus à le faire parler.

« Une portion de la somme promise est comptée, le reste est confié à une personne tierce, l'abbé de Choisy, qui la donnera fidèlement à la sorcière, si le cardinal est content. Il est spécifié que pour peu que l'on voie le maréchal, les cinquante mille livres seront perdus pour l'indigne neveu.

« La Voisin exige quinze jours de délai ; elle en a besoin pour préparer la conjuration puissante qui réveillera la cendre des morts.

« La Voisin exigeait d'abord que la cérémonie eût lieu dans un mystère absolu. Elle n'y admettait qu'elle, Lesage et le cardinal. Mais celui-ci, aussi poltron qu'avide, réfuta cette condition, et insista pour avoir avec lui deux gentilshommes braves, et depuis long-temps serviteurs dévoués de sa maison. L'un était un capitaine au régiment de Champagne, propre neveu du maréchal de France Gassion ; l'autre, plus jeune, et d'une rare beauté, avait auprès du cardinal trois emplois distincts : il était à la fois le secrétaire, le spadassin et le.... du grand-aumônier.

« Les registres de la police ont assez fait connaître à monseigneur les déportemens de ce prélat.

« Si la Voisin consentit à opérer devant ces deux personnages, il fut un autre point sur lequel elle ne voulut pas transiger. Elle prétendit et obtint que l'évocation se ferait dans l'abbaye de Saint-Denis, et sous les voûtes de l'église. Le lieu parut étrange, et non moins extraordinaire la difficulté de se le faire ouvrir. Mais l'appât du trésor affriandait si fortement son éminence, et un cardinal, grand-aumônier, neveu de M. de Turenne, est si puissant, que le sacristain de l'Abbaye, gagné par cent pistoles et une place de deux cents livres de revenu à la grande-aumônerie, promit d'introduire dans les clochers de Saint-Denis M. le cardinal et les personnes de sa suite, *qui ont fait le vœu de passer une partie de la nuit en prière au-dessus du tombeau de M. de Turenne.*

« Rose n'a jamais su par quelle fantaisie la Voisin avait choisi ce local. Il est vrai que Rose se rappela d'avoir vu quelques jours auparavant ce sacristain venir deux fois et nuitamment chez la devineresse.

« Quoi qu'il en soit, on avait fait choix pour cette expédition d'une nuit de vendredi et d'un treizième jour du mois. Le cardinal, ses deux amis, la Voisin, les deux prêtres Lesage et d'Avaux, qui devaient dire *une messe à rebours*, se mirent en route. Rose, qui ne quittait pas sa maîtresse, et un nègre porteur de l'attirail magique, suivaient le cortége. On cheminait un à un, afin de ne pas éveiller la curiosité de ceux de Saint-Denis. Le sacristain était à son poste, et, par des passages qui de sa demeure aboutissaient à l'église, il introduisit la troupe sacrilége dans l'escalier de la tour. On alluma cinq cierges de bougie noire, une manière d'autel fut dressé, les livres saints y furent placés contrairement à l'ordre qu'ils occupent dans le sacrifice auguste qu'on parodiait, le Christ lui-même fut renversé, et les deux prêtres commencèrent un épouvantable sacrilége. Ils avaient eu soin en mettant leur chasuble de la passer à l'envers, et l'on n'en voyait plus que la doublure.

« Cette nuit était orageuse ; il éclairait, il tonnait ; aussi avait-on bon espoir que ce temps abominable achèverait de voiler l'acte coupable que l'on tentait. Je ferai grâce, monseigneur, des détails d'une cérémonie que la Voisin, avec son adresse ordinaire, avait évidemment préparée à l'avance. Elle avait prévenu le cardinal qu'au moment où, par leur violence, les conjurations arracheraient au cercueil l'esprit de Turenne, le corps du maréchal se présenterait en face et sortirait du milieu de l'autel.

« La foudre ne se ralentissait pas au ciel, et plus d'une fois ses éclats inattendus portèrent la terreur en l'âme du cardinal et de ses deux amis. L'instant fatal arriva, c'était celui où les deux abominables prêtres, profanant la sainteté du sacerdoce, prononçaient les paroles puissantes qui d'un peu de pain font un Dieu vivant. Ici, par un complément odieux du sacrilége, c'était Satan, au nom duquel le mystère était accompli. Déjà Lesage, d'une voix sourde et traînante, avait dit par deux fois : « *Le mort vient.* » C'était à d'Avaux, son compagnon, à répéter une troisième fois cette phrase lugubre... Tout à coup les airs sont déchirés par un tel coup de tonnerre, que l'église, le monastère, la ville de Saint-Denis, les campagnes voisines en ont tremblé sur leurs fondemens; un cri affreux, aigu, déchirant, lui répond en écho, et voilà qu'au lieu de venir à son neveu par le milieu de l'autel, Turenne paraît dans son tombeau entr'ouvert : on dirait que la voûte de l'église s'est soulevée comme un rideau, on n'aperçoit plus qu'un gouffre, dont les profondeurs atteignent au caveau funèbre où repose le maréchal. Il se lève, secoue son suaire, s'élance et monte à travers l'espace jusqu'au lieu où des criminels l'attendent et tremblent... Là, ce terrible fantôme lançant au cardinal un regard de colère et de mépris :

« — Misérable ! lui dit-il, ma maison, que tant de héros ont illustrée, va désormais déchoir et s'avilir. Tous ceux qui en porteront le nom sont à l'avance déshérités de sa gloire, et, avant un siècle, il n'existera plus un des Bouillons. Le trésor que j'ai laissé, c'est ma réputation et mes victoires ; qu'en ferais-tu, toi, indigne de l'une comme des autres? »

« Un autre coup de tonnerre ébranle encore l'édifice, mais la voûte de l'église s'est refermée, Turenne a disparu. Les deux prêtres, la Voisin, Rose et tous les autres sont plus ou moins éperdus et sans voix; il faut que le sacristain, qui est pressé de congédier cette troupe, rappelle à ceux qui la composent que l'heure est venue de se retirer. Tous, sans mot dire, descendent du clocher, remontent en voiture et rentrent à Paris. Là, ils se séparent.

« Je vous le répète, monseigneur, Rose atteste ces faits. Je les ai rapportés sans les augmenter ou les réduire. Vous en jugerez le grotesque et l'emphase. J'écris ce qu'on m'a dit.

« M. le maréchal duc de Luxembourg a voulu voir le diable, l'a vu et en a eu peur. Il a failli tuer la Voisin à cause des indiscrétions de cette misérable, qui continue d'affirmer qu'à la suite de cette scène, elle a été forcée de faire apporter au duc un haut-de-chausse de rechange. Ce seigneur avait à demander au malin esprit une singulière faveur: il voulait que sa nomination de duc de Piney remontât au jour de la première érection de cette duché en pairie, c'est-à-dire fût reportée à l'année 1576, et le vengeât ainsi des autres pairs qui ne veulent l'admettre qu'au rang de la dernière création de la duché, en 1661. Et, comme tous ceux qui approchent de notre grand monarque sont mordus du même chien, M. le duc de Luxembourg souhaitait de même d'être investi de toute la faveur de son bon maître.

« M. de Lauzun est aussi venu ; le vœu de celui-là se formulait en ces termes : « Je voudrais être toujours aimé de la femme dont le roi sera amoureux. » Il demandait encore la reconnaissance par Sa Majesté de son mariage avec MADEMOISELLE, et sa prochaine nomination au rang des chevaliers de l'ordre. La Voisin lui a promis qu'il porterait le cordon bleu (1).

« Madame la duchesse de Bouillon est venue demander à la Voisin une recette qui lui procurât de la gorge et des reins... La devineresse, pour la sonder, lui a dit : « Eh! madame, quand on a un vieux mari, je croyais qu'on demandait autre chose. »

« — Quoi, par exemple ? répondit bien naïvement la belle princesse devant Rose, qui, depuis,

---

(1) Il ne l'eut jamais. Le roi Jacques II, qu'il aida à se sauver d'Angleterre avec sa famille, lui donna l'ordre de la Jarretière. Il fut reçu chevalier de cet ordre à Notre-Dame. L'ordre de la Jarretière formait à cette époque un des quatre premiers ordres de chevalerie existant en Europe. Les trois autres étaient ceux de la Toison-d'Or, du Saint-Esprit et de l'Annonciade de Savoie.

ne jure plus que par la vertu de madame de Bouillon.

« Madame de Montespan a payé fort cher un philtre auquel elle est revenue trois fois. A la dernière, elle manda la Voisin, la traita de fausse sorcière, de menteuse, de misérable, de voleuse, et termina en disant qu'elle la ferait arder (brûler). La Voisin, en rentrant chez elle, était tout en larmes; et, en racontant cette scène à Rose, elle lui dit:

« — Cette méchante femme, que j'ai délivrée de tant de rivales ou d'ennemis, me perdra certainement. Est-il possible qu'elle oublie que, sans moi, Sa Majesté aimerait encore et uniquement mademoiselle de Lavallière?

« M. Fouquet a fait jusqu'à sa disgrâce une grosse pension à la Voisin, et Rose sait de source certaine que depuis qu'il est à Pignerol, c'est à sa famille qu'il a confié le soin de servir cette pension. Chaque année, la Voisin reçoit mille pistoles de ce côté.

« Le comte de Bussy Rabutin exigeait un charme qui lui fît avoir sa cousine, la marquise de Sévigné, et un papier enchanté qui le rendît seul favori du roi. Depuis son exil, il a vu la Voisin, et a toujours maintenu cette dernière demande.

« Le jeune comte de S....., déguisé en femme, ce qui va bien à sa jolie figure, se rendit, en

1666, au domicile de la Voisin, en vinaigrette, sans laquais, ni demoiselle de compagnie, comme l'aurait exigé son déguisement. Il prit à part la devineresse, et, comme il n'était pas riche, il lui offrit deux cents écus. Il lui demanda un poison qui ferait mourir sans laisser de traces apparentes trois chevaux de prix. Il les avait, prétendit-il, gagnés à son beau-frère, le marquis de M...., qui refusait de les lui livrer.

« La Voisin le remit au lendemain, et lui promit ce qu'il demandait. Quant aux deux cents écus, elle les refusa, et lui assura qu'elle se croirait trop payée s'il la voulait embrasser par deux fois. Puis, quand il fut parti, la devineresse demanda à Rose si elle avait bien examiné ce jeune seigneur, et comment elle le trouvait.—Oh! c'est un ange de beauté, dit Rose. —Ange par le corps, démon par l'âme! ajouta la Voisin. Sais-tu, ma fille, quels sont les trois chevaux dont il veut se défaire, ce sont d'abord le marquis de S..., son propre père, le baron de S..., son frère aîné, et la marquise de M..., sa sœur, triple crime par lequel il se veut assurer la fortune de tous les siens! — Fi! le vilain, s'écria Rose.— Eh bien, reprit la devineresse, je gage qu'un jour viendra, où tous ces gens-là me jetteront la pierre, comme si j'avais été les chercher moi-même. »

CHAPITRE XII.

Disparition extraordinaire de jeunes gens de vingt ans. — Terreur dans Paris. — Effrayantes conjectures. — Bains de sang humain. — Ordres pressans du roi à ce sujet. — M. de La Reynie et l'espion Lecoq. — Mission secrète. — Langage muet, alors en usage à la police. — Le fils naturel de Lecoq est mis en avant pour surprendre les coupables. — Ses divers statagêmes. — Double séduction, — Singulière conversation. — L'Éveillé et la princesse Jabirouska. — Rendez-vous à Saint-Germain-l'Auxerrois. — Expédition nocturne. — Affreux guet-apens. — La Chapelle Saint-Éloi. — Repaire de brigands pris par escalade.

Il y avait quelques années que M. de La Reynie remplissait, à la satisfaction générale, la charge de lieutenant-général de police lorsqu'une terreur, motivée par des disparitions extraordinaires, vint et se répandit soudainement dans les principaux quartiers de Paris.

Depuis environ quatre mois, vingt-six jeunes gens, le plus jeune ayant atteint sa dix-septième année, et le plus âgé n'ayant pas dépassé sa vingt-cinquième, manquaient à leurs familles inconsolables d'une telle perte. Des bruits mystérieux et contradictoires circulaient à cet égard dans le faubourg Saint-Antoine, veuf de la sorte de quatre à cinq beaux garçons, fils d'ébénistes et de marchands de vieux meubles. Les commères prétendaient qu'une princesse, dont une maladie de foie mettait les jours en danger, luttait contre le mal, en se baignant, chaque jour, dans du sang humain. D'autres affirmaient que les juifs crucifiaient de temps à autre des chrétiens, en haine du Dieu crucifié. Cette folle opinion ne prévalut heureusement pas.

Quoi qu'il en soit, la terreur et la désolation remplissaient Paris. Le duc de Gèvres en parla au roi, et celui-ci, lorsque le lieutenant de police vint à l'ordre, se plaignit vivement de ce qu'on souffrait une telle perpétuité d'enlèvemens qui, sans doute, étaient suivis de mort violente, puisqu'aucun de ceux enlevés ne reparaissait.

La Reynie, désespéré du mécontentement de

Sa Majesté, s'en retourna fort triste à Paris. En y arrivant, il fit appeler un agent de son administration, homme des plus adroits, nommé Lecoq, et dont, jusqu'à ce jour, il s'était servi utilement dans toutes les occasions difficiles. Lecoq parut et le lieutenant de police lui expliqua son embarras, parla du mécontentement du roi, et fit de telles promesses de récompenses que Lecoq, emporté par son avidité, s'écria :

« Allons ! monseigneur, je vois bien que pour vous tirer de peine je dois renouveler le sacrifice d'Abraham. Je vous demande huit jours, et, au bout de ce temps, j'espère vous rendre bon compte de cette affaire. »

Lecoq ne s'expliqua pas davantage, et M. de La Reynie, qui le regardait comme son meilleur agent, le congédia avec un geste qui lui transmettait les pouvoirs les plus étendus. On se servait, à cette époque, à la police, de signes muets, sorte de télégraphe dont la clef n'était livrée qu'à un petit nombre d'initiés.

Lecoq n'était pas marié ; il avait un fils naturel, objet de toute sa tendresse, et dont il surveillait l'éducation lui-même. Ce garçon, appelé par ses camarades *l'Éveillé*, à cause de la vivacité de son esprit, avait vraiment une rare intelligence. Il était âgé de seize ans, mais la nature, en développant hâtivement sa raison, n'avait point oublié de le favoriser des dons extérieurs. Le jeune Lecoq était d'une charmante figure, grand, fort et d'un embonpoint à l'avenant; à le voir, on aurait dit plutôt un homme de vingt-cinq ans qu'un enfant de seize.

L'Éveillé, dont le nom réel était Exupère, obtenait de Lecoq tout ce qui peut flatter la vanité d'un jeune homme. Il était bien mis, et ses vêtemens, riches et à la mode, rehaussaient encore sa bonne mine; mais il sortait peu : Lecoq savait trop bien à quoi les beaux garçons sont exposés sur le pavé de Paris, et quand Exupère allait se promener, ce n'était que bien escorté des mouchards dont disposait monsieur son père ou d'une autre personne à sa dévotion.

Le jour où La Reynie avait entretenu Lecoq père, ainsi que nous l'avons dit plus haut, ce dernier, de retour au logis, s'enferma avec l'Éveillé. La conférence fut longue, et une heure après, les voisines, encore plus que les voisins, s'aperçurent que l'Éveillé sortait dans la plus brillante toilette. Cette fois il sortit seul. Il portait à son cou et autour de la forme de son chapeau des chaînes d'or et des plaques d'orfévrerie, deux montres pendaient à ses goussets, et il faisait résonner souvent nombre de louis dont sa bourse était pleine. Mais ce qui mit le comble à la surprise (car la profession de Lecoq demeurait inconnue), ce fut de voir le beau et brillant l'Éveillé rentrer et sortir à différentes reprises, et pendant quatre jours consécutifs, sans que *son oncle* (son père) ou un ami lui servît d'escorte comme auparavant.

J'ai dit que l'Éveillé, en outre de sa beauté merveilleuse, possédait un esprit délié, du courage, de la prudence et du savoir-vivre. La conversation secrète qu'il avait eue avec son père avait éveillé son ambition, et il avait facilement compris ce qui lui reviendrait d'honneur et de profit s'il parvenait à dévoiler, pour le compte du lieutenant de police, le mystère de la disparition de tant de jeunes gens. En conséquence, vêtu avec luxe et comme un riche fils de famille, il se promenait dans les rues, sur les quais, aux Tuileries lorsqu'elles étaient ouvertes, au Luxembourg, dont Monsieur laissait le jardin à la jouissance des Parisiens, et, enfin, dans la salle des Pas-Perdus du Palais et dans les diverses galeries de ce vaste édifice.

Lecoq avait compris que les jeunes gens disparus avaient dû tomber dans le piége de quelque machination galante, et que l'appât qu'on leur tendait était nécessairement une jolie fille.

Aussi avait-il prévu qu'en exposant son fils à se rencontrer avec cette créature, celle-ci ne manquerait pas de chercher à perdre pareillement l'Éveillé; mais ce dernier, bien averti, ne se devait pas laisser prendre au piége où tant d'autres avaient péri.

Le cinquième jour, et vers les trois heures de l'après-midi, le jeune Lecoq, dans tout l'éclat de sa parure, se promenait sur la terrasse du bord de l'eau, au jardin des Tuileries; une demoiselle, remarquablement belle, passa près de lui. Elle marchait seule, mais, à quelque distance, était suivie par une sorte de gouvernante. L'âge de la demoiselle pouvait être de vingt-deux à vingt-cinq ans. Elle était vêtue avec élégance, et sa tournure, non moins que son visage, était un modèle de grâces.

L'Eveillé examine avec intérêt cette taille fine et ce joli minois. Ses œillades ne sont pas perdues, plusieurs regards assez doux répondent directement aux siens. Il se pose, secoue son jabot, fait faire la roue à ses manchettes; il a un pressentiment qu'il est en passe d'aventure; serait-ce celle qu'il attend et pour laquelle il a ses instructions toutes faites?

Pour s'en assurer, il ralentit son pas, va, vient, en observant sa belle, et s'assied enfin sur un des bancs du labyrinthe faisant face aux Champs-Elysées (1).

Il n'y était pas depuis dix minutes, lorsqu'il voit la suivante de la jeune dame rôder autour de lui, et, après quelques tours, prendre place sur le même banc. On se salue, c'est l'usage. La conversation s'engage, et notre malicieux gars, qui trouvait ainsi son jeu tout fait, demande à la gouvernante quelle est la jeune dame qu'elle accompagne.

— Oh! monsieur, lui répond-on, l'histoire de ma maîtresse est presque un roman.

— Un roman! répète l'Eveillé; vous m'intéressez. Votre maîtresse ne serait-elle point...?

— Oui, monsieur, répond la duègne, en grande confidence; précisément, c'est elle-même, c'est cette jeune personne si intéressante dont tout Paris s'occupe encore; et, puisque la voix publique vous a appris qui elle est, je ne vous ferai pas long-temps mystère de son histoire.

— Va, vieille bavarde, va! se dit l'Eveillé. Et il se rapprocha de la gouvernante.

---

(1) La décoration du jardin des Tuileries n'était pas précisément ce qu'elle est aujourd'hui. Sur chacune des terrasses élevées à l'extrémité du jardin, du côté des Champs-Elysés, on voyait, peu de temps encore avant la révolution de 1789, des ifs taillés, des treillages, des palissades, des cabinets de verdure, où se nouaient une grande partie des aventures galantes du temps.

—Il faut que vous sachiez, mon cher monsieur, dit celle-ci, que le père de ma maîtresse est un grand prince polonais, venu exprès, incognito à Paris, pour séduire une jeune marchande de la rue Saint-Denis. C'était un pari qu'il avait fait dans son pays : on l'a su depuis. Cet homme pervers gagna son pari. Il séduisit la mère de ma maîtresse ; celle-ci naquit ; mais à la vue de son enfant, le prince polonais, ramené à de meilleurs sentimens, fondit en larmes ; et, tombant aux pieds de sa victime : « Je pars, dit-il, je cours me jeter aux pieds de mon souverain (le roi de Pologne), il consentira à notre union ; crois-en ton amant qui te le jure... Adieu. » Il partit : depuis on ne l'a plus revu. On dit même qu'il fut assassiné par des brigands. Voyez, jeune homme, le ciel venge tôt ou tard la vertu outragée ; mais le roi de Pologne, ayant appris l'indigne conduite du prince, a désiré la réparer. Il a envoyé des courriers à Paris. Hélas ! la jeune marchande de la rue Saint-Denis était morte, mais sa fille vivait, monsieur ! sa fille que vous voyez se promener près de nous, et le roi de Pologne l'a nommée unique héritière des biens du prince. Aussi ma maîtresse est-elle aujourd'hui la demoiselle la plus riche de Paris. Heureux celui qui l'épousera !

—Heureux, en effet, qui pourra lui plaire! dit l'Eveillé en poussant un gros soupir.

—Eh! jeune homme, pour plaire il faut oser...
—Quoi?
—Que sais-je!... être aimable.

L'Eveillé feignit un innocent embarras.

—Et comment l'est-on?

—Ah! vous m'en demandez trop! et pour un garçon d'esprit, tel que vous paraissez être, vous me faites de singulières questions. Adieu, monsieur.

— Un mot encore, dit l'Eveillé se passionnant fort pour un débutant dans l'art de la police et de l'amour, un mot, je vous en conjure!

La gouvernante, qui s'était levée, se rassit.

Ce fut au tour de l'Eveillé à parler. Il apprit à la gouvernante, avec toute l'ingénuité possible, que, fils d'un médecin et gros bourgeois du Mans, il était envoyé à Paris pour suivre les cours à l'Université. — Voici, dit-il, dix jours que je suis en ce pays; mon père n'a pas ménagé l'argent pour que j'y fisse figure. J'ai deux cents pistoles dans ma bourse, une belle chaîne à ma montre, des bagues à mes doigts, et avec cela la bonne envie d'obéir à mon père et de montrer aux gens d'ici que pour être *Manceau* on n'est pas *manchot!*... Eh! eh! eh!

—Eh! eh! eh! fit la vieille. Elle riait de plaisir et de pitié. — Peut-on voir plus sot oiseau! pensa-t-elle. Elle prit la main de l'Eveillé. — Vous m'avez gagné le cœur, et vraiment je me sens de l'affection pour vous. En voici la preuve. Ecoutez-moi. Ma maîtresse vient de vous voir; vous lui avez plu, et elle m'a donné commission de savoir qui vous étiez. Je suis charmée qu'elle ait si bien rencontré. Ce soir, trouvez-vous devant la grand'porte de l'église Saint-Germain-l'Auxerrois; là, je vous rencontrerai et, selon toute apparence, vous apporterai de bonnes nouvelles. Ne manquez pas à vous parer de votre mieux, car vous seriez perdu si vous paraissiez devant ma maîtresse dans l'équipage d'un écolier désargenté.

Sur ce propos on se sépara. Dans sa joie, l'Éveillé touche à peine la terre. Sans aucun doute il a trouvé la drôlesse qui attire les jeunes gens, et les fait disparaître. En toute hâte, il va donc rejoindre son père, et l'instruit de ce qui se passe. Lecoq partage les soupçons et l'espoir de son fils; mais à l'heure du succès, la tendresse paternelle éveille la crainte en son cœur; il tremble du péril que le jeune homme doit affronter; et, pour en diminuer l'étendue, il rallie les agens de police qui lui sont soumis, leur apprend en peu de mots le gros de leur rôle, et surtout leur recommande de se tenir à proximité de son fils, sans pourtant le faire de manière à compromettre le succès du coup de main qu'il va tenter. Au reste, lui-même se met en tête de l'escouade, et il ne dépendra pas de lui que tout n'aille à bien.

La nuit est venue, et l'Éveillé, encore mieux vêtu que tantôt, se présente sur la place désignée; on va fermer les portes de l'église, une vieille femme, pauvrement mise et fort encapuchonnée, sort du lieu saint, jette çà et là son regard furtif, et, reconnaissant l'Éveillé, lui fait signe de la suivre.

— Du diable si je vous aurais reconnue! dit l'Éveillé. Quel accoutrement!

— C'est celui de la prudence, mon fils! ne me faut-il pas dépister les nombreux adorateurs de ma maîtresse qui, furieux de ne m'avoir pu gagner, font espionner tous mes pas? Seigneur Dieu! notre maison est entourée de ces godelureaux, plus qu'une ruche d'abeilles. Je vous le dis, dépêchons!... et, par précaution, mettez ce bandeau sur vos yeux. C'est une attention délicate qu'ont tous nos jeunes Parisiens lorsqu'ils se rendent chez leur belles, et dont, j'en suis sûre, mademoiselle Jabirouska (c'est le nom de celle qui vous attend) sera flattée, et vous remerciera, mon bel ami.

Ceci était directement adressé au Manceau.

— Non, par ma foi, répondit l'Éveillé, je ne

mettrai point votre bandeau; mon père m'a positivement défendu...

— Alors marchez donc, dit la vieille, pressée d'en finir; et, puisque votre papa vous l'a défendu, j'en préviendrai mademoiselle.

Ils marchèrent, la vieille précédant l'Éveillé de quelques pas. A leur suite s'ébranlèrent les postes des mouchards. L'aventure était en très bon train.

Ils traversent les rues de l'Arbre-Sec, de la Monnaie, parcourent, en de nombreux détours, celles de Bétizy, des Lavandières, des Mauvaises-Paroles, des Deux-Boules, de Jean-Lambert, et s'arrêtent enfin dans celle des Orfèvres, qui n'est pas la moins hideuse de cet infect et noir quartier.

Cette rue a pourtant quelque célébrité, car en une de ses encoignures s'élève la chapelle Saint-Éloi, commencée en 1650 et finie en 1666, sous les dessins de Philibert Delorme. On admire surtout dans cette chapelle les sculptures de Germain Pilon, ainsi que les esquisses de grands tableaux dont la communauté des orfèvres enrichit si souvent Notre-Dame.

C'est tout auprès de ce monument, et devant une maison d'une assez belle apparence que la vieille s'arrêta.

— Mon beau garçon, dit-elle à l'Éveillé, mademoiselle ne loge pas dans ce chétif lieu, mais comme il lui appartient, elle a voulu vous y recevoir. Je vais la prévenir de votre arrivée. »

La mauvaise coquine part, l'Éveillé l'attend de pied ferme; son père, pour l'encourager, quoique lui-même tremblât, traverse la rue et lui presse la main. Il s'est à peine éloigné, que la vieille reparaît, engage de nouveau le jeune homme à se laisser bander les yeux; mais, ne pouvant vaincre son refus, elle l'introduit sans plus de débat dans la fatale maison.

L'Éveillé est armé. Il s'avance dans de profondes ténèbres, redoutant quelque soudaine attaque; cependant aucun ennemi ne se présente. Bientôt il se trouve dans une pièce de grandeur moyenne éclairée par des bougies, et meublée splendidement.

Un sopha recouvert en lampas cramoisi, et garni de clous d'or, occupe un des côtés de la chambre... Sur ce sopha est étendue, dans le déshabillé le plus galant, *la fille du prince Jabirouski*, mademoiselle *Jabirouska*. Elle a l'œil à demi clos et le sein à demi nu. A la vue de l'étranger, sa main, enrichie de superbes brillans polonais, ramène les plis flottans de sa robe ouverte; d'un sourire elle a salué le jeune homme, d'un mot congédié la duègne. Le jeune gars est dans l'enchantement. « Je suis l'Éveillé, se dit-il, et pourtant suis-je bien éveillé? »

Le malheureux, même dans ce péril extrême, a le courage de jouer avec les mots. Mais c'en est fait, malgré tout son esprit, il a perdu sa présence d'esprit. La vue de cette belle personne l'a fasciné; il ne peut se mouvoir, il ne sait où en sont ni ses bras, ni ses jambes, le jeune espion, le rusé fils de Lecoq, d'un seul coup, a oublié son rôle; il n'est plus qu'un sot transi, au pouvoir de celle qu'il est venu prendre; le voilà qui tremble, tout à l'heure il va pleurer! par bonheur, il n'en fit rien.

Cependant la déesse descend de son trône, elle présente la main à l'Éveillé qui la baise. Ce baiser remue le sang du jeune homme et refait son audace. Ils n'ont échangé aucune parole, mais ils se sont compris.

Point de scrupules de collége. A coup sûr, l'Éveillé est dans un mauvais lieu, mais il est auprès d'une femme charmante. Il devient pressant, les encouragemens le suivent, sans le devancer; il perd le tête! Il sent qu'une main lui dérobe sa bourse, mais on n'écarte pas la sienne... Achevons! Lecoq fils devient coupable... Oh! Lecoq père, où étais-tu?

Lecoq père était dans la rue avec ses agens où ils montaient la garde, attendant impatiemment le signal qui devait leur livrer la maison.

Ce signal ne se faisant pas entendre, Lecoq

père en fit un. Il donna un coup de sifflet. Même, dans les bras de mademoiselle Jabirouska, Lecoq fils en tressaillit : ce coup de sifflet le rappelait à lui-même.

Deux minutes après, la fille du prince s'était retirée dans un cabinet. L'Éveillé profite de son absence pour fouiller la chambre ; il veut déplier un paravent et ne peut y parvenir. Les feuilles de ce meuble semblent clouées entre elles, l'Éveillé les secoue fortement, une d'elles s'abaisse et démasque une secrète et profonde armoire, où, sur vingt-six plats d'argent, reposent vingt-six têtes d'hommes, coupées et conservées par un procédé aussi admirable qu'effrayant.

Certes, c'est un étrange réveil pour la volupté qu'un tel tableau ; et le jeune Lecoq, les lèvres encore chaudes des baisers de son inconnue, les ouvrit pour jeter un cri d'horreur et d'effroi. Mais que ne devint-il pas, lorsque, s'étant approché d'une fenêtre, il croit voir, derrière les vitres, d'autres têtes de cadavres fixer sur lui des yeux flamboyans!.. Les mains cramponnées à un fauteuil, la chevelure éparse, plus blême que les figures des morts dont la hideuse galerie l'entoure, le linge débraillé, sans regard, sans voix, sans souffle, il tombe sur les genoux et joint les main .

En ce moment, la fenêtre s'ouvre avec fracas, et son père, suivi de toute sa brigade entre dans l'appartement.

Effrayé du silence de son fils, et le croyant peut-être assassiné, Lecoq était bravement monté à l'assaut de cette maison maudite. Un des agens avait été requérir une échelle dans le voisinage.

Cette heureuse témérité sauvait en effet la vie de l'Éveillé, car au bruit que Lecoq et ses agens firent en s'introduisant dans la chambre, mademoiselle Jabirouska, escortée de quatre bandits armés jusqu'aux dents sortit du cabinet. Les gens du roi étaient en force, la résistance était inutile, et les quatre scélérats, ainsi que la demoiselle, leur complice, furent emmenés les fers aux mains. Une perquisition exacte dans la maison ne fit découvrir rien autre chose.

Maintenant voici le complément indispensable de cette singulière anecdote.

Une association de malfaiteurs s'était formée, tous gens dévoués à la potence ou aux galères. Le chef de la bande avait organisé son exploitation de la manière suivante. Une riche Anglaise, Messaline moderne, recrutée par lui dans ses voyages, servait d'appât aux jeunes gens. Ces malheureux, après avoir satisfait la lubricité de cette coupable femme, étaient livrés aux assassins. On les tuait, puis on séparait la tête du corps. Ce dernier était vendu aux étudians en chirurgie, et la tête, préalablement desséchée et embaumée, servait alors, en Allemagne, à des études sur une science qui depuis a pris d'étranges développemens ; nous parlons de la science dont Gall et Spurzheim ont été parmi nous les propagateurs.

Le gouvernement craignit la divulgation d'une telle série de crimes ; on prit des mesures pour la punition prompte, sévère et cachée des coupables. Ils furent pendus. La femme devait être également mise à mort...... La destinée en ordonna autrement. On trouvera dans le chapitre suivant la continuation de son histoire.

CHAPITRE XIII.

Curiosité de Monsieur. — Rubriques des gens qu'on ne punit jamais. — La petite maison. — Les amours affriandés. — Un tour de clef. — Retour aux affaires. — Propositions de contrebande renouvelée d'Ali-Baba. — Coup de vigueur. — Désappointement.

Monsieur, le chevalier de Lorraine, le marquis de Louvois et le chancelier de France, étant chez madame de Montespan, lorsque

Louis XIV raconta l'aventure du jeune l'Eveillé, à qui on avait donné une forte somme d'argent et je ne sais quelle place lucrative à la halle de Paris.

La marquise de Montespan s'indigna contre lady Guilfort (c'était, comme celui de *Jabirouska*, un des mille noms empruntés par l'Anglaise, son véritable n'ayant jamais été connu); de plus, madame de Montespan demanda au roi si l'on tarderait fort à faire mourir une aussi indigne créature. Louis XIV répondit que la justice aurait son cours, et changea de propos. Bientôt après, Monsieur et le chevalier de Lorraine sortirent. Ce dernier tira le prince à l'écart. « Cette Anglaise, dit-il, me semble une maîtresse femme; si nous l'invitions à souper? » Le prince se récrie, mais la folie d'un tel projet ne laisse pas de le faire sourire : le favori insiste, le prince consent à la partie.

L'Anglaise était détenue à la Bastille. On se procura une lettre de cachet demeurée entre les mains d'un exempt, qui la vendit au chevalier; la lettre était encore en blanc. Dans les lignes destinées à contenir les pouvoirs conférés à l'exempt, on transmet un ordre de remettre au porteur la dame Guilfort, *qui doit être conduite à Pignerol.*

Le gouverneur de la Bastille, trompé par cette

ruse, livre la détenue; mais à peine s'en est-il dessaisi, qu'on vient, en grand secret, lui apprendre comment il est joué. Il jette feu et flamme, va, dit-il, se plaindre au roi; mais on lui nomme Monsieur, il se tait, et un bon procès-verbal de mort subite et d'inhumation met sa responsabilité à couvert. Et la trace de cette infamie est à jamais perdue.

Lady Guilfort s'attendait au dernier supplice; elle croit d'abord qu'on va la transférer à la Conciergerie, mais bientôt elle reconnaît qu'on sort de Paris. Alors, elle se figure qu'on la conduit dans quelque oubliette ignorée.

Après deux heures de marche, la voiture s'arrête; on ouvre la portière; une façon d'écuyer se présente; il offre sa main à l'étrangère et la fait entrer dans un salon brillant et éclairé. Un grand feu brûle dans la cheminée. Rien en ces lieux ne trahit la prison d'Etat.

Trois hommes entrent dans le salon. Ils sont simplement vêtus, mais, à leurs manières, on devine de grands seigneurs. Un d'eux lorgne assez impertinemment l'Anglaise; les deux autres se sont jetés dans des fauteuils. L'Anglaise a reconnu le frère du roi, le chevalier de Lorraine et le marquis d'Effiat.

Alors elle comprend comment et dans quel but elle se trouve là. Dans une autre circonstance et en telle compagnie, une orgie lui conviendrait assez ; mais, maintenant, c'est à sa liberté qu'elle songe ; et, en présence de ces trois débauchés, venus pour lui demander sans doute le secret de quelque volupté inconnue, elle, la débauchée et la voluptueuse, a oublié Vénus sensuelle et ne se souvient que de la Bastille. Terrible souvenir !

Mais son plan est fait.

Elle feint d'ignorer avec qui elle se trouve; déploie peu à peu, comme un beau serpent, ses plus ravissantes désinvoltures de femme, et avant que dix minutes se soient écoulées, tient sous le charme, non Monsieur, si souvent injuste envers le beau sexe, mais les deux favoris qui, par leurs regards enflammés, font comprendre à lady Guilfort et leur espoir et leur passion.

La soirée fut longue; les courtisans s'étaient imaginé que leur maître la transformerait en nuit. Mais Monsieur, ne pouvant vaincre, au fond, l'horreur que lui inspira l'Anglaise, se contenta de la faire jaser ; il trouva même que, certes, la chose ne valait pas le mécontentement du roi, si le roi venait à le savoir, et en vrai couard qu'il était, proposa de renvoyer la prisonnière à la Bastille. On lui fit honte d'un sentiment aussi peu généreux, et il fut convenu que lady Guilfort serait dirigée vers Bruxelles ou l'Angleterre, à son choix.

On la quitta donc pour ramener le prince dans son appartement, car on se trouvait au château de Versailles, chez le marquis de Lafare, qui avait prêté son logement pour vingt-quatre heures. Mais le prince parti, le marquis et le chevalier revinrent avec l'empressement le plus galant auprès de l'objet de leurs feux.

La conversation se tenait entre le tendre et l'égrillard. Le souper était servi; souper fin et délicat, comme on les faisait à cette époque; on se mit à table. Le marquis et le chevalier n'avaient jamais été de plus belle humeur. L'Anglaise aussi était d'un abandon charmant; sous la table, d'Effiat lui pétrissait amoureusement le genou; derrière la table, le chevalier de Lorraine lui faisait un corset de ses doigts; enfin, ils étaient ou paraissaient être tous trois de la meilleure intelligence du monde. Tout à coup, l'Anglaise prenant un flambeau et se levant, fit sa plus gracieuse révérence, et dit : « Bonsoir, messieurs ! » D'Effiat et le chevalier se levèrent en même temps. Elle dit au premier, sans que le second en entendît un mot : « Allez m'attendre dans ma chambre. » Et au second, sans que le premier en ouït une parole : « Allez m'attendre dans ma chambre. » De satisfaction, ils se dandinèrent tous d'eux comme de vrais marquis et de vrais chevaliers qu'ils étaient.

C'était le moment critique pour la Guilfort; chacun d'eux la main dans le jabot, les dents souriantes et les articulations moelleuses, s'avança d'un même pas vers la porte de la chambre. Mais, sur le seuil de l'asile fortuné, chacun s'arrêta. Pourquoi tous deux s'y dirigeaient-ils à la fois? Chacun se le demande. Ils se saluèrent. Ce jeu muet leur valut une explication, sans doute, et les satisfit; ils entrèrent de front, et lady Guilfort donna un tour de clef : ils étaient ses prisonniers.

Sans perdre une minute, et au moyen des serviettes de la table, attachées l'une à l'autre et fixées au balcon d'une fenêtre, lady Guilfort put, sans risque, descendre dans les jardins. Tapie entre des caisses d'oranger, elle attendit le jour, et aussitôt que les grilles du château furent ouvertes, courut chercher un abri dans la ville naissante de Versailles. Mais dès qu'elle fut sur la place d'Armes, elle pensa que le plus prudent était de gagner Paris.

En conséquence, elle se jeta dans le premier carrosse public qui passa, en paya toutes les places pour y être seule, et elle était déjà sur le quai Saint-Nicolas, avant qu'au château MM. de Lorraine et d'Effiat eussent été délivrés de leur r traite. Ils avaient passé la nuit à s'offrir de mutuelles consolations sur leur mésaventure.

Dans la rue du Plat-d'Étain, derrière celle de la Féronnerie et des Fourreurs, logeait, dans une maison d'aspect assez misérable au-dehors, mais d'excellente ressource au-dedans, un des anciens affiliés à la bande de malfaiteurs que le jeune l'Éveillé avait fait découvrir.

Ce fut chez cet homme que se rendit lady Guilfort. En peu de mots, elle lui explique comment elle est libre et ce qu'elle veut de lui. Dans cette maison, elle trouve un sûr refuge.

Lady Guilfort eut bientôt une nouvelle troupe de gens sur lesquels elle put compter, comme on dit, à *pendre et à dépendre*. Elle était le chef de l'association, organisait les coups de main, distribuait les rôles, faisait les parts du butin et s'aventurait souvent même personnellement en tête des bandits quand une expédition était résolue. L'individu chez lequel elle s'était retirée était le lieutenant de la troupe. Seulement, maintenant, la galanterie n'était plus un des moyens d'exploitation : on se bornait à voler à domicile, et si l'on égorgeait, c'était d'urgence.

Une pensée seule occupait lady Guilfort. Elle avait résolu de se venger de l'Éveillé. Dans le premier moment ce jeune drôle lui avait plu, et elle ne pouvait se pardonner d'avoir eu pour lui quelque pitié. Elle aurait pu, en effet, dès l'entrée de l'Éveillé dans la maison de la rue des Orfèvres, le livrer aux bandits qui attendaient leur proie.

Cependant, le jeune Lecoq, enrichi, comme nous l'avons dit, grâce à l'influence de son père et aux bontés du roi, menait une assez douce vie dans les loisirs de son emploi. Ce jeune homme, qui n'avait pas vingt ans, et qui paraissait exempt des passions de son âge, en avait une qui domine rarement la jeunesse, l'avarice. Un jour il vit entrer chez lui un homme qui, à la suite de préparations mystérieuses, lui demande s'il serait fâché de surprendre des contrebandiers qui portent en France des dentelles de Bruxelles et d'autres marchandises défendues. « Si vous consentez, dit cet homme, on vous facilitera les moyens de saisir ces marchandises. » L'Éveillé, toujours avide, accepte. Il donnera une somme dont on convient, et, en retour, on le désignera aux contrebandiers comme un agent chez lequel ils peuvent, en toute sûreté, déposer leurs ballots et leurs caisses.

L'Éveillé retiendra la meilleure part de la prise et livrera le reste aux gens de la ferme générale.

Tout est conclu. Dix à douze jours se passent. Un roulier apporte chez l'Éveillé deux énormes caisses, construites en bois de chêne, et qui cependant sont percées chacune de sept à huit trous. L'Éveillé, que cette particularité étonne, ne dit rien. Cependant il y avait dans le bas de sa maison une vaste salle. Il y fait déposer ces caisses. Le roulier déclare en avoir oublié les clefs à la dernière auberge où il a couché, promet de les rapporter le lendemain de bonne heure et se retire. Cet homme parti, l'Éveillé, que son père veut emmener en ville, se dit incommodé et dans l'impossibilité d'accompagner Lecoq qui part avec un ami. Quant à l'Éveillé, il a retenu près de lui un jeune homme de son âge, hardi et solide, sur lequel il compte à toute épreuve. L'Éveillé lui fait part de ses soupçons à l'égard des caisses. L'un et l'autre s'arment de pistolets et viennent à petit bruit (la porte de la salle basse étant restée ouverte) se mettre en embuscade à l'entrée de celle-ci.

Lecoq père, absent, et son fils en sentinelle, la maison semble abandonnée. Quelques minutes s'écoulent dans le plus profond silence. Déjà l'ami de l'Éveillé veut quitter sa position militaire, lorsqu'un bruit sourd s'élève du côté de la salle où se trouvent les deux caisses. On écoute... le bruit augmente... bientôt on peut reconnaître qu'il vient des caisses elles-mêmes. L'ami passe de l'insouciance à la crainte. Néanmoins, comme il est brave, il se raffermit. Son compagnon lui presse la main; il comprend ce muet langage et arme ses pistolets. L'Éveillé en fait autant.

— Jean, dit une voix qu'on entend à peine, est-ce toi? — Oui, nous sommes maîtres de la maison; prenons l'air, on est mal dans ces méchantes boîtes; il sera temps d'y rentrer lorsque ceux du logis reviendront. — Crois-tu qu'ils aient quelque soupçon?— Pas le moindre; comment songeraient-ils à notre stratagème? Avec toute sa malice, le jeune Lecoq est un oiseau déjà bridé par l'avarice. L'Anglaise l'a bien jugé. Attendons minuit. Cinq coups au volet, c'est le signal; et qu'elle tire sa vengeance jusqu'à la dernière goutte du sang de cet infâme.

— Feu! s'écrie l'Éveillé, en lâchant successivement deux coups de pistolet dans la direction d'où partent les voix; son compagnon l'imite : un double cri se fait entendre, les balles ont bien porté; et, à la clarté d'une lampe qu'ils tirent d'une armoire où elle brûlait, ils aperçoivent deux brigands étendus dans les coffres; l'un est mort, l'autre a la cuisse cassée.

Au tumulte causé par ce bruit d'armes à feu, les voisins accourent, le guet tarde peu à venir. L'Éveillé est désolé de sa précipitation. Ce qui vient de se passer sera, avant une heure, connu dans le quartier, où, selon toute apparence, le bande a des espions. Il craint aussi de lui avoir donné les moyens d'échapper encore une fois. Pourtant il ne perd pas tout espoir de la prendre. Paris est grand; une nouvelle peut ne pas s'y répandre également partout. D'ailleurs, personne ne sortira. Il se concerte avec la police, on lui fournit des archers du guet, et cette troupe postée dans la salle basse, attend minuit en grand silence.

Ce moment arrive ; un bruit de pas nombreux annonce dans la rue l'approche de plusieurs personnes : on s'arrête sous les fenêtres basses de la maison. Les cinq coups sont frappés sur les carreaux. Les survenans ne peuvent être introduits de ce côté, à cause des barres de fer qui garnissaient les croisées ; mais les deux voleurs introduits avec les malles devaient leur ouvrir la porte dont ils se seraient rendus maîtres. En effet, on l'ouvre, mais à moitié. L'épaisseur des ténèbres ne permet pas de voir la figure du nouveau portier. On compte les survenans; au cinquième, qui est une femme, la porte est refermée violemment. Un sifflet retentit... des torches, des lanternes apparaissent, illuminent le corridor et, à la vue de trente soldats, les quatre bandits stupéfaits, laissent tomber leurs armes. Ils sont saisis, garrottés, entraînés. L'Éveillé s'approche alors de la femme, relève les coiffes dont elle couvre ses traits et ne rencontre qu'un visage inconnu. Ce n'est pas lady Guilfort.

L'étonnement de l'Éveillé ne se pourrait exprimer. On emmena les misérables, et le lendemain matin, un billet, qui est demeuré déposé aux archives de la police, fut remis à l'Éveillé. Le commissionnaire, chargé de ce billet, dit le tenir d'une femme voilée. Le billet était ainsi conçu :

« Tremble ! un de nous deux périra. Hier j'é-
« tais devant ta maison, lorsque l'impatience de
« mes deux envoyés a déjoué mon plan. Le nou-
« veau chef de ma troupe me préférait une in-
« digne rivale ; j'ai voulu le punir avec elle. Je
« ne l'ai pas averti du piége où venait de tomber
« notre avant-garde, et je les ai laissés partir pour
« l'expédition, sachant qu'ils deviendraient ta
« proie et celle de la police. J'ai réussi. Qu'ils
« expient ainsi le mépris qu'ils ont fait de moi.
« Vois si ma vengeance sait atteindre qui s'y
« expose. A toi, maintenant, jeune fanfaron,
« qui t'es cru à l'abri de mes coups et ne les as
« provoqués que plus sûrement, en te faisant
« mouchard, lorsque tu étais bon tout au plus
« à être m. . . . .
« . . . . « . . .
« . . . . »

Nota. A la suite de ce billet, le rapport est

interrompu, et il manque plusieurs feuillets. Nous ignorons donc le dénoûment de cette curieuse histoire. La police ne sait pas tout, et c'est pour cela qu'il se passe tant d'histoires sans dénoûmens. Il nous eût été facile d'en inventer un; mais c'eût été un mince mérite, et sans doute une grande faute. Ce qui recommandera particulièrement ces mémoires à l'estime publique, c'est notre fidélité scrupuleuse à n'y insérer que ce qui résultera de documens authentiques. L'avenir complétera nos documens. Il n'est pas possible que lady Guilfort en soit restée là.

CHAPITRE XIV.

Le marquis d'Argenson. — Ordonnances utiles dues à son administration. — Inquisition contre les protestans. — Affaire de Port-Royal. — Répression de la prostitution. — Caractère de M. d'Argenson. — Habileté de son système d'espionnage. — Intrigues galantes du lieutenant de police. — Il emploie des moyens de séduction peu honorables. — Le couvent de la *Madeleine du Tresnel.* — Preuves de tendresse données par l'abbesse de ce couvent à M. d'Argenson. — Une dernière aventure. — Mort de d'Argenson.

Marc-René Levoyer de Paulmy, marquis d'Argenson, fut l'un des lieutenans de police dont on a dit le plus de bien et de mal ; peut-être a-t-il mérité l'un et l'autre. Attendant tout de la cour, il en servit les intérêts avec le zèle d'un homme dévoué et ambitieux. De là, son élévation à toutes les dignités où il pouvait aspirer ; il fut ministre-président du conseil des finances, garde des sceaux. Après avoir rempli les fonctions de lieutenant de police pendant vingt ans, il sut faire partager la faveur dont il jouissait à deux fils : l'un fut ministre des affaires étrangères et l'autre de la guerre ; tous deux ont ajouté à l'illustration de leur famille.

Il était lieutenant général du bailliage d'Angers à une époque où Louis XIV envoya dans les provinces des magistrats tenir les *grands-jours* et recevoir les plaintes des peuples contre les vexations des seigneurs, châtelains, etc., etc. Ceux qui tenaient le siége d'Angers reconnurent en d'Argenson un homme de tête et d'exécution; ils l'amenèrent à Paris, où il fut bien accueilli par la cour : il y trouva des appuis. Le nom de son père l'y avait précédé et y était connu. On sait que celui-ci avait été ambassadeur à Venise, où il s'était si bien conduit auprès de cette république, qu'elle voulut être, en la personne de son doge, parrain du fils de d'Argenson. L'enfant fut, en effet, baptisé dans la cathédrale par le patriarche, et tenu par le doge, qui lui imposa le prénom de *Marc*, patron de Venise. Cette cérémonie eut lieu le 4 novembre 1652.

Les nombreuses ordonnances que d'Argenson rendit sont la preuve des soins qu'il donna à l'administration de la police et de l'état de désordre où se trouvait la capitale.

On peut distinguer, plus particulièrement, les ordonnances suivantes :

Par celles du 20 juillet 1698, — 15 juillet 1699, — 9 avril 1700, il pourvut à la police des marchés et halles de Paris. Par une autre, du 24 juillet 1699, il fit défense aux boulangers d'employer aucune farine défectueuse ni de vendre aucun pain de mauvaise qualité. Par l'ordonnance du 22 mai 1699, il avait, comme juge de police, prononcé des peines contre des armuriers et autres marchands qui exposaient en vente les armes à feu, et sollicita un arrêt du Parlement, rendu le 15 mai 1706, concernant la vente de la poudre à canon et la fabrication des fusées volantes et autres artifices réputés dangereux. Il prit des dispositions pour empêcher les jeux dans les cabarets, auberges, hôtelleries, où ils étaient une occasion de rixes ou de désordres. Ces soins sont sans doute minutieux, mais c'est de leur réunion et de leur bonne tenue que résultent l'ordre et la tranquillité dans les grandes villes. Toutefois, il en est de plus importans dont je parlerai.

Ce fut sous la magistrature du marquis d'Argenson que parut l'édit de juin 1700, qui régla les attributions et les limites de la juridiction du lieutenant général de police (1) et du prévôt des marchands, et la déclaration du roi, enregistrée au Parlement de Paris, au mois de janvier 1700, fixant à vingt-cinq ans l'âge requis pour être magistrat de police, et à trente, celui requis pour être simple commissaire et greffier.

Au mois d'octobre précédent, on avait créé des lieutenans de police pour les autres villes du royaume; et, deux mois après, des commissaires et des officiers supérieurs furent institués. Toutes ces créations annonçaient l'importance que l'on attachait à cette branche de l'administration.

C'est à d'Argenson qu'on doit l'édit du mois de décembre 1704, portant établissement de peines contre les officiers de robe qui commettent envers les justiciables des voies de fait ou d'outrages défendues par les ordonnances. Quoi-

---

(1) *Lieutenant général de police.* L'édit ne porte que *lieutenant de police.* En 1674, un second lieutenant de police au Châtelet fut créé; mais les inconvéniens de ce double office ayant été promptement reconnus, une ordonnance du 18 avril de la même année réunit les deux charges pour être exercées sous le titre de lieutenant général de police.

que cet édit, enregistré, semble avoir pour but de prévenir les insultes que les magistrats et les juges se permettaient envers les nobles traduits à leur tribunal, néanmoins la loi en général ne spécifie point les gentilshommes. Cette défense, au reste, ne se bornait pas à Paris, elle s'étendait dans tout le royaume.

Mais une déclaration particulière à la capitale, et qui fut l'ouvrage du lieutenant général de police, est celle du 15 août 1714, concernant les boues et lanternes : ce service était mal fait. Il fut arrêté par cette ordonnance qu'à commencer de 1715, il serait fait des baux au rabais pour l'enlèvement et le nettoyage des boues, fourniture de chandelles et entretien des lanternes publiques. Les dépenses de ce service étaient acquittées par les trésoriers de la police sur les ordonnances du lieutenant général.

Je m'attache aux détails de la police municipale de d'Argenson, parce que, non seulement on y trouve la preuve de son intelligence en cette matière, mais que, de plus, on y voit l'origine de presque tous les établissemens qui ont été formés depuis son administration, et qu'il serait à souhaiter que l'on étendît plus loin que les villes; car les cités d'un ordre inférieur n'y participent guère, et trente-huit mille communes n'y participent pas du tout. Je ne m'en arrêterai pas moins à certains faits qui ont eu de l'influence sur ses fonctions ou en ont élargi le cercle sans être, à proprement parler, du ressort de la police ; telles sont les affaires religieuses où d'Argenson joue un rôle qui mérite d'être signalé.

Je dois, avant de traiter ce point, dire un mot des mesures que le gouvernement voulut prendre pour arrêter les progrès du luxe. Je n'ai pas besoin d'énoncer ce qu'une semblable prétention pouvait avoir de singulier et d'impossible chez une nation frivole, industrieuse, et pour qui la vanité est un besoin. Je me borne à ce qui concerne la police. Un édit du roi parut le 29 mai 1700, qui réglait le luxe en fait d'orfévrerie, d'habits, de meubles et d'équipages.

Après avoir rappelé dans cette ordonnance celles de mai 1672, février 1687, sur les défenses de fabrication de matières d'or et d'argent au-delà d'un certain poids, on les renouvelle et on les étend à un beaucoup plus grand nombre d'objets, d'ustensiles, de meubles et d'habillement de luxe. Il est défendu à tout particulier de faire travailler pour son compte à de semblables ouvrages, et ordonné au lieutenant général de police d'envoyer des commissaires chez les orfèvres et autres fabricans en matières d'or et d'argent, pour y briser des pièces qu'ils y trouveraient en contravention à l'ordonnance.

« Défendons, continue le législateur, à tout
« négociant, marchand et autres, de faire fabri-
« quer à l'avenir, et de vendre aucune étoffe à
« fond et sur lames d'or et d'argent au-dessus de
« *soixante-dix* livres l'aune. Défendons aux fem-
« mes, à peine de trois mille livres d'amende,
« de porter aucunes broderies, dentelles, bou-
« tonnières et autres ornemens sur des étoffes
« d'or et d'argent. Défendons aux femmes qui
« ont des carreaux pour s'agenouiller à l'église,
« d'y faire mettre à l'avenir des galons plus hauts
« de quatre pouces. »

Cependant les difficultés qui naissaient chaque jour d'une telle défense, ajoutèrent quelques accommodemens à cette sévérité. Le gouvernement rendit une nouvelle déclaration qui parut deux ans après, le 25 février 1702, et qui permit l'usage des pierreries aux femmes et aux filles nobles, privées du droit d'en porter par l'édit de 1700. On y fait dire au roi :

« Qu'ayant été informé que l'interdiction portée
« par cet édit de l'usage des diamans et de pier-
« reries pour certaines personnes, avait causé
« une diminution considérable dans le commerce
« de joaillerie, et du travail de lapidaires et
« même des orfèvres ; considérant qu'il serait à
« craindre que la perfection des ouvrages fran-
« çais de cette espèce, qui engageait les étran-

« gers à envoyer leurs pierres les plus précieuses
« dans le royaume, pour y être taillées et mises en
« œuvre, venant ainsi à diminuer, le commerce
« ne se trouvât privé de l'avantage qu'il en re-
« tire, ordonne, etc., etc. »

Ces considérations et d'autres sont terminées par la permission accordée, non seulement aux femmes et filles de condition comme auparavant, mais aussi aux bourgeoises, de porter des boucles d'oreilles et pendeloques, une croix, un coulant, une boucle de ceinture de diamans, et d'autres pierreries ou des bagues, pourvu que le tout n'excède pas la valeur de deux mille livres.

Les mesures prises pour l'exécution de semblables ordonnances n'offraient rien d'aussi pénible que celles exigées par les nouvelles lois sur la mendicité, et surtout par la révocation de l'édit de Nantes. Les suites de cette révocation s'étaient déjà fait sentir sous M. de La Reynie. Leur rigueur exigea successivement de nouvelles ordonnances et arrêts contre les religionnaires qui cherchaient à s'y soustraire, et dont la police eut particulièrement à s'occuper. Telles furent les déclarations du 11 juin 1697, concernant les mariages faits par d'autres prêtres que les curés des contractans; celle du 11 février 1699, portant défense à tous les sujets qui ont fait abjuration de la religion prétendue réformée de sortir du royaume sans permission ; celle du 13 novembre 1717, prohibant, sous les peines les plus sévères, le pélerinage en pays étranger; celle enfin du 12 mars 1718, relative à l'observation des fêtes et dimanches.

Paris était alors, comme sont toutes les capitales dans les temps de tumulte et de persécutions, le lieu où les opprimés cherchent un refuge. Le fameux jésuite Letellier, qui confessait et gouvernait le roi, exigea que les édits sur les révolutionnaires fussent rigoureusement exécutés, qu'on recherchât dans Paris les protestans, qu'on les arrêtât et qu'on les expulsât du royaume.

La conduite du marquis d'Argenson dans cette circonstance est digne d'éloge, et devrait à jamais servir de modèle aux magistrats chargés par leurs fonctions de servir les erreurs ou les crimes du pouvoir. Il fit valoir tout ce que sa place lui donnait de crédit pour empêcher qu'on n'établît à Paris le système d'intolérance suivi dans les provinces. « Sans être initié dans la confiance de
« Pontcharlier, alors ministre de la maison du
« roi, de Letellier et de madame de Maintenon,
« dit Rhuillères, dans ses *Éclaircissemens sur la*
« *révocation de l'édit de Nantes*, et malgré les or-
« dres exagérés de la cour contre les réformés,
« d'Argenson avait sollicité du gouvernement la
« tolérance dans la capitale pour eux. » Le mé-

moire qu'il présenta au conseil à ce sujet, et dont on doit la connaissance à M. de Rhuillères, contient des vues et des principes si sages en matière d'administration et de police, que je me ferai un devoir d'en extraire le passage suivant :

« L'inquisition qu'on voudrait établir dans
« Paris contre ceux des protestans dont la
« conversion est douteuse, aurait de très graves
« inconvéniens. Elle les forcerait d'acheter des
« certificats, ou à prix d'argent ou par le sacri-
« lége. Elle éloignerait de cette ville ceux qui
« sont nés sujets de princes neutres, indispo-
« serait de plus en plus les protestans ennemis,
« brouillerait les familles, exciterait les parens à
« se rendre dénonciateurs des uns des autres,
« et causerait une guerre intestine, peut-être gé-
« nérale dans la capitale du royaume qui doit
« être considérée comme une patrie commune. »

Si M. d'Argenson n'obtint pas ce qu'il demandait dans son mémoire, au moins mit-il Paris pour quelque temps à l'abri des mesures d'inquisition que l'on voulait y faire prévaloir.

Mais si, dans cette occasion, il montra cette honorable résistance aux ordres de la cour, il n'en fut pas de même dans l'affaire de Port-Royal. D'Argenson aimait les jésuites, ou les ménageait, parce qu'ils étaient tout-puissans; les jansénistes lui déplaisaient par une raison contraire. Est-il étonnant qu'il ait prêté son ministère à la destruction de ce lieu célèbre, où les Arnaud d'Andilly, les Nicole, les Lemaître, les Racine, les Lancelot, les Raschal, les Daffosse, et tant d'autres hommes vertueux et savans, mais adversaires des jésuites, avaient puisé des leçons de sagesse, de goût et de piété.

Les religieuses de cette maison s'étaient refusées à souscrire un formulaire dicté par les jésuites, et que les jansénistes regardaient comme contraire à la foi et aux croyances de l'Eglise. Il devait peu importer au gouvernement que ces pieuses filles ne reconnussent ni la doctrine de Molina ni celle de Jansénius; mais la haine religieuse est inexorable, la ruine de Port-Royal fut décidée. Les sœurs qui occupaient le couvent de la rue de la Bourbe à Paris en avaient été chassées en 1664; plusieurs furent dispersées dans des maisons étrangères à leur institution, et on les y maltraita. Cette proscription des religieuses de Paris augmenta le nombre de celles qui allèrent habiter la retraite de Port-Royal-des-Champs. Ce dernier monastère était situé au village de Magne-les-Hameaux, à six lieues de Paris, non loin de Chevreuse, petite ville enclavée maintenant dans le département de Seine-et-Oise. Port-Royal-des-Champs était par sa position très propre aux études des solitaires illustres qui l'habitaient et aux habitudes de la piété et des devoirs religieux.

Après de longues intrigues, un arrêt du conseil du 27 octobre 1709 ordonna la destruction du monastère et l'enlèvement des religieuses. Le marquis d'Argenson fut chargé de cette mesure, comparable à tout ce qu'enfanta le délire révolutionnaire de 1793. Ce magistrat s'y rendit avec des hommes armés, des ouvriers, des agens de police et tout l'attirail de la force brutale et du despotisme. Il n'eut pas honte de présider à cette odieuse exécution; et l'histoire a conservé le souvenir du zèle peu honorable déployé dans cette occasion par ce magistrat, qui se piquait de n'obéir qu'à la justice; mais alors il n'y avait pour les courtisans de justice que la volonté du prince ou celle qu'on lui supposait. Un écrivain courageux, l'abbé Grégoire, a livré au mépris et au blâme de la postérité cet acte du ministère de Louis XIV dans un ouvrage qui, à son apparition, valut à son auteur, en 1809, le ressentiment de Napoléon. Cet écrit, très intéressant à lire, porte pour titre *les Ruines de Port-Royal*, par l'abbé Grégoire (comte, sénateur et commandeur de la Légion-d'Honneur), ancien évêque de Blois, 1809.

L'époque de la magistrature du marquis d'Argenson fut encore marquée par d'autres événemens qui influèrent sur le régime et les opérations de la police : ce sont les querelles du jansénisme et du molinisme, c'est-à-dire des ennemis ou des partisans de la bulle *Unigenitus*. Elles donnèrent lieu à mille vexations, et furent le prétexte d'une foule d'intrigues méprisables. Ces cabales avaient déjà commencé sous M. de La Reynie; les agens de police étaient continuellement occupés à rechercher les auteurs des écrits qui paraissaient sur les matières ecclésiastiques, et dont la liberté déplaisait à la cour. Au mois d'août 1705, avaient paru les lettres-patentes sur la constitution du pape Clément XI en faveur des bulles qui confirmaient ou expliquaient les constitutions des papes Innocent X et Alexandre VIII sur le jansénisme. Marmontel, dans son histoire de la régence, est celui qui a fait connaître avec précision l'origine et les développemens historiques de cette sorte de schisme.

On s'était proposé dans cette constitution de calmer les esprits et de pacifier les troubles, mais on ne fit qu'accroître le mal. Ces disputes prirent une importance qui flattait les petites ambitions; elles étaient en pleine activité sous M. d'Argenson, et occupaient les momens les plus précieux de la cour et de la ville. Ce fut la première origine de cette correspondance odieuse de ce *ministère secret* qui s'établit alors entre la police et le trône. Le lieutenant général tenait la cour au courant de ce qui se disait ou faisait pour ou contre le jansénisme. Comme les parlemens et les grandes familles jouaient différens rôles dans ces débats, la correspondance chaque jour devint plus piquante, parce qu'aux faits relatifs aux affaires de l'Eglise on joignait des anecdotes sur les personnes qui y prenaient part. Si M. d'Argenson ne s'en servit pas pour perdre des innocens ou ceux qui déplaisaient au pouvoir, du moins prépara-t-il la voie où marchèrent ses successeurs. L'histoire donc le regarde à bon droit comme l'auteur de cette institution mystérieuse et perfide. Nous verrons dans la suite de ces mémoires plus d'un exemple de l'abus qui en a été fait, au grand scandale des mœurs et au détriment de la sécurité sociale.

De pareilles occupations ne détournaient cependant pas entièrement le lieutenant général de police de celles qu'exigeaient les devoirs de sa place ; c'est à lui que l'on doit la réorganisation de la marche à suivre dans la répression de la prostitution publique. Il en sentait le besoin ; il fit un mémoire, qu'il adressa au garde des sceaux, et qui devint le sujet de la détermination du 29 juillet 1715, enregistrée au Parlement le

29 octobre suivant, concernant le *jugement des femmes de débauche*. On y prescrit les règles de la procédure à l'égard de ces femmes qui appelaient sur elles la rigueur de la loi par le scandale public qu'elles occasionaient dans Paris. On y prit les précautions nécessaires pour prévenir les fausses déclarations ou celles qui pouvaient être suggérées par des motifs de nuire ou par des voisins mal informés. L'arrêt d'enregistrement veut que les filles ou femmes condamnées au Châtelet pour *débauche publique et scandaleuse* puissent toujours appeler au Parlement de la sentence du lieutenaut général de police, et qu'elles ne puissent même être emprisonnées provisoirement à l'hôpital général, lieu de leur détention, que l'appel n'ait été confirmé. J'aurai assez à parler par la suite de cette partie de la police pour qu'il soit besoin de m'étendre ici davantage sur la manière dont cette ordonnance était, ou plutôt n'était pas exécutée.

Les femmes publiques se montraient alors en très grand nombre; elles étaient très tolérées; elles exerçaient leur métier dans les rues, les promenades avec une grande publicité, sans que la police s'en alarmât.

Fontenelle a célébré la police de d'Argenson, qui avait été son collègue à l'Académie des sciences; et c'est autant à ce qu'il en dit qu'à ce qu'on savait de ce magistrat que sont dus les éloges répétés depuis dans tant d'écrits. Son panégyriste dit :

« Qu'il eût rendu compte d'un inconnu qui se
« serait glissé à Paris dans les ténèbres. Cet
« homme, quelque ingénieux qu'il fût à se ca-
« cher, restait toujours sous ses yeux; et si enfin
« certains lui échappaient, du moins, ce qui
« reste en effet égal, personne n'aurait osé se
« croire bien caché. (*Eloge du marquis d'Argen-*
« *son, membre de l'Académie des sciences, par M. de*
« *Fontenelle, secrétaire général.*

Mais, nous le demandons, quelle si grande habileté trouve-t-on à ce qu'avec un bon nombre d'espions bien payés, avec le droit d'entrer nuit et jour dans les lieux publics, enfin avec le pouvoir de tout dire ou faire dire et d'arrêter à volonté, on puisse parvenir à savoir ce que fait, ce que devient un homme dont on a intérêt à connaître la conduite ; est-ce là un si grand sujet de louange ?

Un des fils de d'Argenson, celui qui fut ministre des affaires étrangères, et qu'à la cour on appelait d'Argenson *la bête*, parce qu'il avait plus de mérite que de brillant (1), a donné sur son

---

(1) On lui doit, outre ses *Mémoires au Essais dans le goût de Montaigne*, des *Considérations sur le Gouvernement ancien et*

père des renseignemens curieux, qui expliquent une partie de la conduite du marquis d'Argenson, et peignent les mœurs du temps dans la personne de l'un des premiers magistrats du royaume. Le marquis d'Argenson y est représenté comme un homme de grand courage dans les difficultés, d'une vivacité extrême dans l'expédition des affaires, et d'un travail infatigable.

« Il savait, dit son fils, prendre son parti avec
« promptitude, et se tenir avec fermeté au parti
« pris. Le détail de la police de Paris l'avait ac-
« coutumé à cet esprit d'investigation minutieuse
« qui ne laisse rien échapper au regard, et sa sa-
« gacité était telle, qu'il trouvait tout d'un coup
« le point de la difficulté et les moyens de la ré-
« soudre..... Les fonctions de lieutenant général
« de police sont un mélange de magistrature et
« d'administration ; il faut même, pour bien
« remplir cette place, posséder tous les talens
« d'un grand politique, et j'avoue sans préven-
« tion que mon père les réunissait... Il était ai-
« mable dans l'intimité, même au sortir de ces
« expéditions difficiles où il lui fallait se mon-
« trer lui-même, quoique cela arrivât rarement,

---

présent de la France. Ce dernier ouvrage est rempli d'excellentes vues politiques; il fut imprimé en Hollande en 1765. On y trouve un plan d'administration établi sur le système des états provinciaux.

« et où il faisait trembler la populace en fron-
« çant seulement ses grands sourcils noirs, et
« en remuant avec son front les boucles de sa
« perruque. Les agrémens de sa conversation et
« sa gaieté de bon ton apprenaient qu'il était fait
« pour vivre dans la bonne compagnie. On était
« persuadé que l'espionnage, dont il avait poussé
« l'art au dernier degré de perfection, le met-
« tait dans la plus grande partie des secrets des
« familles, mais il usait de ces connaissances
« avec tant de discrétion, qu'il ne troublait le
« repos d'aucune, et conservait ces mystères
« dans son sein pour n'en faire usage que pour
« le bien de l'Etat et celui des particuliers
« mêmes. »

On s'est plaint du trop grand nombre d'espions employés par le marquis d'Argenson; et même ne voulût-on s'en rapporter qu'au témoignage de son fils sur l'usage qu'il faisait de leurs rapports, il faudrait avouer que le marquis d'Argenson faisait un abus honteux des moyens qu'il avait de tout connaître, en les employant dans un but de curiosité personnelle.

A cet éloge de son père, l'auteur des *Essais dans le goût de ceux de Montaigne*, ajoute : « Je
« suis obligé de convenir que ses mœurs secrètes
« n'étaient pas parfaitement pures, et je l'ai vu
« de trop près pour croire qu'il ait été dévot :

« mais il faisait respecter la décence et la reli-
« gion et m'en donnait l'exemple. »

On va voir en quoi consistait cet exemple et comment il le donnait. Car, enfin, cette même police, cet espionnage qui pénétrait le *secret des familles* ont révélé et publié, dans l'histoire, l'inconduite privée et le libertinage de ce fameux lieutenant de police. Voici ce que les mémoires du temps nous ont transmis à cet égard : ce sont choses trop rares et trop curieuses pour n'être pas conservées et pour qu'on ne s'y arrête pas (1).

« M. d'Argenson était un grand homme, très
« brun et si noir de visage que lorsqu'il prenait
« le ton de magistrat, il vous glaçait de terreur;
« fier, dur, inabordable en public, il était en
« particulier l'homme le plus doux et le plus
« aimable. Il aimait beaucoup la table; mais son
« plus grand bonheur était de vivre dans le plus
« complet libertinage; et, comme les filles de
« joie étaient sous son autorité, ce qui a tou-
« jours procuré aux chefs de la police une ex-
« trême facilité de se livrer à un tel penchant,
« d'Argenson se faisait choisir, pour ses amuse-

---

(1) Voyez dans un recueil de pièces imprimées en 1807, un écrit intitulé : *Chronique scandaleuse de la cour de Philippe d'Orléans, régent de France*, composé par le duc de Richelieu en 1722, à sa troisième sortie de la Bastille.

« mens secrets, les plus jolies de ces filles ; mais
« il ne bornait pas ses amours à ces seuls passe-
« temps. »

Il avait, pendant quelque temps, aimé la célèbre dame de Tencin. Cette dame, par le crédit et l'argent de l'abbé de Louvois, avait obtenu de la cour de Rome la dispense de ses vœux (elle avait été destinée à la vie religieuse); mais même, avant cette dispense, elle s'était d'abord fait enlever de son couvent, s'était retirée dans Paris, où elle prit un appartement que d'Argenson connut bientôt et où il allait la voir. L'histoire dit que, plus tard, il se fatigua de cet amour, soit par inconstance, soit parce que madame de Tencin lui donnait de dangereux rivaux, soit enfin qu'elle mêlait trop d'intrigues d'état à ses intrigues galantes; la cause la plus probable de cet abandon fut, sans doute, le désir qu'éprouvait d'Argenson de se livrer plus librement à d'autres femmes. Il s'était, en effet, pris de passion pour une jolie novice des Hospitalières du faubourg Saint-Marceau. Il avait séduit cette fille au point de l'engager à s'évader, en lui promettant de faire sa fortune. La supérieure, qui eut avis de cette menée, en fit avorter l'exécution. Ceci rendit d'Argenson furieux, et il ordonna de suspendre la construction d'un bâtiment qu'il avait accordé à cette sainte maison. Mais les choses s'accommodèrent; le corps de logis fut continué et la jeune hospitalière abandonnée à son audacieux amant.

D'Argenson aima encore une abbesse du même faubourg et en fut aimé : ce qui pourra paraître extraordinaire en songeant au portrait qu'on a fait de lui. Mais il fit gagner beaucoup d'argent à cette abbesse en obtenant pour elle une permission d'établir une loterie pour faire les réparations ou constructions nécessaires à l'église du couvent.

Ainsi, sans qu'il lui en coûtat rien, le magistrat pouvait user de libéralité envers les religieuses qui, en retour, avaient pour lui mille complaisances. Il leur faisait également des cadeaux de toiles peintes, d'étoffes des Indes, confisquées à leur débarquement comme marchandises entrées en fraude et dont il disposait le plus facilement du monde. Il jouissait, d'ailleurs, d'un privilége fort utile à ses projets amoureux : il réunissait dans ses attributions la qualité d'inspecteur du temporel des couvens, et, à ce titre, pouvait y entrer à toute heure.

Sa dernière maîtresse fut une jeune veuve ou fille, nommée Husson, pensionnaire au couvent de la *Madeleine de Tresnel*, faubourg et grande rue Saint-Antoine. Il vécut avec elle pendant quelque temps; mais son goût bizarre et particulier qui le portait vers les vierges du Seigneur, le conduisit à délaisser la charmante pensionnaire, pour aimer l'abbesse de ce même couvent.

D'Argenson eut un sincère et profond amour pour elle, et, à n'en pas douter, madame l'abbesse l'aima aussi. Les preuves de tendresse qu'elle lui donna méritent d'être consignées ici.

Elle commença par faire bâtir, dans l'église de la Madeleine de Tresnel ou du Traînel, une chapelle dédiée à saint Marc, patron de M. d'Argenson. Ensuite, on y construisit une manière de tombeau où devait être déposé, après sa mort, un cœur qui, pendant sa vie, avait tant aimé ce couvent (celui de d'Argenson). On peut dire qu'il s'y enterra de son vivant; car, en 1718, ayant été fait garde des sceaux, et, deux ans après, chef du conseil des finances, ces grandes fonctions ne l'empêchaient pas de se retirer tous les soirs dans ce monastère. Il avait en dehors un appartement qui, au moyen d'une issue secrète, communiquait avec celui de l'abbesse, sa favorite, et où se rendaient plusieurs jeunes et jolies religieuses. D'Argenson, en toilette de nuit, je veux dire en simple pet-en-l'air, se couchait sur une chaise longue, le gracieux troupeau l'entourait, et, à la manière des odalisques d'Orient, ces brebis apprivoisées endormaient sous leurs chatouillemens et leurs caresses le vilain corps blotti en si gentil bercail.

Ce n'est pas, comme on voit, sans motifs que le fils du marquis d'Argenson déclare que les mœurs secrètes de son père ne furent pas très pures. On peut dire que les mœurs de M. d'Argenson furent, comme celles de son époque, très corrompues : c'était la vie du siècle. Louis XIV, avec toute sa grandeur, en avait donné l'exemple en plaçant l'adultère à demeure dans sa cour.

Voltaire, qui se voulait, en apparence, donner les goûts et les idées des grands seigneurs, dont il flattait les travers, taisait les vices et presque toujours exagérait le mérite, avait été fort lié avec tous les d'Argenson; ses lettres au marquis surtout sont pleines d'expressions affectueuses et d'éloges de leurs vertus. Dans une pièce de vers qu'il s'avisa d'écrire sur la *police de Paris*, il rapproche de Richelieu et de Colbert le lieutenant général de police d'Argenson et ajoute :

> Regardez auprès d'eux ce vigilant génie,
> Successeur généreux du prudent La Reynie,
> A qui Paris doit tant, et qui laisse aujourd'hui
> Pour le bien des Français deux fils dignes de lui.

Marc-René le Voyer Paulmy, marquis d'Argenson, est mort le 8 mai 1721 à l'âge de soixante-neuf ans.

CHAPITRE XV.

Rapport fait au père Letellier, confesseur de Louis XIV, sur les mœurs de la cour et de la ville de Paris, en 1709.

Nota. **Parmi les pièces curieuses, dont je ne veux choisir qu'un petit nombre, je signalerai le rapport suivant, adressé au père Letellier, con-**

fesseur de Louis XIV. Après le décès du père Lachaise, peu après son installation, le père Letellier voulut établir des rapports entre la police et lui. En conséquence, en 1709, dès qu'il fut investi de la charge importante de confesseur du roi, il se hâta de le faire savoir au marquis d'Argenson, et, en même temps, il lui demanda un rapport universel sur l'état de la cour et de Paris à cette époque. Le rapport qui va suivre doit compter au nombre des pièces les plus importantes du temps, sa contexture et le soin apporté à sa rédaction prouveront au lecteur quel intérêt y était attaché. Voici cette pièce, copiée sur l'original trouvé à la Bastille, en juillet 1789.

« Mon révérend père, serviteur passionné de votre charitable zèle, membre fervent de votre ordre illustre (1), je m'enorgueillis de la confiance que vous me témoignez et vais, pour vous obéir, vous retracer un fidèle tableau du monde que vous désirez connaître. Je diviserai cet exposé en quatre parties. Je comprends, sous cette dénomination : 1° La COUR ; 2° la VILLE ; 3° le CLERGÉ ; 4° les SECTAIRES, les protestans et les jansénistes.

« LA COUR. — Le grand roi sous lequel nous avons le bonheur de vivre est, par ses qualités

---

(1) Celui des jésuites.

brillantes, ses vertus complètes, son génie, sa munificence, sa mansuétude, tellement au-dessus du blâme et de la louange, que le silence respectueux à son égard est ce qui nous convient à tous. Adoré de ses sujets, dont il est l'exemple et le père, on ne songe qu'à le chérir; on ne cesse de former des vœux pour sa conservation, son bonheur; il est le palladium de la France; à lui se rattachent toutes nos idées de grandeur et de gloire. Puisse Dieu le laisser bien longtemps encore sur le trône dont il est la force et l'ornement! Puisse-t-il, dirigé par votre révérence, obtenir un jour ces récompenses du Ciel dont nul plus que lui n'est digne et que tous nous lui souhaitons!

« Madame la marquise est auprès de lui (madame de Maintenon) l'Esther de ce royaume, la femme forte de Salomon, la sagesse de ses conseils. Sa modestie, sa simplicité en si haute fortune la rendent un objet d'admiration universelle, surtout maintenant que mieux éclairée elle ne protège plus d'aucune sorte le jansénisme. Votre révérence qu'elle consultera sans doute la maintiendra dans cette sainte voie d'où la ferait peut-être dévier la vive amitié qu'elle porte aux Noailles.

« Monseigneur (le dauphin) est le fils le plus soumis, le plus obéissant que l'on connaisse.

Exemple que les pères donnent à leurs enfans, il est à son tour heureux père; son fils puîné porte glorieusement une couronne mal affermie encore, mais que consolidera la volonté tendre et puissante de son auguste aïeul (*Philippe, duc d'Orléans, roi d'Espagne depuis* 1700). M. le duc de Bourgogne annonce un mérite que le temps développera; mais ses alentours, en raison de leur liaison intime avec M. l'Abbé de la Trappe, inspirent quelques craintes; on appréhende que le jansénisme n'infecte, par cette voie, la famille royale. Ce prince annonce un caractère énergique, impétueux, mais dont il a su dompter la trop grande fougue et les inévitables écarts. La France le voit avec une partie de cet amour qu'elle a pour notre grand roi. Monseigneur le duc de Berry est un prince doux, facile, pieux, dévoué à votre ordre; il sera aisé de le diriger lorsque le moment sera venu.

« Le reste de la famille royale, les princes duc du Maine, comte de Toulouse, sont acquis aussi à votre maison, et Dieu ne permettra pas que ceux-là deviennent la proie de nos ennemis.

« La cour de France est brillante et nombreuse: trois maisons voudraient se placer à sa tête, celle des ducs de Guise, branche Lorraine; celle des La Tour, ducs souverains de Bouillon et de Sedan; celle de Rohan : toutes trois prétendent aux honneurs de princes étrangers. Les La Trimouille, les Créqui, les Couci, les Mailly, les de Nesle, les Harcourt, les Biron, Brissac, Beauvilliers, Tavannes, Richelieu, ainsi que Saint-Simon et nombre d'autres encore, au rang desquelles j'aurais dû mettre les Montmorenci, les Durfort, Duras, Narbonne, Toulouse, Foix, Périgord, etc., ne veulent pas reconaître cette suprématie et ont raison.

« Mais, mon père, que la vraie piété est peu commune parmi ces seigneurs ! tous presque sont vendus au jansénisme, tous prennent Port-Royal pour règle de conduite, ne jurent que par Arnault, Nicole, Pascal et tant d'autres *ejusdem farinæ*. On feint, d'un autre côté, une piété profonde : elle recouvre un libertinage impatient de se montrer, des goûts indignes, des fantaisies coupables que MM. de Conti, de Vendôme, d'Auvergne, etc., ont renouvelées des anciennes orgies de MONSIEUR, du chevalier de Lorraine, du marquis d'Effiat. Cette dépravation s'accroît de jour en jour : les valets jeunes et beaux, les garçons perruquiers sont les victimes les plus communes d'une aussi infâme passion.

« On n'empoisonne plus : *le boucon est passé de mode* ; on commence à se livrer moins aux prestiges de la sorcellerie : cependant il y a encore nombre de seigneurs qui cherchent à entrer en commerce avec le diable. Madame la comtesse de Gergy, dont le mari est ambassadeur à Venise, a conté avoir vu dans cette ville un personnage mystérieux dont on ne connaît ni les précédens ni l'origine; il mène un train des plus brillans et prend le nom de comte de Saint-Germain; il se dit en commerce avec les esprits élémentaires, fait venir les ombres des personnes mortes et lit l'avenir dans les images animées que lui présente un miroir constellé. Si ce personnage vient en France, j'aurai l'œil sur lui, et, au premier méfait, à la première fourberie, je vous en rendrai bon compte.

« La manie des mariages inégaux gagne de façon à inquiéter. On affirme que monseigneur a épousé mademoiselle Chouin; le maréchal de L'Hôpital et, après lui, le roi de Pologne (Casimir, *le dernier rejeton mâle de Gustave-Vasa, roi de Suède*) auraient épousé tour à tour la fille d'une blanchisseuse, déjà veuve de je ne sais qui. Le prince de C... vient de s'unir secrètement à la veuve d'un procureur. La petite Lison, qui chantait dans les chœurs de l'Opéra, est aujourd'hui la femme du....., maréchal de France. Des gens dignes de foi m'ont affirmé le mariage de l'archevêque de Paris, du Harlay, avec la duchesse de Lesdiguières. On nomme quatre dames de la cour comme ayant légalisé par des hymens de conscience leurs coupables liaisons avec des écuyers et moins encore. Madame de Sessac est à la veille d'épouser le premier clerc de son procureur; mademoiselle de La Rochefoucault avait bien certainement épousé Gourville, ancien domestique de son frère.

« Ce sont choses que je n'ose dire qu'à vous. Votre révérence comprend le péril de la matière; il serait digne d'elle de conduire le roi à punir ces unions illicites, inconvenantes, qui troublent la paix des familles, l'ordre des successions et sont autant d'atteintes portées aux bonnes mœurs. A la vue de ces exemples, une foule de pauvres filles, de bonnes bourgeoises s'abandonnent, dans l'espérance d'un mariage qui fort souvent ne se fait pas.

« Un prince qui, chaque jour, augmente en impiété et en débauche, c'est M. le duc d'Orléans : sa conduite, les scandales qu'il donne; sa vie licencieuse, mal recouverte par des ménagemens qui ne trompent que le roi, doivent attirer sur lui toute l'attention de votre révérence. Pourquoi s'adonne-t-il à la chimie ? quelle est cette fantaisie ? est-ce pour cacher des travaux plus importans ? Je crois qu'une surveillance active doit l'environner; elle préviendra peut-être de grands malheurs, je n'ose dire des crimes.

Il est bien mal entouré : sa haute confiance repose sur le duc de Saint-Simon, janséniste caché ; et, d'autre part, il est singulièrement lié avec M. de Cambray (Fénelon), avec les ducs de Beauvilliers et de Chevreuse. Je sais que Monsieur voit secrètement M. le duc de Bourgogne : celui-ci est un ambitieux sournois ; on ne peut dire ce qu'il est capable de suggérer à M. le duc d'Orléans.

« Mais le vrai conseiller de ce prince, c'est son ancien précepteur, l'abbé Dubois, cuistre fieffé, drôle à pendre, mais qu'on peut employer au service de la bonne cause ; car, pour de l'argent, on lui ferait renier le Sauveur. Le comte de Nocé, libertin qui n'a pas d'égal en scandaleux déportemens, est l'ami intime de son altesse royale ; c'est lui qui le perd, qui l'entraîne chez les filles du monde et de l'Opéra ; il est l'ordonnateur de ces petits soupers où les hommes et les femmes de service sont dans l'état de pure nature. J'ai là-dessus des détails à faire frémir ; je ne sais s'il est bon d'en prévenir le roi, je laisse cette décision à votre sagacité et haute prudence.

« La ville. — Paris, vaste cité, est composé d'abord de la haute noblesse du royaume, qui presque toute y a un hôtel ou du moins un logement. Vient ensuite la noblesse citadine proprement dite. Celle-ci provient d'échevinage ou d'autres charges municipales, magistrales ou administratives. Parmi elle, on signale comme faisant bande à part les familles parlementaires ; ces familles croissent en prétention de jour en jour; déjà les présidens à mortier se refusent à céder le pas aux ducs et pairs. Ils prennent le manteau ducal et la couronne ducale dont *Messieurs* (expression employée pour désigner les parlementaires) chargent et surchargent leur écusson. Le duc de Saint-Simon voulait que j'empêchasse cette usurpation; je n'ai eu garde : il serait imprudent de se brouiller avec cette magistrature souveraine, prépondérante, et à la veille de grandir encore, si ce qu'on n'ose prévoir, et à quoi il faudrait s'aviser de parer, venait à frapper la France. Je laisse donc au grand banc (les présidens) et couronne et mantel.

«En troisième lieu, se présente la bourgeoisie ancienne et riche; elle est bien apparentée avec la magistrature, et même avec la cour. Elle se compose de familles riches, du moins aisées, de négocians, de financiers, parmi lesquels il faut ranger les fermiers-généraux, les conseillers aux cours des Aides, des Comptes, des Monnaies, du grand conseil du Châtelet et de plusieurs autres juridictions. Tout ce monde a pignon sur rue bien établi, vit grandement, aime les belles-lettres, les sciences et les arts. Les médecins, avocats, procureurs, le corps si respectable des notaires augmentent encore la masse déjà considérable de nos notabilités bourgeoises. Ces gens-là ne vont pas à la cour; mais, comme ils font besoin aux courtisans, il y a un échange journalier et amical de bons procédés, de services réciproques, d'actes d'obligeance entre la haute noblesse et la haute bourgeoisie. Chaque jour des mariages amènent les filles de Paris à Versailles, où elles ne sont pas long-temps à prendre les belles manières dont les femmes nobles se croient seules le monopole.

« Plus bas on trouve les orfèvres, joailliers, marchands de draps, mégissiers, la grosse pharmacie, l'épicerie; puis les marchands qui vendent au détail, portion active, tracassière, remuante de la société parisienne. Là, se rencontrent ces bavards clabaudeurs, querelleurs, épilogueurs, toujours prêts à tendre la chaîne au coin des rues pour former une barricade ou à détacher la hallebarde et l'arquebuse des crochets où elles sont suspendues au-dessus du maître-foyer. Ceux-là furent les plus ardens ligueurs, les plus bouillans aux sottes journées de la Fronde. Là, sont des niais à foule, crédules, bonaces, acceptant pour vrais tous les contes qu'on leur fera, prêts toujours à perdre leur argent et leur position sociale pour répondre au cri d'alarme que poussera le premier turbulent.

« Enfin, et au dernier degré dans la ligne directe, il y a les ouvriers des ports, des industries, les compagnons menuisiers, charpentiers, plâtriers, maçons, serruriers, chamoiseurs, relieurs, parcheminiers, tailleurs, ferblantiers; en un mot, de tous les états et professions, hommes de peine et de main, auxquels il faut joindre les Auvergnats, les Savoyards, les porteurs d'eau, les charbonniers, les bouchers.

« Dans une classe à part, je rangerai les clercs du Parlement, des autres cours et tribunaux, des avocats, procureurs, notaires, huissiers, sergens, commissaires, connus sous les noms de basochiens, *sujets de l'empire de Galillée*, saute-ruisseaux, etc., etc., tous tapageurs, querelleurs, grondeurs, hargneux, et prêts à donner des coups sans crainte de les recevoir; ce sont pour la plupart des fils de maître, ou de bonne bourgeoisie, ou d'artisans à leur aise. Ces bandits, que l'on pendrait en masse, deviennent en grandissant d'honnêtes pères de famille; le plus bruyant est plus tard, d'ordinaire, le plus sage. Enfin, quoiqu'on sévisse parfois contre eux, on les ménage presque toujours à raison de leur famille et de leur attachement à la magistrature et au roi.

« Il y a en outre les laquais, écuyers, pages, domestiques, coureurs, grisons, piqueurs, suisses, valets de chiens, d'écurie, palefreniers, apprentis, marmitons ; la surveillance doit être active vis-à-vis de ceux-ci, car, débauchés par les exemples que leurs maîtres leur donnent, ces malheureux finissent souvent par la potence, la roue, le bûcher, bien heureux qu'on est, quand le dénoûment n'amène qu'aux galères.

« La boue de Paris, malgré sa noirceur et son infection ne renferme rien d'aussi infâme que la race dite des croqs, escrocs, Grecs, Egyptiens, filoux, loupeurs, tirelaines, coupeurs de bourses, académiciens, voleurs, brigands, saltimbanques, Bohêmes, Zingari, Egyptiens, astrologues, diseurs de bonne aventure, Anglais. Tout ce ramassis de canailles en France se lèvent le matin, sans savoir où ils mangeront, ce qu'ils mangeront, où ils se chaufferont, se coucheront. Ils ne vivent que de filouteries, de pillage, de rapine, de mauvaises actions ; tuant, brûlant, violant, empoisonnant pour leur compte ou pour autrui ; se contentant d'un écu ou exigeant leur pesant d'or pour commettre un crime, selon que la bourse est plus ou moins vide, ou que l'appétit est plus ou moins fort.

« Telles sont, mon révérend père, les différentes classes dont se compose la société parisienne. Il faut y joindre les filles de joie, publiques ou cachées, toutes perdues de mal et de vice; vivant avec les filous que la plupart du temps elles nourrissent du fruit de leurs débauches, et qui les font *chanter*, terme d'argot, c'est-à-dire qui les contraignent à leur donner de l'argent, lorsque ces créatures s'y refusent.

«De ce chaos, de cet amalgame incroyable découle une multitude d'actions odieuses, ridicules, coupables, sublimes, plaisantes. Une surveillance journalière, active, constante, maintient seule le bon ordre dans cette sentine française, dans ce *caput mortuum* européen. Car Paris est pour les gens qui ont quelque intérêt à se cacher, le lieu de refuge le plus sûr; et de toutes parts de grands coupables et des misérables de bas étage, viennent s'y blottir, s'y réfugier, et y vivre en paix et à l'abri de toute persécution. L'opinion de cette masse parisienne penche plutôt vers le jansénisme que vers le molinisme; la sévérité outrée de la morale de Port-Royal étonne et commande le respect à ces personnes si vaines ou si dépravées. Dejà peut-être même s'infiltre-t-il dans l'esprit de la bourgeoisie des idées de résistance, de révolte, d'indépendance; elles se manifestent par une tendance irréligieuse. Les libertins sont en nombre, ils sont soutenus d'un côté par le duc d'Orléans, de l'autre par

M. de Vendôme ; on professe au temple des principes dangereux. M. de Chaulieu, l'abbé de Château-Neuf, le jeune Arouet, fils de l'ex-notaire de ce nom, garçon pétillant d'esprit et enclin aux mauvaises mœurs, affichent une incrédulité dangereuse. La jeunesse du dernier, qui a seize ans à peine, le rend digne d'indulgence; mais les autres, dont l'un se dit son parrain (l'abbé de Châteauneuf), méritent d'être réprimandés sévèrement : il y a aussi un personnage recommandable de Normandie, neveu des deux Corneille, qui s'appelle de Fontenelle, et qui fait partie de ce monde; il a traduit en français l'*Histoire des Oracles* de Vandaël; ce livre, mal sonnant, doit attirer votre attention. L'auteur, d'ailleurs, à part ce libertinage d'esprit, est un puits de sciences et d'amabilité.

« Le clergé. — Ici, avec regrets, je dirai à votre révérence que s'il y a des prélats vertueux, des curés, des grands vicaires et des prêtres habitués dignes de l'estime et de l'attachement des hommes de bien, il faut reconnaître aussi que la plus grande partie du clergé, secouant comme un affreux lien la règle et la discipline ecclésiastiques, se livre à de coupables passe-temps, voit mauvaise compagnie, se faufile avec des personnes suspectes, se donne des maîtresses, ne balance même pas à entrer dans les lieux de prostitution. Presque tous simoniaques, ils reçoivent l'argent qu'on leur offre, soit pour l'achat d'un bénéfice, soit pour satisfaire leur appétit désordonné de plaisirs, soit enfin pour prêter leur ministère à des actes contraires aux saints canons; les ecclésiastiques, vous le dirai-je, et je le fais en tremblant, sont sous la bannière de votre ordre, et professent les maximes avouées par l'église. Je dois avouer que, quant à leurs mœurs, les dogmatistes de Port-Royal ont une régularité bien préférable.

« Les évêques et archevêques de M..., de B...., de S...., de T...., de L...., de M...., de C..., de M..., de R....,'de P...., de V...., de L...., depuis.... d'A...., sont ceux que le scandale signale en première ligne. Il est rare qu'un jour se passe sans que je ne reçoive le procès-verbal de capture de quelque moine ou prêtre séculier. Le déportement des réguliers passe toutes bornes. Avant-hier on arrêta chez la Fillon, célèbre appareilleuse, M. de Morauchant, grand-vicaire de l'archevêché de B....; il avait amené avec lui un enfant de chœur, âgé de douze ans, un séminariste, âgé de seize, tous deux d'une figure charmante, et il livrait ces enfans à la féroce passion de deux infâmes courtisanes, qui, pour plaire au grand-vicaire, damnaient ces adultes en sa présence.

« Le commissaire n'osa pas le retenir, car il

se recommanda des ducs de Bouillon, ses parens; et fit surtout sonner bien haut le nom du grand-aumônier. J'ai vivement réprimandé le magistrat timide qui, devant le crédit d'un délinquant, avait ainsi méconnu les devoirs de sa charge. Hier dans un *lupanar* de la rue Jean-Pain-Mollet, on surprit six religieux, trois du couvent des Jacobins de la rue Saint-Honoré, les pères Urbain de Cerisy, Noël Brochaut, Louis Rimalhot, deux cordeliers de la grande Observance, les frères André Duval, Joseph de Lamyre; un carme de la rue Saint-Jacques, le frère Honoré Fillastre, tous six nus comme des vers, la tête coiffée du bonnet de filles, qui, nues pareillement, dansaient avec eux, et de leur côté, s'étaient entortillé le cou d'une partie du vêtement des moines.

« L'inspecteur et le commissaire qui firent cette capture furent à cette vue saisis d'une telle indignation, qu'ils voulaient emmener la bande ainsi accoutrée jusqu'à l'hôtel de la police; mais, par prudence, ils renoncent à causer un tel esclandre.

« Monseigneur l'évêque de L..... entretient deux filles à Paris, sans compter deux nièces qui font les honneurs de son palais épiscopal. Une nuit que le feu avait pris aux cuisines, dix ou douze individus, commensaux du logis, entrant précipitamment chez Monseigneur pour le prévenir, car l'incendie éclatait sous son appartement, trouvèrent son éminence couchée avec une de ses nièces et la femme de chambre de celle-ci.

« Le cardinal d'A....., pour éviter le scandale, ne s'adressa qu'à ses pages. Ses goûts sont connus en Europe, et quoiqu'il soit exilé de France, c'est à Paris, en Picardie, en Normandie, que ses recruteurs appareillent son sérail masculin. Une affaire affreuse, que mon prédécesseur étouffa, se passa de la manière suivante :

« Le cardinal d'A..... (de B.....) se promenant déguisé en habit de simple cavalier, avisa sur le pas de la porte d'un perruquier, rue Mauconseil, un jeune *merlan* (c'est le nom que les gens du peuple donnent aux garçons perruquiers) qui lui parut un véritable Adonis. L'éminence perverse entre dans la boutique, se fait faire la barbe, questionne l'adolescent, lui demande s'il voudrait entrer au service du plus grand seigneur de France; en un mot, fait une si brillante peinture au jeune homme de la nouvelle condition qu'il lui propose, que celui-ci voit déjà les cieux ouverts. Julien (ainsi se nommait le jeune merlan) reçoit de son éminence une adresse et un mot de recommandation pour celui qui doit le présenter à son nouveau maître. Cette adresse était celle du sieur Boletti, Italien, âme damnée du cardinal; le billet joint à cette adresse était signé d'un nom convenu entre l'Italien et le cardinal.

« Le jeune page va trouver le Florentin qui, d'une voix flûtée (c'était un castrat), le catéchise, le maquignonne, lui découvre peu à peu quel service on attend de lui. Étonnement, indignation, refus. Nouvelle attaque, promesses plus belles, enfin séduction. L'adolescent cède, mais avec des remords. Une nuit qu'il regagnait son lit, quittant celui du cardinal, Julien, en chemise, fut rencontré par un autre domestique. Celui-ci, indigné de la vie odieuse de son maître, imagina de jouer un tour à celui qui la partage. Cette nuit le ciel était en feu; il faisait un orage épouvantable. Le valet qui vient de surprendre Julien, se cache derrière le lit du malheureux garçon. Il s'est muni d'un porte-voix, et, après un terrible coup de tonnerre, embouchant son instrument, il fait entendre à Julien ces lugubres paroles : « Je suis envoyé de Dieu, et je te préviens que tu habiteras bientôt l'enfer, où tu rôtiras éternellement, si tu continues à te prostituer au cardinal!... »

« Julien, pris d'une sueur froide, se cache la tête sous sa couverture, et crut qu'en vérité Dieu lui parlait par la voix d'un messager céleste.

« L'orage continuait. Les éclats de la foudre

qui ébranlent la toiture de la maison, semblent à Julien un complément de la colère divine. Il croit entendre des voix qui, en expiation de sa débauche, lui demandent l'immolation de son corrupteur ; sa tête s'égare, il se lève, s'arme d'un couteau et court chez le cardinal.

« Le cardinal avait peur de l'orage. Il avait quitté son lit, et un de ses écuyers, autre débauché, ayant été appelé pour lui tenir compagnie, était venu tout habillé. A peine son maître le recevait et causait, que la porte secrète, attenant à l'alcôve du cardinal, s'ouvre violemment. Julien, armé, s'avance vers Emmanuel Godefroi..., et, brandissant son couteau, lui crie : « Ah ça ! il faut mourir, monstre qui m'as perdu ! » Cette menace, à couteau levé, épouvante le cardinal : son écuyer tire sa dague; il était courageux et robuste. Une lutte s'engage : l'infortuné Julien succombe ; il tombe, frappé de cinq coups, dont le premier était mortel.

« Il fut facile de calomnier la victime. Deux domestiques qui se trouvaient dans la cour, sous la chambre du prince, avaient, au milieu de ce bruit, entendu ces mots : « *Il faut mourir !* » On prétendit que Julien, ayant le désir de voler son maître, avait voulu profiter de cette nuit d'orage pour commettre ce crime, mais que le hasard ayant amené l'écuyer chez son éminence,

Julien, furieux d'être découvert en ses projets, s'était précipité sur le cardinal, et que l'écuyer, volant à la défense de celui-ci, avait tué l'ex-perruquier..... Mais pourquoi tant de coups inutiles ? On serait descendu à une enquête qui aurait, sans doute, amené de tristes résultats pour l'éminence ; mais le crédit de sa famille, le grand souvenir de son oncle, les dignités qu'il possédait, tout le secourut, et le mort fut déclaré le seul et vrai coupable.

« Le seul corps régulier et de mœurs irréprochables est celui des curés de Paris. Il est rare que parmi eux il se rencontre des prêtres poursuivis par le mépris public. Ce n'est pas que de temps à autre quelque mauvais sujet ne se glisse parmi eux ; mais il est rare que cela arrive. Dans ce moment, un seul curé attire la curiosité de ses paroissiens, et je vous le répète, celui-là, par malheur, est un partisan zélé de la Bulle. Une jeune fille a porté plainte à l'officialité contre lui, et s'est déclarée engrossée par ses œuvres. Lui a d'abord voulu se défendre par des moyens extrêmes, et a sollicité une lettre de cachet. Malheureusement, cette créature s'est trouvée être la fille de la blanchisseuse de madame la duchesse du Maine, et de plus, la filleule de cette princesse. Une si haute protection a nécessairement dû faire monter les enchères du curé qui paya par conséquent un désistement devenu au prix énorme de quarante mille livres. »

Nota. Ici se termine le feuillet. Le reste du rapport a été violemment arraché ; peut-être le retrouverons-nous dans quelque autre liasse.

CHAPITRE XVI.

Le curé de Croix-Daurade. — La famille de Siadoux. — Le boucher Cantegrel. — Un secret de la vie privée. — Le pénitent mystérieux. — Le souper de famille. — L'absence prolongée. — Le père rapporté. — Réminiscences de la famille. — Confession révélée de vive force. — Accusation. — Catastrophe inattendue. — Exécution du curé. — Evasion des frères Siadoux. — Lettres de grâce.

Au village de Croix-Daurade, banlieue de la ville de Toulouse, il y avait, en 1700, un curé, nommé M. Pierre-Célestin Chaubard, saint homme, aimé de ses paroissiens, estimé de tous ceux qui le connaissaient, et jouissant de cette considération que donne l'exercice de toutes les vertus.

Dans ce même village existait une famille, celle des Siadoux, divisée en deux branches. La première branche se composait d'un fils, Saturnin Siadoux, homme âgé d'environ soixante ans, père lui-même de trois garçons et de deux filles. Une veuve, sœur de Saturnin Siadoux, représentait la seconde branche. Cette personne avait atteint sa quarante-cinquième année; elle n'avait point d'enfans, et jouissait d'une assez bonne aisance bourgeoise. Affriandés de l'argent de la veuve, et même aussi de sa personne, car, pour son âge, elle était encore assez belle, plusieurs partis se présentaient. Mais la dona Mirailhe ne paraissait pas disposée à se remarier. L'affection qu'elle portait à Saturnin Siadoux, son frère, et aux enfans de celui-ci, était la principale cause de ses refus de prendre un deuxième époux.

Parmi ceux qui se présentèrent pour obtenir ce titre, un riche boucher de Toulouse, du nom de Cantegrel, homme rude, méchant, emporté, et capable de méchantes actions, faisait la cour la plus assidue à la dona Mirailhe. Celle-ci habitait Toulouse plus souvent que Croix-Daurade, parce qu'elle avait à y réaliser les sommes encore dues à son défunt mari. M. Mirailhe, de son vivant, avait été marchand fripier sur la place Saint-Georges. C'était là que le Cantegrel, logé rue des Pénitens-Noirs, se rendait chaque jour pour offrir ses soins à la veuve; il n'avait jamais été à Croix-Daurade, et le curé de cette paroisse lui était inconnu.

Mais malheureusement il ne connaissait que trop Saturnin Siadoux; il savait que celui-ci, pour détourner sa sœur du mariage proposé par le boucher toulousain, l'avait décrié, lui Cantegrel, et devait même aller à Narbonne chercher des renseignemens sur une union qu'on disait y avoir été contractée par ce Cantegrel avec une jeune fille de cette ville, où le boucher avait passé les vingt-cinq premières années de sa vie. Une telle résolution devait être d'autant moins agréable à Cantegrel que le fait était vrai. Sa femme que, par libertinage, il avait quittée, maintenant, de son côté, vivait maritalement avec un gros marchand de Béziers. Cantegrel ne craignait donc pas qu'elle divulguât le secret de leur premier lien; elle était aussi intéressée que lui à se taire.

C'était donc le plus malin tour que Saturnin Siadoux pût jouer à Cantegrel, que d'aller à la quête de cette aventure. A son retour, le mariage si ardemment poursuivi deviendrait impossible, et tant d'avantages perdus ne se retrouveraient pas ailleurs. Siadoux était parti pour Narbonne, comme nous l'avons dit. Cantegrel ne prévoyait que trop le résultat de ce voyage. Le boucher prit une résolution fatale, se met lui aussi en route pour Narbonne, mais trop tard pour empêcher Saturnin d'y apprendre tout ce qu'il allait y savoir ; assez tôt cependant pour l'empêcher de le rapporter à la veuve. Avant de rentrer à Croix-Daurade, Saturnin devait s'arrêter deux jours à Castelnaudary pour y voir un ami d'enfance, et son retour à Croix-Daurade était fixé au mardi 26 avril, vers le coucher du soleil. En conséquence, dans une lettre où il prévenait ses enfans de ce retour, il les chargeait d'engager à souper pour le même soir sa sœur, M. le curé et les sieurs Delguy et Cantagre, ses compères et affidés depuis long-temps.

Cedit jour M. Chaubard, curé de Croix-Daurade, bénéficier du chapitre cathédral et métropolitain de Saint-Etienne de Toulouse, s'était rendu dans cette ville et en cette paroisse pour affaires particulières. Il se trouvait par hasard seul prêtre dans la sacristie de Toulouse lorsqu'un bedeau, entrant, demanda si l'abbé de Mariotte était là. « Il n'y est pas, répondit M. Chaubard ; mais que lui veut-on ? — Oh !

c'est un homme bien pressé de se confesser. — Dans ce cas, dit le curé de Croix-Daurade, j'ai mes pouvoirs, voyons s'il voudra de moi. »

Il sort, il voit un individu inquiet, soucieux, oppressé; il le prévient de l'absence de l'abbé Mariotte. Le pénitent paraît charmé d'avoir affaire à un prêtre inconnu, et tous deux prennent le chemin du confessionnal... Quand M. Chaubard en sortit, il était pâle, ses traits étaient défigurés par les ravages d'un effroi et d'une douleur immense et subite.

Ce jour-là, c'était fête au village de Croix-Daurade, et dans la maison de Saturnin Siadoux on préparait un festin ; on attendait le père, les amis, le pasteur et la tante, qui arriva la première ; elle fut suivie de Delguy et de Cantagre. On mit la nappe ; le rôti était cuit, et le chien descendu de la roue. Cependant ni le père ni le curé ne paraissaient. Le jour avait été mauvais ; mais l'avant-veille, la pluie avait tombé par torrent. On pouvait croire que Saturnin Siadoux s'était arrêté en route ou avait été retenu, soit à Castelnaudary, chez son ami, soit à Mongiscard, chez un cousin. Aussi eut-on moins d'inquiétude que d'impatience.

Mais pourquoi le curé ne venait-il pas? Il était allé le matin à Toulouse (une lieue de distance), et en était revenu après-midi. On l'avait vu errer dans le village, entrer dans l'église, et Cantagre dit qu'il avait été frappé de l'air morne et chagrin de M. Chaubard.... Il ne le montrait pas. La nuit devenait profonde, la pluie avait redoublé de violence ; on n'espérait plus revoir aujourd'hui le chef de la maison. Les viandes se desséchaient au feu ; il fallait enfin souper. L'aîné des Siadoux se rendit chez le curé et le pressa de venir se joindre à *la troupe joyeuse.* Ce furent ses expressions.

A la vue du jeune homme, M. Chaubard frémit involontairement, ses traits se contractèrent, puis il s'excusa opiniâtrément de ne pouvoir quitter son logis. Thomas Siadoux insista pour l'emmener, et M. Chaubard se laissa entraîner. On le reçut avec des acclamations d'allégresse, mais qui n'eurent pas le pouvoir de le rasséréner. Sa contenance continua d'être sombre, embarrassée ; il soupirait fréquemment et se mêla peu de la conversation.

Celle-ci roula presque entièrement sur le voyageur. On calculait la distance qui le séparait de la famille ; on interprétait son regret d'être ainsi séparé des siens ; on conjecturait dans quelle maison amie il reposait en ce moment. A tous ces propos si naturels, si convenables, M. Chaubard demeurait comme étranger ou plutôt paraissait anéanti.

Delguy, la veuve Miraihe, plus libres avec M. Chaubard, qu'ils connaissaient depuis plus long-temps, le questionnèrent sur les motifs de sa tristesse. Le voilà, battant la campagne, se coupant dans ses réponses ou répondant de travers, enfin, surprenant de plus en plus ses amis, qui, de guerre lasse, le laissèrent retomber dans son humeur mélancolique.

Il se faisait tard. On se couchait de bonne heure au village de Croix-Daurade ; chacun, vers onze heures, rentra chez soi. Les enfans et la sœur de Saturnin Siadoux s'entretinrent encore, avant d'aller chercher le sommeil, de leur père et frère absent, de la morosité de M. le curé. Enfin, ils se séparèrent : la nuit se passa.

Le lendemain, le réveil de cette honnête famille fut horrible : voilà qu'un capitoul, M. Planet, un assesseur, M. Morel, en robe de cérémonie, des officiers de l'Hôtel-de-Ville, des archers et autres subalternes de justice arrivent à la maison de Saturnin Siadoux, escortant le cadavre de ce malheureux compatriote qu'on avait trouvé percé de onze coups de couteau et baigné dans son sang sur les bords de la rivière de Lers, où sans doute on avait eu l'intention de le jeter.

A la vue de ce corps sanglant, les fils, les filles,

la sœur de Siadoux s'abandonnent à la plus violente douleur.

Ce premier désespoir calmé, de concert avec eux, on dressa procès-verbal de l'événement. On prit tous les renseignemens propres à faire découvrir l'assassin ou les assassins. M. Planet (le capitoul), homme de sens, de mérite et fort estimé dans Toulouse, promit à cette famille désolée la justice qu'elle réclamait et se remit en chemin pour la ville.

Mais quel était le coupable? quel ennemi si acharné du malheureux Siadoux, auquel on n'en connaissait aucun, avait pu se livrer à cette exécrable vengeance? Car il demeurait prouvé que la vengeance seule, et non aucun autre motif, avait poussé le bras du meurtrier. Le cadavre n'avait été dépouillé d'aucun des objets de prix que portait Siadoux. On retrouva dans ses poches sa montre d'or, une timbale d'argent, douze écus de six livres au coin du roi, plus un quadruple d'Espagne d'or fin, et quelques piécettes de Barcelone, valant chacune environ une vingtaine de sous.

Cette particularité rétrécissait le cercle des recherches. Siadoux père était tombé victime d'un mal-vouloir. Le reste de la journée se passa en vaines conjectures; la nuit vint. Lorsque les femmes eurent été chercher le lit et non le repos, Jean, le plus jeune des trois frères, prit à part ses deux aînés et leur dit :

— Si nous ne connaissons pas l'assassin, il ne tient qu'à nous de le connaître.

— Comment ?

— M. le curé nous le nommera.

— Quoi! M. Chaubard?

— Oui! lui-même! Rappelez-vous sa répugnance à venir souper ici, sa contenance lors du souper. A-t-il dit un mot de notre père? Alors, oh! c'est qu'il savait ce qu'il était devenu. Dans la matinée, M. le curé était de bonne humeur; avant midi, je le rencontrai près la Pujade, il allait à Toulouse. Il m'attaqua de plaisanteries, me railla sur mes assiduités au moulin de Saint-Genice, et à son retour il était tombé dans cette rêverie dont aucun de nous n'a pu le tirer. C'est à Toulouse qu'il apprit le meurtre commis le jour précédent. Y a-t-il aidé? c'est impossible; mais en a-t-il reçu la révélation? cela est certain. Qu'il parle donc, et nous dise le nom du scélérat qui a tué notre père!

Louis et Thomas partagent l'idée de Jean. Sans perdre de temps, les deux frères puînés se détachent, vont frapper à la maison curiale. L'abbé Chaubard n'était pas couché; on le prie d'accourir dans un logis frappé de Dieu. La sœur du défunt, l'aînée de ses filles, cédant à l'excès de leur douleur, parlent de se donner la mort ; il leur faut les conseils de la religion. Le curé ne doute aucunement de ce qui lui est dit ; il endosse même un surplis pour donner plus d'autorité à ses paroles, prend une croix portative et suit ses conducteurs.

Arrivé à la maison des Siadoux, la scène change. Les trois frères, chacun un couteau à la main et devant un feu où bout une énorme chaudière pleine d'huile de lin, dont les Siadoux faisaient le commerce, déclarent au curé qu'on le sait instruit des particularités de la mort tragique de Saturnin Siadoux ; qu'on attend de lui une révélation claire précise, de ce qu'il sait, et que, dût-on, pour le faire parler, employer la violence et la torture, on ne reculera devant aucun moyen.

Le curé, épouvanté de ces menaces et frémissant à la vue de cette chaudière d'huile bouillante, dans laquelle il se voyait déjà précipité s'il ne consentait à ce qu'on lui demandait, oublia qu'il allait trahir le secret de la confession, ou plutôt le trahit, sachant qu'il commettait un sacrilége, car il en demanda pardon à Dieu au moment où il s'y résolvait.

Il donna l'explication suivante : Cantegrel, attaché aux pas de Saturnin Siadoux depuis Narbonne, n'avait pu exécuter son dessein jusqu'à

Castelnaudary. En effet, jusqu'à cette dernière ville, Siadoux avait été constamment accompagné; mais les muletiers l'ayant quitté à Villefranche, Siadoux avait continué seul son chemin. Comme il avait le Lers à traverser, il voulut faire boire son cheval. Il descendit donc de la berge. Cantegrel s'était alors précipité le long du talus, et, parvenu auprès d'un homme sans défiance et sans défense, il était parvenu à l'immoler facilement.

Mais le crime commis et la passion satisfaite, la vengeance éteinte au cœur de Cantegrel n'y avait laissé que d'effroyables remords. Pendant la nuit, il était rentré à Toulouse. Eperdu et craignant plus encore la colère de Dieu que celle des hommes, voulant d'abord se réconcilier avec le Juge suprême, il avait couru demander à l'église paroissiale de Saint-Etienne, son confesseur habituel.... On sait le reste.

Forts du témoignage de l'abbé Chaubard, les jeunes Siadoux, ne calculant pas les conséquences de leurs démarches, attaquèrent Cantegrel par devant le capitoul, l'accusant d'être l'assassin de leur père et soutenant une accusation des aveux de leur curé; mais dès que l'on eut appris de quelle manière cette révélation avait été obtenue, l'affaire aussitôt changea de face. Cantegrel, sans doute, fut arrêté, mis en prévention et poursuivi; mais on chercha d'autres témoins. Le Parlement évoqua la cause, décréta d'emprisonnement les trois frères Siadoux, et M. l'abbé Chaubard, curé de Croix-Daurade. Un jugement solennel et terrible intervint. Cantegrel fut condamné au supplice de la roue, comme convaincu d'être l'assassin de Saturnin Siadoux. Les trois fils de ce dernier, pour avoir arraché d'un prêtre le secret de la confession, furent condamnés à être pendus, et l'abbé Chaubard, curé dudit Croix-Daurade dut être brûlé vif, après avoir eu les membres rompus.

Cet épouvantable arrêt s'exécuta en partie. Cantegrel périt de la mort ordonnée. Toute la faveur que de pressantes et de puissantes sollicitations obtinrent pour l'infortuné curé, fut que le bourreau, avant de le jeter au feu, lui donnerait le coup de grâce sur la croix de Saint-André. C'était un coup de barre de fer appliqué par le bourreau dans la poitrine du patient, et qui étouffait instantanément celui-ci. On abrégeait ainsi son douloureux supplice.

Quant aux trois frères Siadoux, leur jeunesse, leur beauté, leur piété filiale inspirèrent un tel intérêt aux Toulousains, qu'une émeute aurait été à craindre le jour de leur exécution. Cette exécution n'eut pas lieu. Des mains amies et en nombre facilitèrent à ces jeunes gens le moyen de s'échapper de la prison des *Hauts-Murats* où ils étaient détenus. La ville tout entière tressaillit d'allégresse lorsqu'on sut que la fille du geolier, n'ayant pu résister à l'amour que lui avait inspiré un des frères, s'était généreusement offerte à ménager leur fuite, ce qu'elle avait fait. Les trois frères, accompagnés de la jeune fille, purent ainsi gagner la vallée d'Andoire, sans avoir été trop vivement poursuivis. D'ailleurs leur cause paraissait être devenue celle de toute la province; on exécuta leur sentence en effigie, et ce fut le régent qui, vingt jours plus tard, leur permit de rentrer en France; mais ils ne purent reparaître à Toulouse, ni à Croix-Daurade, ni dans aucun lieu du ressort du Parlement de la province du Languedoc.

Comme ils vinrent habiter Paris, c'est sur un mémoire qu'ils adressèrent au marquis d'Argenson pour obtenir de ne pas être inquiétés malgré leurs lettres de grâce, que l'on a copié cette tragique histoire.

CHAPITRE XVII.

Maître Dumas. — L'homme extraordinaire et sa mule. — Mystère de ses visites. — La visite fatale. — Métamorphose étrange. — Disparition. — Le maréchal de Villeroy. — Le comte de Saint-Germain. — On retrouve le corps de maître Dumas. — Louis XV et les rose-croix. — Jonglerie soupçonnée.

Dans la maison dite de François Ier, rue de l'Hirondelle, à Paris, et où, je crois, a logé la duchesse de Châteaubriant, une des maîtresses de ce roi, vivait, au commencement du siècle (le dix-huitième), un homme prodigieusement riche, ex-procureur au Châtelet, maître Dumas. Sa famille consistait en un fils et une fille; la maison était complétée par une servante payée à douze écus par an; outre la cuisine, le service des chambres, le nettoyage des souliers, des hardes de ses maîtres et de toutes les parties de la maison, elle devait raccommoder, blanchir, repasser le linge fin, pétrir le pain et par-dessus aller quérir l'eau à la rivière; il lui fallait aussi soigner, panser et nourrir la mule dont maître Dumas et le sieur Eudes, son fils, se servaient tour à tour dans le cours de la semaine. La pauvre Margueriton suivait en plus mademoiselle Dumas quand elle sortait, soit pour entendre la messe et les offices à Notre-Dame, soit pour faire des visites dans le quartier.

Non seulement maître Dumas était riche, mais encore il avait la réputation de l'être. On ajoutait même qu'adonné à la magie, il était en commerce avec le diable; ce qui accréditait ce bruit, c'est qu'on ne le voyait jamais à l'église, qu'on ne lui connaissait ni confesseur ni directeur de conscience. Il lisait beaucoup et s'était fait disposer au haut de la maison une chambre où il allait examiner les astres, plus en astrologue qu'en astronome. Il dressait secrètement des thèmes de nativité, et nombre de personnes impies venaient nuitamment le consulter.

Chaque vendredi, vers trois heures précises du soir, maître Dumas montait à sa chambre haute et s'y enfermait à double tour; et tous les vendredis, pareillement, quelques minutes après que maître Dumas était monté dans cette chambre, on entendait, dans la rue, le trot pesant d'une énorme mule, s'arrêter devant le logis du vieux richard. Cette mule aurait été la plus magnifique mule du monde, si elle n'eût porté sur le côté gauche de la croupe une énorme blessure haute et sanglante qui faisait horreur à voir. Un cavalier de stature et de corpulence à ne pas faire déshonneur à la bête, chevauchait celle-ci; c'était un homme de mine fière et imposante, mais dont le front portait l'empreinte de trois blessures si rouges et si vives qu'on eût dit trois charbons ardens incrustés dans la chair; leur aspect épouvantait, et on détournait la tête à la vue du cavalier et de sa monture.

Tous les deux, depuis trente ans (Dumas en avait quatre-vingt-dix), venaient sans qu'on sût d'où, et partaient sans qu'on sût où ils allaient; car lorsqu'on avait voulu les suivre, et cela était arrivé assez souvent, on les avait toujours perdus de vue aux alentours du cimetière des Innocens. Lorsque le cavalier arrivait chez Dumas, la mule, sans être attachée, demeurait dans la cour de l'hôtel. Quant au cavalier, sans se faire annoncer, il volait tout droit à la salle haute où maître Dumas était enfermé, ouvrait, sans heurter, la porte doublée de fer en dedans et en dehors, s'enfermait, avec l'ex-procureur, passait avec lui une heure, puis redescendait seul, enfourchait la mule et partait au grand trot. Dieu sait où il il allait ! Maître Dumas quittait plus tard son cabinet, on ne l'en voyait sortir qu'aux sons de la cloche du souper.

Ce manége faisait jaser dans le quartier. Le fils de maître Dumas n'était pas jeune ; il avait cinquante ans. Chaque année on parlait de le marier, et cependant il demeurait célibataire, ainsi que sa sœur, âgée de quarante-cinq ans, dévote, accariâtre et intolérante.

Quant à maître Dumas, il se soutenait en état de santé extraordinaire. Aucune infirmité, aucune ride ne manifestaient aux yeux son grand âge. Il était alerte et vigoureux ; on disait même qu'il était libertin ; dans le quartier, une foule d'anecdotes scandaleuses se répétaient sur son compte ; on le savait très hostile à la vertu des filles, et plus d'une fois M. le curé de Saint-André-des-Arts lui avait fait publiquement affront de ses paillardises.

Un matin, *trente-un décembre* 1700, qui était

un mercredi, vers dix heures, on entendit dans la rue le pas lourd et rapide de la grande mule. Maître Dumas était dans son cabinet ordinaire. Comme de coutume, l'inconnu, après avoir attaché sa bête dans la cour, monte, sans s'informer à personne, au cabinet de maître Dumas et se présenta inopinément devant celui qui ne l'attendait pas, sans doute, car, à la vue de l'étranger, le vieillard poussa un cri horrible. Une discussion s'éleva entre eux, chacun parlait avec véhémence; la querelle dura longtemps. L'homme aux trois cicatrices partit enfin, et sa mule l'emporta avec tant de rapidité que les voisins prétendirent n'avoir pu les suivre des yeux.

Lorsque le vieux procureur descendit à son tour, ses enfans eurent de la peine à le reconnaître. Ce n'était plus ce vieillard vigoureux et ferme; la mort couvrait sa face livide, molle, ridée, cadavéreuse; ses yeux étaient éteints. Il dit à son fils et à sa fille qu'il ne dînerait pas avec eux, et bientôt il parut désirer remonter à sa chambre secrète : je dis *qu'il parut*, car il n'en put témoigner que le désir; son fils et sa fille durent chacun le prendre sous le bras et le hisser par un escalier que certes il ne pouvait plus redescendre qu'avec le même aide : on lui en fit l'observation, il dit alors qu'on vînt le chercher à quatre heures, et son fils, d'après son ordre, l'enferma à double tour dans la chambre, et en emporta la clef.

Que se passa-t-il dans cette chambre? Nul dès lors n'a pu le dire. A quatre heures, le fils Dumas vit entrer en son logis un audiencier, ami de son père; il pria celui-ci de monter avec lui pour l'aider à redescendre le vieillard. Ils ouvrirent la porte... entrèrent... la chambre était vide... maître Dumas avait disparu.

Dès ce moment on le chercha avec un soin extrême; on fit venir des ingénieurs, des maçons, des charpentiers, des menuisiers, des terrassiers; on sonda la chambre dans toutes ses parties, nulle trace ne se trouva d'une issue mystérieuse, et les investigations les plus actives de la police ne purent rien découvrir relativement à cet enlèvement extraordinaire.

Alors les soupçons tombèrent sur les enfans du procureur. Ils dépensèrent de fortes sommes pour prouver leur innocence, et l'un et l'autre moururent sans avoir la consolation d'obtenir quelques lumières sur le sort de leur père. Au reste le cavalier étrange, qui, pendant trente ans n'avait pas manqué de faire sa visite hebdomadaire, ne reparut plus, et l'on finit par oublier et ne plus s'occuper de cet événement. Néanmoins la mémoire n'en était pas complètement perdue, et cinquante ans après voici ce qui arriva :

Le maréchal de Villeroy, aussi ridicule que la plus sotte de toutes les nourrices, avait, au lieu d'écarter toute crainte superstitieuse de l'esprit de son élève, constamment entretenu l'imagination du royal enfant de stupides frayeurs sur le chapitre des revenans. Ces premières impressions ne s'effacent jamais. Devenu roi, celui-ci était encore à la merci du premier charlatan qui le voulait effrayer en évoquant dans un récit quelque scène terrible de fantômes.

Dans le nombre des histoires effrayantes que, dans son jeune âge, Louis XV avait le plus goûtées, c'est-à-dire dont il avait tremblé davantage, celle de la disparition du procureur Dumas tenait le premier rang. Souvent le roi avait pris plaisir à la raconter lui-même, et à juger de l'effet qu'elle produisait sur un auditoire complaisant. Un jour il la dit, en présence du comte de Saint-Germain. On connaît ce singulier homme, ses prétentions à une science surhumaine. Il offrit donc au roi de lui expliquer l'histoir de Dumas et d'en faire connaître les particularités demeurées secrètes. La marquise de Pompadour était là ; elle s'intéressa à la proposition du comte, pria le roi de permettre à celui-ci de révéler les choses mystérieuses qu'il prétendait savoir. Le cercle applaudit; le comte fut mis en demeure d'exécuter sa proposition.

— A l'instant même, Sire, dit-il en s'inclinant; je demande dix minutes, et Votre Majesté sera obéie. »

Alors, avec un très grand sérieux, il traça des lignes, écrivit des figures d'algèbre et d'astrologie, les étudia avec soin; et, avant que les dix minutes fussent écoulées, revenant au roi:

— Sire, dit-il, les ouvriers et ingénieurs qui ont cherché la trace du procureur Dumas, ou étaient gagnés par des gens intéressés à ce que cette trace demeurât ignorée, ou ne possédaient que bien médiocrement les connaissances nécessaires à leurs travaux journaliers. Voici ce qui s'était passé: dans un angle de la chambre, près de la porte d'entrée; une feuille du parquet est mobile, elle recouvre l'issue d'un escalier qui s'enferme au travers de tous les planchers et de toutes les murailles. A l'extrémité de cet escalier, on rencontre un caveau; c'est là que, descendu, grâce à une liqueur qui lui rendit ses forces, le procureur Dumas se retira, puis avala un puissant somnifère, et ne se réveilla plus.

— C'était donc le diable qui lui venait rendre visite?

— Sire, repartit le comte, que Votre Majesté se fasse rose-croix, et je me hâterai de soulever le dernier voile qui recouvre ce mystère. Mais, quant à présent, il m'est impossible de répondre à la question ; car, en le faisant, je m'exposerais aux plus grands dangers.

Le roi fit la grimace et ne questionna plus le comte ; cependant madame de Pompadour, que la curiosité pressait plus que le roi, écrivit au lieutenant de police. Elle lui mandait les révélations que le comte avait faites, et lui enjoignit d'ordonner la nouvelle et prompte vérification des lieux. On obéit, des procès-verbaux l'attestent ; on trouva la feuille mobile du parquet, l'escalier à vis, la chambre souterraine, et dans celle-ci, au milieu d'un grand nombre d'instrumens d'astrologie et de chimie, le cadavre encore vêtu de maître Dumas. Il était couché par terre, ayant à ses côtés une coupe d'agate brisée, et un flacon de cristal brisé également ; un des morceaux de ce flacon contenait encore un sédiment d'opium.

Cette jonglerie (car on a prétendu qu'elle avait été concertée entre la marquise, le comte et le lieutenant de police) grandit démesurément la confiance du roi en M. de Saint-Germain. Mais si en effet Louis XV fut joué dans cette aventure, la disparition du vieux procureur demeure inexpliquée.

CHAPITRE XVIII.

Le marquis de Coucy. — Substitution d'enfant. — Angoisses d'une mère. — Lequel des deux est l'enfant légitime. — La fausse Bohémienne. — Prédiction singulière. — Correspondance mystérieuse. — Deux lettres qui se contredisent. — Remarquable intelligence d'un épagneul. — Les galères et le voyage aux îles.

Le marquis de Coucy ayant mis son fils aîné en nourrice à Gonesse, l'y laissa pendant trois ans, ainsi que l'on faisait alors. Le jeune comte, à cet âge, rentré dans la maison paternelle, y fut traité en enfant chéri. Dès qu'il fut en âge de commencer ses études, on lui donna d'habiles professeurs; il fit de rapides progrès, et, à seize ans, il avait parachevé toutes ses classes; alors on le fit entrer à l'Académie.

Un jour qu'il s'y trouvait avec des Rohan, des la Trémouille, un Duguesclin et plusieurs la Rochefoucault, une femme décrépite, laide à faire peur, plus sale encore que mal vêtue, proposa à cette brillante jeunesse de leur dire la bonne aventure. Quelques-uns repoussèrent la devineresse, d'autres accueillirent son offre, entre autres le jeune Coucy. Elle prit la main à quatre ou cinq successivement, leur conta des billevesées et empocha leur argent.

Tous, pour se divertir, ceux mêmes qui n'avaient pas voulu faire l'essai personnel de ses mensonges, entouraient la diseuse de sorts. Quand ce fut au tour du jeune comte de Coucy de présenter sa main, il le fit. La vieille examina cette main plus long-temps que celles des camarades du jeune homme, et tout à coup la repoussant avec grande apparence de mépris, elle s'écria : « Arrière, vilain ! arrière, manant ! Je ne viens ici que pour parler à des gentilshommes et non pour dire la bonne aventure à un fils de paysan. »

A ces mots, un rire universel s'éleva; les uns se moquant de la vieille, qui devinait si bien ; les autres raillant de bon cœur leur camarade. Celui-ci ne savait s'il devait rire ou se fâcher. On apprit à la bonne vieille le nom et le titre de celui qu'elle prenait pour un paysan ; mais elle continuait de jurer ses grands dieux que le jeune Coucy n'était pas autre chose. La rumeur occasionée par cette querelle fut poussée si haut, que le capitaine de cavalerie, commandant l'Académie, intervint, et appelant un palefrenier : « Faites expulser cette femme ! » dit-il. « Ça une femme ! répondit le palefrenier, je gage que c'est un homme. »

Un autre valet d'écurie affirma avoir vu un individu, habillé en paysan, entrer dans une taverne, d'où, au bout d'un quart d'heure, il l'avait vu sortir déguisé en femme, et il prétendait que la diseuse de bonne aventure qu'on venait de chasser était précisément le même homme.

Le jeune comte de Coucy entendit indifféremment ces propos; mais, comme ils se rapportaient à une créature qui avait paru prendre plaisir à l'insulter, ils ne s'effacèrent plus de sa mémoire.

Six mois s'écoulèrent..... Un matin, le marquis de Coucy étant dans sa chambre, la marquise et lui s'entretenaient d'un projet d'union pour le jeune comte, leur fils. Ils désiraient le marier à une princesse de la maison de Lorraine. Au milieu de cette conversation un valet de chambre parut : c'était un frère du père de lait du comte, le serviteur que celui-ci affectionnait le plus; il s'excusa d'être venu déranger ses maîtres et leur annonça qu'un jeune homme très élégant, très gracieux, et qu'il avait idée de connaître, demandait à être introduit.

« Qu'il vienne, » dit le comte. L'étranger est introduit. Il est jeune et ne paraît pas avoir plus de dix-sept ans; sa taille est frêle et élégante, sa physionomie est expressive et gracieuse; il se tient bien, sourit bien, salue bien. Mais à l'ensemble de ses traits et de sa tournure, on juge aisément qu'un noble sang ne coule pas dans ses veines, c'est un homme qui ne vient point de la cour : il lui manque ce grand air qu'elle donne, ce ton exquis qu'elle apprend.

Le jeune homme paraît ému. Il tient une lettre qu'il présente au marquis. Celui-ci la prend, et l'inconnu tombe à genoux, cachant son visage dans ses mains : on dirait qu'il vient demander pardon de quelque grande faute. Voici ce que la lettre disait :

« Monseigneur, il y a seize ans aujourd'hui
« que, cédant à la criminelle sollicitation de
« ma femme, je commis un horrible crime dont
« je m'accuse et que j'essaierai de réparer, en

« partie, par ma révélation. Ce jour funeste,
« votre fils légitime fut enlevé de son berceau,
« et le mien mis à la place du vôtre. Depuis
« lors, cet étranger subsiste ; c'est le fils de
« Maurice Lesourd et Madeleine Ladaille, qui,
« dans votre hôtel, occupe la place ravie au lé-
« gitime héritier, et c'est celui-ci qui se livre aux
« travaux de la terre. Tant que ma femme a
« vécu, j'ai caché cette indigne substitution ;
« mais sa mort aujourd'hui ne me permet plus
« de me taire, et si je dois être puni, c'est sur
« moi seul que j'appelle la rigueur des lois. Je
« vous envoie donc, monsieur le marquis, votre
« véritable enfant. C'est lui qui vous remettra
« ma lettre ; rendez-lui la place qui lui est due ;
« je recevrai en retour le pauvre malheureux au-
« quel j'enlève une brillante existence. Puissé-je
« lui rendre en tendresse ce qu'il perdra en for-
« tune !

« Je suis prêt à soutenir en justice tout ce que
« j'avance ; j'espère que vous ne m'enlèverez pas
« votre puissante protection.

« J'ai l'honneur d'être, monseigneur, votre
« très humble, très respectueux serviteur,

« *Signé*, MAURICE LESOURD. »

Le marquis n'en pouvait croire ses yeux ; la marquise elle-même demeurait anéantie à la lecture de cette lettre; mais bientôt, cédant à l'impulsion de la nature, M. et madame de Coucy, relevant d'un commun mouvement le jeune homme toujours agenouillé, le pressèrent sur leur cœur, et dans cet épanchement leurs larmes se confondirent.

Une seule chose étonna le marquis, le style de la lettre. Le jeune homme avoua que celle-ci avait été écrite par un beau-frère de Lesourd, premier clerc chez un notaire de Paris. — C'est lui, ajouta-t-il, qui a déterminé Lesourd à cet acte de justice, c'est un excellent homme, digne de la protection de M. le marquis.

— Dis de ton père, répliqua M. de Coucy. Mais sa bonne action ne restera pas sans récompense. Dès aujourd'hui, je le nomme mon intendant. Le mien m'a demandé sa retraite.

Cependant la marquise, revenant de son enthousiasme, se rappelant les qualités, les hautes vertus de celui qu'on disait n'être plus son fils, sentit elle-même que pour lui enlever son état, il faudrait plus que la volonté du marquis. Celui-ci, de son côté, ressentit un furieux embarras; et le nouveau venu, qui se voyait déjà investi du titre de comte de Coucy, se vit arrêté par un obstacle dont on n'avait pas bien calculé la force: la prise de possession depuis quatorze ans. Comment, en effet, enlever au comte son titre, son rang, sa fortune? comment lui faire abandonner cette famille dont il était devenu membre? Rien en lui n'avait révélé l'infériorité de sa naissance; il ne ressemblait, il est vrai, ni à son père, ni à sa mère; mais ses traits étaient exactement les mêmes que ceux de son aïeul.

En ce moment, il entra dans la chambre; son air noble, l'affection respectueuse avec laquelle il embrassa en fils bien né le marquis et la marquise, enfin l'habitude de sincère amitié que ceux-ci avaient pour lui, les plongèrent dans une désolante perplexité. Il leur semblait cruel de lui apprendre inopinément ce qui se passait, et ni M. de Coucy, ni la marquise sa femme n'eurent le courage d'une explication devenue cependant indispensable. Le nouveau venu fut congédié; on lui remit une forte somme, et les époux lui déclarèrent qu'une enquête allait commencer.

Des hommes sages, des magistrats, des jurisconsultes furent mis dans le secret. La plupart déclarèrent que l'aveu du père nourricier ne suffisait pas; quelques-uns émirent une opinion contraire. La chose ne put rester cachée, elle éclata. Les partisans du dernier venu firent grand bruit de la façon méprisante avec laquelle un jour, à l'Académie, une devineresse avait repoussé le comte, en lui disant qu'il n'était qu'un roturier. Les gentilshommes présens certifiaient ce fait, ce qui lui donna une immense importance.

Le malheureux comte frémissait de colère à tous ces propos. Il aimait tendrement ses parens et s'effrayait de la pensée qu'il pouvait perdre leur amour. M. de la Rochefoucault, son ami intime, lui annonça le tort que lui faisait la scène de la Bohémienne. Depuis long-temps le comte avait oublié cette scène; mais, à cette occasion, toutes les circonstances dont elle avait été accompagnée lui revinrent à la mémoire, et, nécessairement, il ajouta à tout ce que l'on débitait le souvenir des propos des deux valets d'écurie : on les envoya chercher; l'un répéta qu'il croyait homme cette femme prétendue, l'autre affirma qu'au cabaret *de la Bonne-Foi, rue du Petit-Lion-Saint-Sauveur*, il avait vu entrer un paysan qui peu après était sorti déguisé en femme.

Le comte et ceux de son conseil se transportèrent à ce cabaret; ils n'eurent pas peu de peine à remettre le propriétaire sur la voie de ce qu'ils demandaient; mais lorsque le cabaretier eut suffisamment recueilli ses souvenirs, il déclara qu'un paysan de Gonesse, homme de sa connaissance, le nommé Lesourd, l'avait prié de lui prêter une chambre où lui Lesourd pût se déguiser ; et Lesourd lui avait dit qu'il usait de cette ruse pour mieux surveiller la conduite d'un élève de l'Académie, et qu'il avait été chargé de cette mission par les parens du jeune homme.

Cette révélation fit incident. Lesourd la combattit en disant que, pour mieux se punir de son infâme substitution, et préparer le triomphe de la vérité, il avait cherché à décrier à l'avance son propre sang. Cette raison parut mauvaise, et un tel manége ne plut pas. Cependant l'incertitude n'était pas encore résolue, lorsque la Providence, par un de ces miracles qu'elle emploie quelquefois, conduisit à la découverte de la vérité.

J'ai dit que, sur la recommandation du dernier venu, un beau-frère de Lesourd, clerc de notaire à Paris, avait été admis à l'emploi d'intendant chez le marquis de Coucy. Il y était installé depuis plusieurs semaines, et là il intriguait au détriment du premier possesseur du nom, et se récriait contre l'injustice de ceux qui ne voulaient pas reconnaître pour fils du marquis celui que Lesourd avait déclaré tel. Cet homme possédait un épagneul, charmant animal, plein d'intelligence et de gentillesse. La marquise se plaisait souvent à caresser cette mignonne petite bête.

Un matin, Romain (c'est le nom de l'intendant) travaillait avec le marquis. Une pièce d'écriture manquait; après quelques recherches, l'intendant la trouva, et, prenant texte de ce petit événement : « Mais d'ailleurs, dit-il, Fidèle (ainsi se nommait l'épagneul) trouve tout ce qui se perd, et, à mon défaut, il nous eût tiré d'embarras. » Ce fut l'occasion de donner un échantillon des talens de Fidèle. Romain fit un tour de chambre, cacha son portefeuille sous une chaise, puis, revenant et regardant Fidèle, se mit à se fouiller, comme en peine de quelque objet égaré. L'animal a compris les gestes de son maître, il parcourt la chambre, furète avec soin et activité, et bientôt revient, le portefeuille aux dents.

Le marquis de Coucy fit bravo, et, tout en caressant le brave épagneul, prend de sa gueule le portefeuille; une lettre s'en échappe, le marquis l'ouvre, y jette les yeux d'abord avec distraction, puis avec intérêt, et continue de lire dans une indéfinissable agitation; sa main tremble, son visage a pâli; il sonne. Un domestique paraît, reçoit un ordre que son maître lui transmet à voix basse; et, au bout de quelques minutes paraît un commissaire en robe. Il salue, et demande pourquoi il est mandé.

— Pour arrêter ce misérable, s'écrie le marquis, en désignant son intendant, et pour apposer votre signature au bas de cette lettre que je viens de trouver dans son portefeuille, et dont je vais vous faire la lecture.

La marquise prévenue accourt. « Ah! chère épouse, lui dit le marquis, Dieu a eu pitié de notre misère, l'imposture est dévoilée. Ecoute ceci ; c'est le ciel qui nous secourt. » Et il lut.

« Monseigneur,

« Je suis au lit de la mort, et à ce triste mo-
« ment je vous dois la vérité. Vous êtes mon
« bienfaiteur. J'ai été élevée dans votre maison ;
« c'est vous qui m'avez mariée, et c'est vous qui
« m'avez choisie pour nourrir le comte votre fils.
« Voici plus de trois ans que mon mari, égaré
« par une mauvaise pensée, me sollicite de faire
« passer notre fils Pierrot pour le vôtre, mais j'ai
« toujours refusé de commettre ce crime ; ce-
« pendant je crains qu'après ma mort cette ten-
« tative coupable n'ait lieu. Je vous avertis donc
« pour que vous la déjouiez si elle a lieu. Peu de
« temps après sa naissance, mon fils Pierrot
« tomba dans le feu. Cet accident a laissé des
« traces visibles sur ses deux cuisses et au bras
« gauche. Ces cicatrices serviraient à faire re-
« connaître qui est le nôtre et qui ne l'est pas,
« dans le cas où l'on voudrait faire passer Pier-

« rot pour l'enfant de M. le comte. Celui-ci, je
« l'atteste, ne porte sur son corps aucune trace
« de brûlure ; tous nos voisins peuvent rendre
« témoignage de ces faits.

« Je confie cette lettre à Romain, mon frère,
« et je le charge de vous la transmettre. Dès que
« vous l'aurez, faites venir mon mari, lisez-la-lui
« devant quelqu'un, et il renoncera à ses mau-
« vais projets. Mais, au nom de Dieu et du service
« que je vous rends, pardonnez-lui, et n'aban-
« donnez pas mon pauvre Pierrot, mon vérita-
« ble enfant.

« J'ai l'honneur, etc., etc.

« *Madeleine Ladaille*, femme Lesourd.

« Gonesse, ce 22 mai 1712. »

En fallait-il plus que cette lettre pour découvrir la fraude de Lesourd et de Romain? Ce dernier tomba aux genoux du marquis, demandant
miséricorde, rejetant sur son beau-frère tout l'o-
dieux de cette infamie, à laquelle, disait-il, Lesourd l'avait contraint de participer en employant
la menace. Lesourd, mandé à son tour, voulut
se disculper en accusant Romain de lui avoir
conseillé l'acte coupable de substitution. Et ces
deux fripons augmentèrent ainsi de plus en plus
leur faute. Ils finirent par avouer que le jeune

homme dont on avait voulu faire un Coucy était leur complice.

La police joua un grand rôle pour arriver à la manifestation de toute cette trame. Un acte de justice intervint. Lesourd et Romain furent mis aux galères, mais la marquise intercéda pour le jeune Pierrot. On lui donna quelque argent, et il passa aux îles. Là, ce détestable fripon continua à se dire comte de Coucy.

L'épagneul Fidèle devint le chien bien-aimé du véritable comte. Romain n'a jamais pu savoir comment la lettre de sa sœur, qu'il conservait précieusement pour dominer à jamais son neveu (dans le cas où celui-ci aurait été reconnu pour l'héritier des Coucy), comment, disons-nous, cette lettre avait pu sortir d'une cassette où lui Romain la tenait enfermée, et comment elle s'était placée dans le portefeuille où on la trouva. Il ne s'expliquait cette transmission que par un acte de somnambulisme. Romain était en effet sujet à cette double vie dans l'état de sommeil.

CHAPITRE XIX.

Entrée de M. de Machauld à la police, 1718-1720.—Sous quel point de vue les lieutenans généraux de police envisageaient cette place. — Soins que prend M. de Machauld pour réprimer les jeux. —Affaire de la déclaration de guerre à l'Espagne, en 1719. — Recherches faites par la police, pour découvrir les auteurs d'une déclaration réelle ou supposée du roi d'Espagne contre le régent.

Depuis que le marquis d'Argenson était monté de la place de lieutenant de police à celle de garde des sceaux, la lieutenance de police ne parut plus à ceux qui l'occupèrent qu'un moyen d'arriver à de plus hautes fonctions. Cette manière d'envisager cette magistrature se fortifia encore par l'exemple de MM. Berryer et de Sartines, qui de la police étaient parvenus au ministère de la marine. Mais si telle fut l'ambition de M. de Machauld, il n'eut ni assez d'intrigue, ni assez de crédit pour la faire prévaloir. Au sortir de sa place de lieutenant de police, il fut appelé à la présidence du grand conseil, et il n'avança plus en dignités. Son fils, plus heureux ou plus habile, fut successivement contrôleur des finances, ministre de la marine et garde des sceaux.

Le passage de M. de Machauld d'Arnouville à la police a été de trop peu de durée pour qu'il ait pu opérer de grands changemens et tenter beaucoup d'améliorations dans cette institution. Il n'en resta le chef que pendant deux ans, depuis le 28 janvier 1718 jusqu'en janvier 1720. Ses soins se dirigèrent néanmoins utilement sur les moyens de pourvoir à la sûreté et à la tranquillité de Paris, et à y faire observer les lois et les réglemens antérieurs. Un abus s'était introduit, que M. de Machauld combattit sévèrement. Les traiteurs, aubergistes, limonadiers et cabaretiers avaient fait de leurs maisons des sortes d'académies où se jouaient les jeux de hasard, prohibés par les ordonnances. Outre les inconvéniens ordinaires attachés à une pareille licence, il en résultait souvent des rixes, des disputes, des désordres où la police était obligée d'intervenir. M. de Machauld voulut y remédier, au moins en partie. Il interdit les jeux les plus dangereux, tels que le *hoca*, la *bassette*, le *pharaon*, le *lansquenet*, les *dés*, à peine de 500 livres d'amende et de fermeture, pendant six mois, des lieux où l'on aurait contrevenu à son ordonnance. Cette ordonnance parut le 18 janvier 1718. Plusieurs changemens survenus dans la police des ports furent dus à M. de Machauld, ou provoqués par lui, auprès du bureau de ville qui en avait l'attribution privilégiée.

Mais un événement politique appela M. de Machauld à d'autres occupations. Par une déclaration du roi, du 9 janvier 1719, le régent avait fait la guerre à l'Espagne. Plusieurs écrits parurent à cette occasion. On en vit un, entre autres, portant pour titre : *Déclaration faite par le roi catholique, le 25 décembre 1718*. La cour du régent en fut irritée. On y blâmait sa conduite; on l'accusait, dans cette pièce, d'une agression injuste.

La police fut chargée de se procurer tous les renseignemens possibles, sur les moyens employés pour introduire cette pièce en France.

Plusieurs membres du Parlement en avaient reçu des exemplaires par la poste. On a soupçonné la cabale du duc du Maine d'avoir trempé dans cette intrigue. L'imprimé fut dénoncé au procureur général, pour qu'il en fît poursuivre les auteurs. Le Parlement rendit un arrêt, le 15 janvier 1719, qui qualifiait cette déclaration de séditieuse. La police parvint à découvrir ceux qui avaient pris part à sa distribution. Quelques-uns furent mis à la Bastille.

Cette affaire eut des suites qui occupèrent le public et surtout la police, par les différens ordres de la cour. Le régent ne se borna pas à faire condamner l'écrit séditieux par le Parlement, et à en faire rechercher les auteurs et complices, mais encore il voulut que le duc de Berwick, qui commandait les armées françaises en Espagne, fût instruit de ce qui s'était passé en France. A cet égard, il lui adressa, le 27 août 1719, une sorte de plainte, sous le titre de *Lettre du Roi, écrite à M. le maréchal duc de Berwick, commandant en chef les armées de Sa Majesté en Espagne, au sujet d'un écrit qui a pour titre*, etc.

Et, entre autres choses, cette lettre disait « que l'écrit qu'on venait de répandre au nom « du roi d'Espagne, ne tendait à rien moins qu'à « faire révolter les troupes et à leur faire tour-

« ner les armes contre le souverain ; que le roi « n'avait commencé la guerre que pour avoir la « paix, etc. »

Il y avait loin de ces grandes affaires aux petits soins de la police à l'exécution des lois sur les mendians, sur la sûreté et la propreté des rues de Paris; mais c'est surtout en matière de police que les extrêmes se touchent. Le même officier poursuit indistinctement et souvent au même moment un conspirateur, un coupeur de bourse, un espion de cour et l'amant d'une fille de joie. M. de Machault ne fut cependant troublé, dans sa paisible administration, que par cette affaire du pamphlet d'Espagne, affaire à laquelle le Régent, toujours inconsidéré à sa façon, ne donna ni plus d'importance, ni plus de suite, que ce que nous avons dit. Les rois se raccommodèrent, et les intrigans ou dupes, qui les avaient servis, pourrirent oubliés, soit à la Bastille, soit à la tour de Ségovie.

Au mois de janvier 1720, M. de Machauld d'Arnouville alla prendre la place importante de premier président du grand conseil, qu'il occupa avec autant de sagacité que de vertu. Il mourut en 1750, âgé de quatre-vingt-cinq ans, étant né en 1665. Il laissa la réputation d'un homme intègre ; cette réputation s'est conservée dans sa famille.

CHAPITRE XX.

Entrée du comte d'Argenson à la police. — Faveur dont il jouit — Réglemens de police émanés de lui. — Mendicité. — Ordonnance de 1720. — Retraite de M. d'Argenson.

Les d'Argenson jouirent à la cour d'une faveur rarement interrompue, pendant tout le temps de la régence, et pendant même une longue portion du règne de Louis XV.

Nous avons vu le rôle que joua le premier d'entre eux. Son second fils, le comte d'Argenson, dont il est ici question, fut nommé lieutenant de police à la retraite de M. de Machauld d'Arnouville. Il occupa cette place depuis janvier 1720 jusqu'en juillet de la même année. Après une courte interruption, il fut rappelé à la lieutenance de police, en avril 1722; il en sortit en janvier 1724. Je vais m'occuper maintenant de la première époque.

Le comte d'Argenson était très jeune lorsqu'il fut appelé aux affaires publiques; c'était en 1696. Il fut d'abord procureur du roi au Châtelet; puis maître des requêtes et conseiller d'état. Mais le despotisme de Louis XIV ne permettait pas que la ville s'occupât de l'âge de ceux qu'il favorisait. Cette faveur, pour le public, devait équivaloir à tous les mérites. Le comte d'Argenson partagea celle dont jouissait son père, et ce fut pour lui un puissant moyen de s'élever aux hautes fonctions qu'il occupa, quoique bien jeune encore pour de telles grandeurs. Je n'entretiendrai pas le lecteur de toutes les places auxquelles il fut nommé, ni des différens emplois qu'il occupa; c'est de la magistrature de police seule qu'il doit être question ici. Je sais qu'il est en usage, chez certains écrivains, d'écrire, à propos de l'histoire d'un homme, celle du temps où il a vécu, et d'oublier même entièrement celle de l'homme pour ne s'occuper que de celle du temps ; mais je crois que c'est une assez mauvaise méthode. Je n'imiterai donc pas l'auteur de la *Biographie des lieutenans de police*. Il s'est occupé démesurément des guerres et des événemens qui précédèrent la guerre de 1748, parce que le comte d'Argenson fut ministre de la guerre pendant cette époque ; et il n'a pas dit un mot des actes et établissemens de d'Argenson, en tant que lieutenant général de police.

Je trouve de M. d'Argenson plusieurs ordonnances qui prouvent les soins qu'il donna aux fonctions de lieutenant général de police. Elles nous font connaître l'état de Paris sous son administration. La capitale était loin d'être encombrée de travaux de constructions, de roulages comme elle l'a été depuis, et surtout de nos jours ; cependant on s'y plaignait beaucoup des embarras causés par l'édification de maisons, dont les matériaux déposés sur la voie publique occasionaient de nombreux et fréquens accidens. Le magistrat de police fit à ce sujet rendre une ordonnance du roi le 22 mai 1720, qui contribua efficacement à l'amélioration de Paris et à la liberté de la voie publique. Cette ordonnance assujettit les propriétaires, architectes et constructeurs à des réglemens sages pour prévenir les accidens et les embarras dans les rues.

L'exécution de l'ordonnance du 5 mai 1720 sur les mendians occupa pareillement le comte d'Argenson pendant le temps qu'il fut à la police; elle est le type de celles qui ont été publiées depuis sur cette matière. On y lit :

« Que, comme il convient à la charité et à la
« justice de pourvoir à la subsistance de ceux des
« mendians qui par leur âge et leurs infirmités
« ne sont pas en état de travailler, Sa Majesté
« ordonne que les pauvres de cette qualité soient
« renfermés dans les hôpitaux déjà établis ou
« que Sa Majesté fera établir, pour y rester jus-
« qu'à ce qu'ils soient en état d'y subsister sans
« être à charge au public. »

Mais ces dispositions, puisées dans des vues de bienfaisance, n'étaient pas trop de nature à remplir l'objet qu'on indique. Que veut dire : *que les pauvres qui, par leur âge et leurs infirmités, ne sont pas en état de travailler, soient enfermés dans les hôpitaux (des prisons probablement) jusqu'à ce qu'ils soient en état de subsister ?* On ne dit pas de quelle manière on s'y prendra pour parvenir à les faire subsister par leur propre industrie, et de quels moyens les pauvres se serviront pour trouver à vivre au sortir des hôpitaux. On voulait se débarrasser des mendians, sans trop se soucier de ce qu'ils deviendraient.

La même ordonnance prescrit l'envoi ou l'exil des vagabonds et des gens sans aveu dans les colonies. Mais n'était-ce pas purger Paris pour infester les colonies? Et ne pouvait-on pas prévoir quels maux une population de ce genre devait apporter dans la contrée où on l'envoyait? Ce n'est donc pas sans raison qu'un des hommes d'état les plus éclairés, autrefois lui-même administrateur dans nos colonies, M. de Barbé-Marbois, a combattu un pareil système, « soit que « l'on considère la déportation dans nos établis- « semens coloniaux comme peine et comme « moyen de remédier à la mendicité. »

Des intrigues de cour, des événemens qu'il n'est pas de mon sujet de présenter, décidèrent la retraite du comte d'Argenson. Il quitta la lieutenance de police, que M. Taschereau de Baudry fut appelé à occuper. Nous parlerons maintenant de celui-ci, pour reprendre en son temps le gouvernement du comte d'Argenson.

CHAPITRE XXI.

M. Taschereau de Baudry. — Ordonnances sur les ports d'armes, sur les échoppes, sur les domestiques, sur les passeports. — Police des garçons imprimeurs. — Brochures ecclésiastiques. — Mesures pour en arrêter la distribution.

M. Taschereau de Baudry avait été chargé de plusieurs travaux sur les finances lorsqu'il fut appelé à la police en remplacement du comte d'Argenson. Comme c'était à regret que le régent éloignait celui-ci, et qu'il conservait le désir de le rappeler, on choisit pour lui succéder un homme qui n'intriguât pas, et que l'on pût renvoyer sans obstacles lorsque l'on voudrait rappeler son prédécesseur.

M. de Baudry remplit la place de lieutenant de police jusqu'en avril 1722. Né en 1675, il mourut en 1755, conseiller d'état, et âgé de quatre-vingt-trois ans.

On lui doit plusieurs ordonnances utiles, entre autres celle du 24 octobre 1720, pour la sûreté des habitans de Paris. Il y renouvelle les défenses du port d'armes, détermine l'heure à laquelle les soldats doivent cesser de vaguer dans les rues sans permission de leurs supérieurs, enjoint aux propriétaires et principaux locataires des maisons de tenir leurs portes fermées à huit heures du soir en hiver et à dix heures du 1er mars au 1er novembre, sous peine de 100 livres d'amende. Les marchands ambulans ou vendant dans les rues étaient un obstacle aux marchands vendant en boutique ; il prit les mesures convenables pour faire cesser, ou au moin diminuer l'effet désastreux de cette concurrence.

Aux époques dont il est ici question, une extrême tolérance pour les échoppes et les étalages dans les rues rendait souvent la voie publique impraticable. C'était à grand'peine qu'on pouvait approcher des maisons. M. Taschereau remédia beaucoup à cet état de choses. C'est encore à lui qu'est due la première ordonnance (16 octobre 1720) sur les domestiques sortant de condition. Elle leur défend, sous des peines de police, de sortir de chez leurs maîtres sans en avoir obtenu un certificat de conduite. Il leur est interdit, tant qu'ils sont en maison, d'avoir des chambres en ville. M. Taschereau régla, par une ordonnance du 29 octobre de la même année, le commerce de la marée à Paris.

Ce fut sous la magistrature de Taschereau de Baudry que parut cette ordonnance du roi, ou plutôt du duc d'Orléans, régent (29 octobre 1720), sur les passeports à l'étranger. Elle défend de sortir du royaume sans permission, *sous peine de mort*. Le duc d'Orléans, comme on voit, était peu ménager du sang des Français. Une ordonnance aussi détestable aurait dû faire de lui un objet d'exécration; il est vrai qu'il était autant haï que méprisé, et cela avec très grande raison. On accusait les actionnaires de la fameuse Compagnie des Indes, créée par Law, de sortir de France et de porter à l'étranger leur or et leurs richesses. Tel fut le prétexte de cette infâme et tyrannique ordonnance. Le Parlement, indigné de cette loi draconienne, fit quelques remontrances au sujet d'une aussi terrible pénalité. Il obtint que la durée de la défense serait bornée à deux mois, c'est-à-dire depuis l'époque de sa publication jusqu'au 1er janvier 1721. Au demeurant, le soulèvement contre le duc-bourreau fut si complet, que nulle part aucun magistrat ne voulut prêter son ministère à l'exécution d'une telle ordonnance. Elle resta en témoignage du bon vouloir des d'Orléans envers les Français.

Une mesure importante de la police de Taschereau, est celle qu'il prit contre les garçons imprimeurs. A tous propos ils quittaient leurs maîtres, et prétendaient ne travailler qu'aux conditions les plus ridicules. On en condamna plusieurs à des peines de police, et l'ordre se rétablit promptement dans cette portion importante de l'industrie.

Les querelles religieuses, ou plutôt ecclésiastiques, ne cessaient de produire des brochures et des livres où, jésuites et molinistes s'attaquaient et décriaient leurs principes réciproques et leur doctrine. Au lieu de laisser écrire et vendre en toute liberté ces rapsodies, de quelque côté qu'elles vinssent, le gouvernement, le 30 octobre 1721, rendit une ordonnance qui défendait le colportage de ces livres, à peine de confiscation, d'amende et de prison. Taschereau fut chargé spécialement de tenir la main à l'exécution de cette ordonnance. On n'y donnait pas pour motif la poursuite des livres de controverse, mais la prohibition des brochures contre les bonnes mœurs.

« Informé (y était-il dit) que la licence tou-
« chant l'impression et le débit des mauvais li-
« vres était parvenue à un tel point, que toutes
« sortes d'écrits sur la religion, sur le gouverne-
« ment de l'état et contre la pureté des mœurs,
« imprimés dans les pays étrangers, et parti-
« culièrement dans quelques villes du royaume,
« sont introduits par des voies obliques et dé-
« tournées dans Paris, et y sont distribués par
« des gens sans qualité et sans aveu, qui les col-
« portent dans les maisons particulières, dans les
« hôtelleries, les cabarets, les cafés, et même
« dans les rues, et qui les débitent à des étalages
« sur les ponts, quais, parapets, etc., etc., in-
« formé, de plus, que cet abus a fait de tels pro-
« grès, que ceux en charge d'y veiller n'ont pu
« en interrompre le cours, Sa Majesté, de l'avis
« de M. le duc d'Orléans, a fait très expresses
« inhibitions et défenses d'introduire dans Paris,
« par des voies subreptices et contraires à la dis-
« position des réglemens rendus pour l'entrée
« des livres, aucun libelle ou imprimé, sous les
« peines portées auxdits réglemens, etc., etc. »

Les suites de cette ordonnance furent de nombreuses saisies de livres et de brochures sur le gouvernement et les affaires publiques. Plusieurs colporteurs furent envoyés à Bicêtre, et d'autres à la Bastille.

Si on excepte la surveillance et l'exécution rigoureuse des réglemens contre les écrits défendus, Taschereau de Baudry prit peu de part aux affaires de l'état. Magistrat sage et ami de la paix, il quitta sans regret la place de lieutenant général de police que reprit M. d'Argenson.

CHAPITRE XXII.

Rentrée du comte d'Argenson. — Querelles religieuses. — Réglement sur les colporteurs et afficheurs.—Arrêt du 28 février 1723. — Réglement sur le commerce des approvisionnemens. — Duels. — Garde de nuit.

J'ai dit que ce fut à regret que le duc d'Orléans retira la police au comte d'Argenson ; comme cette retraite avait été le résultat d'une intrigue, dès que la face des choses eut changé, le comte fut rappelé à son poste. Il y rentra en 1722.

Les disputes ecclésiastiques étaient alors dans toute leur fureur. En ce moment, la bulle *Unigenitus* en était le texte ; en rentrant aux affaires, le comte d'Argenson, au milieu de ces débats ridicules, commença par provoquer l'émission d'un arrêt du conseil du 13 septembre 1722, contre les colporteurs. Il espérait par là prévenir la propagation des écrits qui alimentaient et maintenaient le désordre. Ce n'était qu'une extension à celui du 30 octobre, rendu sous son prédécesseur. Il prescrivit en même temps des réglemens pour les afficheurs ; il tint la main assez sévèrement à leur exécution.

Le fameux réglement pour la librairie et l'imprimerie de Paris, arrêté au conseil du roi (28 février 1723), devint l'un des points importans de la police des livres où se rattachèrent toutes les mesures prohibitives, consacrées par les ordonnances ; son exécution amena l'établissement de la direction de la librairie, à laquelle le comte d'Argenson fut appelé depuis sa sortie de la police, lors de la création de cette charge en 1737.

Dès sa rentrée à la police, un arrêté du 7 août 1722 lui avait attribué la connaissance des procès et différens qui pourraient naître entre les marchands forains, de bestiaux et les marchands bouchers, ainsi que tout commerçant et trafiquant dans les marchés de Sceaux et de Poissy. Cette importante partie de la police de Paris, en ce qui concerne les approvisionnemens, éprouvait, en son service, des obstacles que le réglement fit cesser. Le caractère des d'Argenson, dans leur carrière à la police, se fit remarquer par une attention qui ne demeurait étrangère à aucun détail, et améliorait ainsi l'administration. Rien ne leur paraissait indigne de leurs soins; ils savaient ce qui, dans une aussi grande ville, pouvait être nuisible ou utile; que chaque petite chose appliquée à une foule immense d'individus, acquérait de l'importance par le nombre des cas où il fallait en prévenir ou en diriger les effets.

C'est à cet esprit analytique que sont dues plusieurs autres mesures de police adoptées par le comte d'Argenson, sur ses avis, imitées par le gouvernement. Tel est l'arrêté du conseil du 4 avril 1723, portant réglement pour les fonctions des gardes de nuit sur les ports et quais de Paris, qui oblige ces gardes à veiller aux marchandises sujettes aux droits du roi, et à en empêcher l'enlèvement. Cet arrêté, en même temps qu'il assurait les droits du roi, prévenait aussi les vols sur les ports pendant la nuit; telle est encore une déclaration du 19 avril 1723, portant que les blés, froment et autres grains, ne pourraient être vendus, achetés ni mesurés que dans les halles et marchés.

L'édit contre les duels, renouvelé au mois de février 1623, était un autre genre d'attribution qui n'avait pas en apparence la même utilité. On savait trop bien que la passion de la vengeance, de l'honneur qui se croit outragé, ne pouvait être vaincue par la peur des châtimens ou de la mort; aussi, en tous temps, les fonctions de la police se sont-elles bornées, à cet égard, à envoyer sur les lieux quelque force armée pour saisir les armes et empêcher le combat, lorsqu'elle était instruite du terrain choisi par les adversaires. D'ailleurs, comment punir une action dont les premiers personnages de l'état donnaient eux-mêmes si souvent l'exemple.

Les poursuites contre les protestans étaient les fonctions les plus pénibles de toutes celles qui relevaient de la police. Déjà l'on préparait les mesures de persécution, qui plus tard parurent dans la déclaration du roi, du 14 mai 1724, mais dont l'exécution, à Paris, fut réservée aux successeurs du comte d'Argenson.

Le goût des lettres avait distingué le marquis d'Argenson; le comte les aima et les protégea non moins que son père, il avait été reçu à l'Académie des Sciences en 1736, il fut également reçu à celle de Belles-Lettres en 1749; le chancelier d'Aguesseau lui donna le département de la librairie en 1737. Il s'y distingua par ses égards pour les savans et les gens de lettres; il encouragea les entreprises littéraires, et notamment celle de l'Encyclopédie ; généreuse idée qui devait attacher son nom à ce monument, l'un des plus beaux de l'intelligence humaine.

Nommé ministre de la guerre en 1743, il conserva cette charge jusqu'en 1757; il fut aussi contrôleur général des postes, ministre de la maison du roi. Une disgrâce de cour, le brouillant avec la favorite, le contraignit à quitter ces brillans emplois; il ne s'en consola pas. Marmontel, qui l'avait beaucoup connu, nous apprend dans ses mémoires que le comte d'Argenson passa tristement le reste de ses jours en d'inutiles regrets du passé. Il mourut de chagrin en 1764, en même temps que madame de Pompadour, aux ressentimens de laquelle Louis XV l'avait sacrifié.

CHAPITRE XXIII.

Nicolas-Baptiste-Raoul d'Ombreval, septième lieutenant général de police.—Ordonnance de 1724, concernant la religion.—Rigueurs qu'elle prescrit. — Ses mauvais effets. — Création de la bourse de Paris. — Mendicité et ordonnances à ce sujet. — Réglement sur les jeux, les animaux errans, les fiacres et les affiches; sur les terres ensemencées. — Procession de la châsse de sainte Geneviève. — Caractère de M. d'Ombreval. — Sa mort.

La magistrature de M. Raoul d'Ombreval, qui ne dura que dix-huit mois, fut presque en entier occupée des pénibles soins imposés à la police par la déclaration du 14 mai 1724, *concernant la religion catholique*. C'était un véritable code d'intolérance et de persécutions. Elle suscita une foule d'ennemis au gouvernement, et ne contribua pas peu au triomphe de la philosophie par la haine qu'inspirèrent les rigueurs ordonnées au nom de l'Eglise.

L'autorité était jour et nuit aux prises avec les sectaires condamnés par la nouvelle loi. De tous côtés des réclamations, des plaintes parvenaient au lieutenant général de police, contre les arrestations arbitraires de ses agens; le clergé, saisi d'une sorte de male-rage, ne cessait d'invoquer la sévère exécution de l'ordonnance. L'espionnage fit de nouveaux progrès; il eut des lois moins pour la répression des désordres que pour la recherche des réfractaires. Les protestans furent soumis à la plus odieuse surveillance; et, loin de tenir compte des sages conseils du marquis d'Argenson sur les inconvéniens d'une inquisition pareille dans Paris, elle redoubla d'activité. Pourtant il fallut s'en relâcher en quelque point, et le clergé perdit en cette circonstance une partie de la haute considération qu'il s'était acquise avant de s'être montré le protecteur de pareilles mesures. La haine qu'on lui porta dès lors ne s'est jamais complétement effacée, et fut, lors de la révolution de 1789, la cause première de tout le mal dont il fut victime. M. d'Ombreval ne consacra pas tout son temps à cette pénible police, il trouva moyen de s'occuper aussi des intérêts et des besoins de la ville, véritable devoir d'un magistrat lieutenant de police.

Paris commençait à être le centre d'un grand mouvement commercial. Les développemens immenses du système de Law avaient répandu le goût de l'agiotage, en un mot, de toutes les spéculations hasardeuses; et partout on trafiquait de valeurs fictives, et on vendait sa maison pour acheter du papier de crédit; mais cependant ces négociations se faisaient difficilement, parce que les négociateurs et les banquiers n'avaient pas de lieu de réunion. Quelque mauvaises que fussent les spéculations à l'ordre du jour, un lieu convenable, où se pussent réunir à l'avenir les spéculateurs, était une chose désirable et nécessaire. M. d'Ombreval le fit comprendre au gouvernement, et un arrêté du conseil du 24 septembre 1724 institua l'établissement d'une bourse dans la ville de Paris, pour les négociations des lettres de change, billets au porteur, ou à ordre et autres papiers négociables, des marchandises et effets. Ce lieu était également affecté à traiter des affaires des commettans de l'intérieur et de l'extérieur du royaume.

Des changemens nécessaires ont été ajoutés à ce réglement depuis cette époque, mais il a servi de base et de principe à tout ce qui s'est fait depuis pour la police et les opérations de la bourse.

La répression des mendians était toujours imparfaite, et leur insolence et leur nombre la cause de beaucoup de troubles; j'en ai dit la raison. La déclaration du roi du 18 juillet 1724 ne remédia pas à cette inguérissable plaie. Les pauvres opposaient une résistance opiniâtre aux mesures de police contre eux; il y avait souvent des révoltes qui donnèrent lieu à la déclaration du 12 septembre 1724 sur le même sujet. Ce dernier arrêté attribuait au lieutenant général de police de Paris la connaissance de toutes rebellions exercées par les marchands.

Des ordonnances, des sentences contre les maisons de jeux, contre les particuliers qui, de nuit, laissaient vaguer les chiens dans les rues; la défense de faire afficher aucun imprimé sans une permission de la police, sous peine d'amende (20 avril 1725); une ordonnance fort étendue et fort sage sur les fiacres (6 mai 1725); une autre qui défend de passer sur des terres ensemencées, et d'y causer aucun dégât sous peine de cinq cents livres d'amende; enfin, plusieurs réglemens sur les halles prouvent assez que la magistrature de M. d'Ombreval ne fut pas sans quelque utilité pour la capitale.

La dernière période de cette magistrature fut marquée par une calamité publique : une grande sécheresse, qui ruinait les productions de la terre, avait fait renchérir excessivement les denrées potagères de consommation commune.

La confiance du peuple de Paris dans l'intervention de sa patronne lui donna l'idée d'une procession solennelle en l'honneur de sainte Geneviève. On décida de promener la châsse de la sainte en grande cérémonie. On espérait ainsi fléchir la colère céleste, et obtenir la cessation du fléau. Voici comment se passa cette cérémonie, elle caractérise l'époque et mérite de trouver place ici.

Le 27 juin 1725, les membres de l'Hôtel-de-Ville de Paris se présentèrent au Parlement, en disant « que les ordres qui avaient été donnés
« par la cour, pour la découverte de la châsse
« de sainte Geneviève, avaient été suivis de tout
« le zèle que l'on pouvait attendre de la dévo-
« tion du peuple (des prières de quarante heures,
« sans doute); mais que la piété des Parisiens
« ne paraissait pas satisfaite. Persuadés que le
« Père de miséricorde veut être glorifié dans ses
« saints, ils espèrent trouver par le secours de
« sainte Geneviève une ressource dans le malheur

« qui les frappe. Et dans cette vue, ils supplient
« très humblement la cour d'ordonner que la
« procession de la châsse de la bien-heureuse
« patronne de Paris soit faite en la manière ac-
« coutumée. »

Le Parlement décida en conséquence que la châsse de sainte Geneviève serait descendue et portée en procession, à laquelle assisteraient le Parlement, en robe rouge, ainsi que les autres cours et tribunaux, également en costume de cérémonie, pour obtenir la faveur du ciel.

La cérémonie se fit avec beaucoup de pompe ; tous les magistrats de Paris s'y trouvèrent, ainsi que tout le clergé des paroisses et les moines des couvens. La police fut chargée de veiller au maintien de l'ordre; elle s'en acquitta de manière à mériter les éloges que le Parlement, le clergé et la bourgeoisie lui accordèrent unanimement dans cette circonstance.

L'administration de M. d'Ombreval n'excita aucune plainte qui l'incriminât directement ; et, dans l'exercice de cette magistrature, il conserva la dignité et l'intégrité qui, d'ailleurs, ne sont pas inconciliables avec les fonctions de la police. Il cessa d'être chargé de celle de Paris au mois d'août 1725 ; il eut pour successeur M. Hérault.

CHAPITRE XXIII.

Réné Hérault, huitième lieutenant général de police.—Août 1735-janvier 1740. — Famille et entrée en charge de M. Hérault. — Guet de Paris.— Combat du taureau.—Nombreux réglemens de police. — Convulsionnaires du cimetière Saint-Médard. — Affaire du jansénisme. — Des nouvelles ecclésiastiques. — Francs-Maçons. — Ordonnances à leur sujet. — Naissance du Dauphin. Réjouissances publiques. — Jugement et supplice de Duchauffourd. — Réflexions à ce sujet.

M. Hérault, avait été procureur général au grand conseil et intendant de Tours, lorsqu'en 1725, il fut nommé lieutenant général de police. Il avait épousé, en secondes noces, la fille du contrôleur général des finances, M. de Séchelles. Il dut à cette union une grande fortune d'argent et un fils qui devint père de Hérault de Séchelles, avocat général au Parlement de Paris, et, plus tard, membre de la convention nationale.

Un des premiers soins du nouveau lieutenant de police fut d'obtenir un arrêt de la cour de Parlement, du 7 septembre 1727, pour régler les fonctions et obligations du guet en ce qui concernait la sûreté des habitans de Paris. Cette partie importante de la police avait été négligée, et Hérault pensa, avec raison, que pour en rétablir le service d'une manière stable, la police avait besoin de s'appuyer de l'autorité du premier corps du royaume.

Il s'occupa également de l'exécution du réglement sur la vente des comestibles et sur la propreté des rues. Il rendit plusieurs ordonnances à ce sujet, interdit, par celle du 25 novembre 1728, l'odieuse et barbare habitude du tir à l'oie vivante.

Plus tard, lorsque j'étais au département de la police municipale, en 1789, pareille défense fut renouvelée. Cet amusement avait lieu chez des aubergistes et dans quelques cabarets des environs de Paris. Ordre fut donné à la garde nationale de saisir les instrumens de ce jeu et d'amener devant les commissaires de police ceux qui en feraient usage. En cas de refus de la part des contrevenans, une amende plus ou moins forte était prononcée contre eux par des tribunaux de police. Cette amende atteignait aussi les cabaretiers et les aubergistes chez lesquels le jeu avait lieu.

Le même motif avait porté le département de police à interdire *le combat du taureau*, comme une école de meurtre et de barbarie qu'il était bon de ne pas offrir au peuple. Depuis, on a cru devoir changer d'avis, et la police aujourd'hui ne s'oppose plus à ces amusemens. Cette tolérance est-elle bonne ? Nous ne le pensons pas.

On doit à M. Hérault les bureaux de recommanderesses et des nourrices pour lesquels il obtint une déclaration du roi, du 1er mars 1727. Cet établissement si utile n'a pas encore reçu aujourd'hui toutes les améliorations et tous les développemens dont il est susceptible et qu'il réclame en raison de son importance. Deux mille nourrices, chargées du précieux fardeau des enfans nouveaux-nés de la capitale, viennent annuellement à Paris, sans y avoir un lieu commode et décent où elles puissent les recevoir de ceux chargés de les leur confier.

De nombreuses ordonnances relatives à presque toutes les branches de la police émanèrent de M. Hérault ; je citerai entre autres celle du 19 mai 1731, sur l'observation des fêtes et dimanches; celle du 22 juin 1732, touchant les accidens occasionés dans Paris par les conducteurs de chevaux et de voitures; celle du 25 août 1733, qui fait défense à toute personne, à tout marchand ou autre de colporter des marchandises de mercerie dans les cafés, hôtelleries et rues de Paris et d'en vendre ou d'en mettre en vente les jours de fête et dimanche; celle, enfin, du 24 décembre de la même année, qui semble être le type des mesures sur lesquelles fut basé, plus tard, l'établissement d'une police inquisitoriale.

Cette ordonnance prescrit à tous les fermiers de carrosses, messagers, rouliers et voituriers par eau et par terre d'inscrire les noms et qualité des personnes qu'ils transportent, et d'en faire la déclaration à la police.

En général, M. Hérault s'occupa beaucoup de la police individuelle et de ses investigations sur les personnes. Il en fit l'objet d'une attribution spéciale de la police, et augmenta le nombre des *observateurs* ou espions qui y étaient attachés.

Une ordonnance, du 20 décembre 1734, sur

les chambres et maisons garnies est une autre preuve de l'activité qu'il déploya dans cette surveillance.

Il fit un grand nombre de réglemens sur la police municipale, et il y apportait un soin particulier, ce qui est d'autant plus remarquable que l'époque de sa magistrature fut prodigieusement féconde en délits extraordinaires. Une manie dégoûtante en même temps que ridicule s'était emparée d'un grand nombre de gens qui, sous le nom de convulsionnaires, troublaient la tranquillité publique.

L'histoire en a consacré la mémoire. Les actes publics font connaître à quel point le scandale fut porté. L'ordonnance du roi, du 21 janvier 1734, en offre la preuve. On y lit « que Sa Majesté étant
« informée journellement de ce qui se passe dans
« la paroisse de Saint-Médard, et notamment
« à l'occasion des mouvemens et convulsions
« prétendues involontaires de différens particu-
« liers qui affectent de s'y donner en spectacle,
« aurait ordonné l'arrestation de plusieurs d'en-
« tre eux et leur comparution devant un nombre
« considérable de médecins et de chirurgiens,
« chargés de dresser leur rapport et porter leur
« jugement sur la cause et sur la nature de ces
« mouvemens et convulsions ; et que cet examen
« ayant été fait, lesdits chirurgiens et médecins

« ont attesté unanimement que lesdits mouve-
« mens n'ont rien de convulsif et de surnaturel,
« et qu'ils sont entièrement volontaires de la part
« desdits particuliers; d'où il résulte qu'on a cher-
« ché manifestement à faire illusion et surpren-
« dre la crédulité des peuples. Sa Majesté a jugé
« absolument nécessaire de faire cesser un tel
« scandale, où le concours du peuple est une
« occasion perpétuelle de discours licencieux,
« de vols et de libertinage. »

Le roi ordonna la fermeture du petit cimetière de Saint-Médard. Les scènes de folie cessè-
rent, et on se contenta de cette inscription en
forme d'épigramme, que l'on afficha sur la porte
du cimetière :

>De part le roi, défense à Dieu
>De faire miracle en ce lieu.

C'était dans ce cimetière que reposaient les cen-
dres du diacre Pâris, canonisé par les jansénistes, se croyant seuls en possession des clefs
du ciel.

Mais cette mesure d'ordre public ne remédia
qu'imparfaitement au mal des *convulsionnaires;*
ils trouvèrent appui même dans la haute société.
Des conseillers au Parlement devinrent en quelque sorte les associés de ces charlatans, en assis-

tant au spectacle de leurs fourberies. Il fallut donc encore que l'autorité s'en mêlât (1).

M. Hérault fut chargé des mesures de rigueur qu'il poussa trop loin et dont on se plaignit non sans raison. Il multiplia le nombre de ses agens, et fit un emploi abusif des ordres du roi, pour arrêter et conduire à la Bastille ceux qui lui étaient signalés comme ayant contrevenu à l'ordonnance royale. Ses perquisitions portaient la terreur dans toutes les familles. Ses nombreux espions pénétraient, même pendant la nuit, dans l'asile des citoyens, escaladaient les clôtures, enfonçaient les portes, ne respectaient ni âge, ni sexe pour arrêter, exiler, ruiner les fauteurs des convulsions. Parmi les exemples de rigueur ou d'abus de l'autorité, en voici qui sont aussi ridicules que barbares.

« Marie-Jeanne Lefèvre, sujette à l'épilepsie, éprouva en pleine rue un accès de ce mal ; on la traita de convulsionnaire ; elle fut arrêtée et renfermée à la Bastille. — Claude Larche n'avait pas plus de quatorze ans, lorsqu'accusé d'avoir contribué à imprimer un ouvrage contre la bulle,

---

(1) M. Carré de Mongeroi, conseiller au Parlement de Paris, osa présenter au roi le premier volume du recueil in-4° des gravures des miracles opérés par l'intercession du bienheureux Pâris. On l'arrêta au sortir du château de Versailles, et il habita long-temps une prison d'état.

il fut arrêté, détenu à la Bastille, ensuite mis au carcan et banni pour trois ans. — Une petite fille, âgée de sept à huit ans, appelée Saint-Père, fut, pour un pareil sujet, mise dans la même prison où elle resta plus d'un an. »

Plus la police se montrait acharnée à sa proie, plus les convulsionnaires et leurs fauteurs employaient de ruse et d'adresse pour se soustraire à l'action des ordonnances. Ils avaient des assemblées secrètes et mystérieuses. Il s'en tenait à Paris et dans le voisinage. Le château de Vernouillet, entre autres, près de Poissy, servait à des réunions de cette espèce. Celui qui les présidait, un certain abbé Laurent, fut découvert, traqué, arrêté et mis à la Bastille.

Un autre objet qui tenait à la même cause et ne donnait pas moins d'occupation à la police, était la distribution et l'impression d'un journal janséniste, publié sous le titre de *Nouvelles ecclésiastiques*. La fameuse *Correspondance secrète* ne donna jamais autant de travail à la police que ces nouvelles.

Cette feuille s'imprimait tantôt à Paris, tantôt à la campagne, dans des maisons particulières. Les presses qui la propageaient furent saisies dans des fours à pierre, dans des piles de bois à brûler, dans les bateaux de la rivière. L'argent des jansénistes, réuni sous le nom de la *boîte à*

Perrette, payait les dépenses que ces précautions entraînaient.

Dulaure, dans ses Opuscules historiques, nous assure « que des francs-maçons, qui s'étaient réu-
« nis dans une loge pour y célébrer la fête de
« l'Ordre, le 27 septembre 1738, furent arrêtés
« et renfermés au Fort-l'Evêque. »

Voici la vérité sur ce fait :

M. Hérault avait, le 14 septembre 1737, rendu une sentence au Châtelet, portant « que, sur le
« rapport à lui fait par le commissaire de police
« Jean de Lespinay, il s'était transporté à neuf
« heures du soir chez un traiteur de la Rapée ;
« qu'il y avait vu un grand nombre de person-
« nes ceintes, la plupart, d'un *tablier de peau*
« *blanche*, et le cou entouré d'un *cordon de soie*
« *blanc* portant à son extrémité soit une *équerre*,
« soit une *truelle*, soit un *compas*, soit enfin di-
« vers outils de maçon ; qu'une table était dres-
« sée dans un vaste salon, sur laquelle il vit ran-
« gée une grande quantité de couverts ; qu'un
« nombre considérable de laquais et de carros-
« ses, tant bourgeois que de place et de remise,
« étaient à la porte ; que le commissaire de Les-
« pinay ayant rédigé procès-verbal de tout ce
« qu'il avait vu et entendu chez le traiteur où
« se tient l'assemblée, lui, lieutenant général de
« police, avait rendu à l'audience une sentence

« qui condamne ledit traiteur à 1,000 livres d'a-
« mende et à la fermeture de son cabaret. »

Ainsi, il n'y eut aucune arrestation cette fois, et Dulaure s'est trompé.

La naissance du Dauphin donna lieu à des réjouissances publiques. M. Hérault rendit à ce sujet plusieurs sages ordonnances relatives au bon ordre et à la paix publique. Le prince dont il s'agit était S. A. R. Louis Dauphin, fils de Louis XV, mari de Marie-Josèphe de Saxe. Cette princesse est morte en 1767, et son époux mourut en 1765. Il fut père de trois rois, Louis XVI, Louis XVIII et Charles X.

Les cérémonies et réjouissances eurent lieu de la manière la plus brillante. Les habitans de Paris manifestèrent une véritable joie de cet événement, qui eut lieu en 1729.

Ce fut sous M. Hérault et par lui que fut prononcé le jugement de Duchauffour, accusé et convaincu du crime de sodomie. On condamna Duchauffour en appel à la Tournelle (chambre du Parlement) à être brûlé vif en place de Grève.

Je dois faire remarquer ici qu'à l'époque où fut rendue cette sentence, Paris comptait et la police connaissait plus de vingt mille individus qui offraient des exemples du vice pour lequel Duchauffour montait au bûcher. On voulait un châtiment public; il tomba, non sur le plus criminel, mais sur le moins protégé des coupables; c'est la règle, et c'est à ce titre que le même peuple peut se flatter d'avoir plus de vertu que les grands. Le bourreau travaille à ce que cela soit. La pédérastie ne peut être à la longue qu'un vice de grands seigneurs.

La magistrature de M. Hérault fut fort occupée, et l'une des plus longues de celles qui ont présidé à la police. Il la quitta en 1740 pour la céder à M. de Marville, que le roi y nomma.

CHAPITRE XXV.

Cartouche.

Il existe dans l'histoire d'un pays des événemens d'un ordre inférieur, mais qui n'en ont
pas moins de notoriété, dont la chronologie ré-

gulière ne saurait appartenir qu'à la police. Par exemple, pour tracer la vie des grands capitaines de l'argot, ces héritiers des truands et des mauvais-garçons, héritiers eux-mêmes des Bohémiens et des anciennes compagnies franches, que le licenciement rendit à leur génie aventurier; pour les suivre pas à pas sur le terrain historique, il ne faut espérer de Tacite que parmi les espions. A la police seule peuvent se contrôler les anecdotes de cette catégorie; car il faut être sur le champ de bataille pour en écrire les bulletins. Dans la série des faits que nous allons parcourir, les traditions populaires sont, la plupart du temps, faussées, exagérées, incomplètes. On prête à celui-ci le trait de celui-là; on confond les temps et les dates, le fantastique s'en mêle, et, dans les veillées du bagne, l'esprit de corps des voleurs exagère les proportions des illustres devanciers dont les narrateurs suivent les traces : c'est de l'émulation vers la potence.

Nous rétablirons les légendes, fallût-il arracher du Panthéon des coquins quelques-uns de ces demi-dieux de la canaille; et, cependant, pour ne pas attrister nos lecteurs par un ton de rigorisme, ici fort déplacé, nous rendrons en même temps justice aux qualités de cœur et d'âme dont ces héros n'étaient pas si profondément dépourvus, qu'il n'eût été complétement impossible, dans d'autres temps et sous un meilleur ordre de choses, de les diriger vers le bien. Nous croyons à la force du caractère, sans croire à la prédestination pour l'échafaud; c'est au législateur à profiter des hommes, et non à les tuer. Nul doute que Mandrin n'eût fait un excellent capitaine; tous les maréchaux de France n'ont pas été de son étoffe.

Le fameux roman de *Manon Lescaut*, sorti de la main d'un abbé qui ne jeta pas son froc aux orties, mais qui le traîna bravement partout, doit être, pour ceux qui cherchent à reconnaître les traits principaux d'une époque, le tableau de celles qui servit de scène, et peut-être même d'excuse, aux différens personnages dont nous allons parler. Ils ne valurent pas mieux que leur temps; ils en furent les fils bien légitimes. Les laquais, on le sait, singent leurs maîtres, et les petits imitent les grands; la cohue se modèle invariablement sur les gens qui se mettent en étalage. Le gibet (je ne parle pas du ton) est la plus forte de toutes les nuances entre les uns et les autres. Suivez sous la plume de l'abbé Prévost, les caravanes du chevalier Desgrieux, flexible et fidèle adorateurs de l'inconstante Manon, bonne fille, mais si semblable à beaucoup d'autres, qui n'aimait peut être pas le vice, mais qui préférait le vice à la misère; assistez à ces orgies de brelans, à cette vie parisienne de tripots et de hasards; entre les Turcarets de l'époque, facilement enrichis, facilement dévalisés, et les gardes-du-corps désœuvrés, battant le guet, se battant l'un pour l'autre, et quelquefois entre eux, pour se tenir en haleine; voyez les oisifs que l'on traîne en chaise à porteurs, gens de famille, chamarrés de dentelles, infatués du madrigal; jetez à travers tout cela la joie d'avoir vu mourir le très bigot Louis XIV, pénitent cathéchisé par la prude Maintenon; et le système de Law, premier essai du crédit en France, essayé comme nous essayons tout, sans mesure; assistez à cette vie sans scrupule et sans frein, où la royauté donnait le ton, où des évêques entretenaient des danseuses, où des cadets de bonnes maisons et de bonnes manières, par avance déshérités, aigrefins qui portaient les plus beaux noms, couraient à la fois le bal et l'usure, filaient la carte et se posaient en roués à qui mieux mieux; et vous comprendrez, en les voyant avec plus d'indulgence, les vices et les passions des petits, expliqués par ceux qui déchaînèrent surtout l'imitation par l'exemple, et creusèrent un abîme où tout alla rouler et s'engloutir.

Parmi les aventuriers qui, dans les deux derniers siècles, ont écrit leur nom avec éclat dans les archives de la police, trois principalement ont mérité l'attention du public. Leurs noms se sont conservés. La populace des villes, des villages, des campagnes, connaît particulièrement les deux premiers, Mandrin et Cartouche; le troisième, c'est Poulallier. Je chercherai plus tard à compléter la biographie de ce dernier, et je le présenterai sous sa physionomie vraiment extraordinaire et curieuse. C'est de Cartouche que je veux présentement m'occuper. Voici ce que j'ai recueilli touchant ce personnage dans les divers dossiers qui le concernent.

Louis-Dominique Cartouche naquit à Paris, paroisse Saint-Louis, au Marais, le 12 janvier 1695; ses parens, honnêtes bourgeois, jouissaient d'une certaine aisance, ils en profitèrent pour le faire entrer au collége de Clermont. Cartouche, qui préférait les grands hommes de Plutarque à leur historien, avait plus de goût pour les mouvemens et l'intrigue que pour le calme et la monotomie des études. Il dut se dédommager de la contrainte à sa guise. La passion du vol, assez coutumière aux enfans, légistes fort mal habiles sur la distinction du tien et du mien, généreux par goût, fureteurs par manie, gourmands surtout, et qui commettent tant de pécadilles par amour pour les friandises, cette passion se développa chez lui rapidement. Le vol, chez les enfans soumis au régime avare du collége, et pillés par les maîtres qui s'enrichissent très volontiers aux dépens de leurs estomacs, n'est d'abord chez eux que le génie de la gourmandise, qui devient une fureur dès que l'enfant voit que ses précepteurs sont aussi gourmands que lui, et le haranguent pour lui retrancher ce vice qu'ils se réservent. Ajoutez-y le génie de l'intrigue et de l'ambition, votre fieffé gourmand, par la suite, doit devenir un hardi capitaine de voleurs, afin de se donner des plaisirs et des aises de roi. Rien n'est plus certain, et rien n'est moins avoué. Cartouche était né, sans doute, pour devenir officier de bouche dans la maison du monarque ; ses instincts méconnus dépravèrent sa destinée. Il enleva d'abord à ses camarades les plumes, règles, canifs, livres, et autres objets à leur usage, qu'il vendait pour acheter des chateries et des billes. Une fois il fit raffle sur tous les bonnets de coton du dortoir. On le soupçonna ; et, comme maladroitement il avait négligé d'emporter le sien, de peur de s'enrhumer probablement, cet oubli devint contre lui la plus terrible pièce de conviction. Ses camarades, pour premier châtiment, le bernèrent en dépit de sa résistance et de sa fureur. Bref, il fut rossé, mais comme un héros. Dans le nombre de ceux qui lui témoignèrent le plus de mépris, et lui donnèrent le plus de coups de poings, il remarqua le jeune Hector d'Orbessan, d'une noble famille de Guyenne. Il jura que d'Orbessan le lui paierait. Un autre condisciple, au lieu de prendre plaisir à le tourmenter, essaya de calmer la colère des écoliers; et le zèle que celui-ci mit à défendre Cartouche, fit naître une vive reconnaissance envers le jeune Ernest de Lusbert. Les petits revers forment les grands hommes. Cartouche venait de débuter; cette punition, c'etait le baptême de son avenir; avec un peu d'orgueil, il devait aller loin.

On voulait le chasser pour ce dernier méfait; son père sollicita tant, il fut si bien soutenu par le père Lachaise, lié, on ne sait pourquoi, avec cette famille (soit dit sans vouloir nuire au saint homme), qu'on fit grâce à notre polisson, en l'assurant néanmoins qu'à la première escroquerie il serait ignominieusement renvoyé.

Cartouche se tint tranquille pendant une couple de mois, mais la nature plus forte que la morale l'emporta. La gourmandise tenta le premier homme, elle tentera jusqu'au dernier des enfans. On avait envoyé au principal du collége plusieurs pots remplis de miel de Narbonne. Voir ces pots merveilleux, les convoiter, tenter de s'en emparer, devint le rêve, l'obsession, le califourchon, la fringale de ce pauvre Cartouche. Il oublia les conseils, et qui pis est, les taloches reçues. La mémoire est courte chez les enfans qui ont les dents longues. Mais comment arriver au cabinet du révérend père? un autre se serait vu dans un embarras mortel. Voici comment il s'y prit.

A cette époque, les plafonds revêtus de plâtre blanc étaient inconnus, à moins qu'on ne les chargeât de peintures. Ceux du collége de Clermont (aujourd'hui Louis-le-Grand) consistaient, selon l'usage, en poutrelles assez rapprochées l'une de l'autre, couvertes de planches, chargées au-dessus de terre et de tuiles servant de parquet à l'étage supérieur; celui-ci conduisait dans une suite de chambres vides, que le manque de pensionnaires laissait inhabitées.

Cartouche, en bon apprenti voleur, qui doit avoir le pied leste, l'œil au courant des choses et le tact des bonnes cachettes, était au fait des localités. Il se faufila dans le deuxième étage, crocheta trois portes avec un clou qu'il façonna, et arriva dans la salle, située au-dessus du cabinet du principal. Là, il enleva les tuiles, la terre, les planches, fit une ouverture où il pouvait passer; et, avec l'aide d'une échelle faite au moyen d'un emprunt préalable et sans bruit à ceux de ses camarades qui excellaient dans le talent de sauter à la corde, il descendit jusqu'au sol. Là, une fois parvenu, il hésita s'il forcerait le bureau où le révérend père tenait serré son argent mignon. La solidité de la serrure le tint en respect ; il prit seulement les trois pots de miel qu'il trouva les plus lourds, les attacha à un bâton lié à un cordon solide, et quand il fut remonté par la brèche, il les tira après lui. Cela fait, il reposa tout ce qu'il avait démoli, avec tant de soin, que des hommes de l'art eurent plus tard beaucoup de peine à reconnaître l'endroit où il avait travaillé. Un homme du métier n'aurait pas mieux fait. On ne sait pas tous les talens qu'il y a dans une passion bien caractéristique.

Dans les chambres inhabitées, il cacha soigneusement son butin, beaucoup plus important qu'il ne s'était imaginé, car sous une couche épaisse de miel, il trouva soigneusement enfermés dans des boîtes de porcelaine cent doubles louis d'or dérobés avec soin aux yeux indiscrets.

Pour un fin matois, qui rend cette justice à des écoliers, de les regarder comme une bande de voleurs, le révérend père avait commis une lourde gaucherie que de placer son or sous la sauve-garde de son miel. On peut être voleur et gourmand ; c'est dans l'ordre. Son trésor se trouvait entre deux feux : il devait y périr.

Ivre de joie, le fripon s'empressa de retirer l'or des trois pots, les regarnit de miel et attendit, non sans anxiété, ce qu'il adviendrait quand on aurait découvert le détournement de cette somme considérable.

Le jésuite, qui n'avait pas renoncé à Satan, à ses pompes et à ses œuvres, ne tarda pas à s'apercevoir de la mésaventure. Soudain le collége fut bouleversé. On s'étonnait que le principal fît tant de bruit pour des friandises, le bonhomme n'osant avouer la perte d'un trésor qu'il avait amassé à l'insu de la compagnie de Jésus. Le cas était louche pour lui-même, et ses tortures mal dissimulées amusaient tout le monde. Ses soupçons d'abord se portèrent sur les domestiques. Plusieurs furent arrêtés; leur innocence prouvée, il fallut en venir aux pensionnaires. Aussitôt on songea à Cartouche.

L'imprudence, naturelle à son âge, ne lui permit pas de conserver, sans en user quelque peu, l'or ainsi escroqué. Certaines dépenses, au-dessus de ses moyens pécuniaires, donnèrent l'éveil. Un reste de miel, trouvé caché sous sa paillasse, acheva de porter la conviction au cœur du religieux. L'indice était plus que suffisant, avec les antécédens du petit drôle. On a pendu pour moins des gens qui ne le méritaient pas; mais c'était pour le bon exemple!

Cartouche ne fut pas médiocrement étonné lorsque ayant été mandé dans le cabinet du révérend père, il y trouva comme un tribunal à dessein assemblé, le propre auteur de ses jours, M. Cartouche, honorable bourgeois de Paris, un de ses beaux-frères, le sieur Mitoufleau, gros marchand bonnetier de la rue Saint-Denis, dont madame Cartouche était la sœur, et le commissaire de police du quartier Saint-Jacques, non en robe, mais simplement vêtu d'un habit noir, venu là comme ami et point du tout comme magistrat.

Ce fut devant ce trio sévère que le principal se déclara volé, non seulement de trois pots de miel, bagatelle réparable, mais encore de cent beaux et doubles louis, somme très considérable alors. Il signala Dominique Cartouche comme auteur de ce mauvais coup et exhiba en preuve le relief de miel appréhendé dans sa couchette. Le polisson nia. L'oncle, sans cérémonie, fondit sur le neveu, le fouilla, et douze doubles louis, cachés dans la doublure de son haut-de-chausses, attestèrent la justesse des soupçons du principal. Le corps du délit était sonnant.

Le père, furieux, désolé, hors des gonds, pleurait, voulait tuer son fils, et en même temps demandait sa grâce.

« Je ne veux pas la mort du pécheur ! qu'il rende la somme dérobée et qu'il aille se faire pendre ailleurs. » Cartouche, épouvanté, confessa tout. Ses parens complétèrent la portion de la somme qu'il avait déjà mangée ou dépensée, et ce fut sous ces tristes auspices qu'il rentra dans la maison paternelle.

La vie qu'il y menait était peu agréable. On ne pensa pas à lui en faire un lieu de délices. Les rebuffades, les mépris, des doutes inquiets dès qu'il s'égarait quelque chose, des railleries contre lesquelles il s'aguerrissait au fond de l'âme, tout en ayant l'air de s'en affecter beaucoup pour ne pas prêter prétexte à des corrections vigoureuses ; voilà pour le moral. Mal mené, mal vêtu, n'ayant jamais un sou pour ses menus plaisirs, se voyant préférer ses sœurs, ses frères ; cet intérieur lui devenant insuportable, il essaya de s'en affranchir. Ses dispositions pernicieuses le mirent rapidement en rapport avec une multitude d'escrocs, d'aigrefins, de grecs, de chevaliers d'industrie, de débauchés, de bandits de tout genre, devenus ce qu'il était devenu lui-même, par le même caractère et les mêmes causes extérieures ; bons amis entre eux, ligués contre tout le reste, affranchis de scrupules et d'autant plus habiles à méditer et à exécuter de bons coups de mains, qu'un instinct véhément de rancune les groupait dans la même pensée. La coalition se forma. D'abord, Cartouche apprit à filer la carte, à escamoter les dés, à voler au jeu, puis à surprendre le mouchoir et la bourse aux poches des bourgeois inattentifs. En ce temps-là on volait encore le mouchoir. Les marchands y ont mis bon ordre; les mouchoirs n'en valent plus maintenant la peine. C'est un progrès dans les mœurs.

Par degré, grandissant en malice, car il avait de l'esprit, il s'associa à une bande de tirelaines qui tardèrent peu à comprendre l'importance d'une semblable recrue. On admira son courage, son adresse, l'habileté de ses escamotages, les ressources de son imagination inventive, son intrépidité dans les mauvaises affaires, son effronterie dans les cas embarrassans; il avait plutôt dix expédiens qu'un seul dans les momens de crise; tout le génie de l'ancien argot semblait s'être résumé dans sa tête! En conséquence, on le consulta, on l'écouta, on le servit volontiers, et il n'avait pas atteint sa vingtième année, que déjà il était en mesure d'obtenir la réputation du premier voleur de Paris.

Sa famille, nécessairement, ignorait encore cette gloire funeste. On le voyait hypocrite, on le croyait corrigé, ou sur la voie de l'être. Il devenait moral à vue d'œil et gredin consommé. L'attendrissement gagnait ses parens, et l'on se félicitait de l'avoir assommé de bons avis, car il les répétait lui-même avec l'onction la plus pathétique. « Si j'avais eu de l'indulgence, disait le père, Dominique aurait fini par le gibet. »

Dès ce moment, les bons soins lui revinrent. Cartouche comprit que, pour en venir à ses fins, il fallait abonder dans les idées des autres. Sur ces entrefaites, on parla de marier sa sœur; un jeune homme se présenta, magistrat, de je ne sais quelle juridiction subalterne. C'était le fils d'un traitant, jadis lié d'affaires avec l'ex-surintendant des finances Hemery, qui, comme chacun sait, avait eu sa bonne part du dépouillement de la France, sous le ministère de Mazarin. Ce n'étaient pas là des mouchoirs et des montres! Avec Mazarin on procédait magnifiquement. M. Dusart jouissait sans remords de cette fortune paternelle, assurément mal acquise; mais il se lavait de tout sans doute sur le compte de son père, ou ne s'en inquiétait guère. Lorsqu'on lui proposa la main de mademoiselle Cartouche, (celle-ci était jolie), il en devint éperdument amoureux, et l'on parla, dans le style d'alors, d'allumer les flambeaux de l'hyménée.

D'autre part, Cartouche, presque étranger dans sa famille, ignorait cet événement prochain; mais les espions de la troupe dont il faisait partie lui ayant signalé le coffre du sieur Dusart comme bien garni, il résolut à faire dans ce coffre une large et royale saignée. C'était pain béni pour Cartouche de partager avec Mazarin. Une nuit, à la tête d'un détachement d'avides clercs de Saint-Nicolas, il escalade une muraille, traverse un jardin, brise une porte vitrée et pénètre, lui huitième, dans la pièce au rez-de-chaussée, où Dusart avait son coffre-fort. On instrumente contre celui-ci, on lime les cadenas ; on force les serrures, et Cartouche, qu'éclairait en plein la lumière de deux lanternes sourdes, travaillait avec le plus d'activité.

Dusart, quoique endormi dans la chambre voisine, avait entendu un bruit léger. Réveillé en sursaut, il s'était avancé à pas circonspects, et, au travers de la serrure, examinait l'acte de filouterie de ces voleurs, fort tranquillement du reste, car son coffre était vide : il cachait mieux son argent. Les gens dont la fortune vient du vol, ont toujours en mémoire le proverbe de la flûte et du tambour. Il voulait, avant que d'appeler du secours, essayer de reconnaître quelques visages parmi ceux des plus affairés qui se faisaient remarquer par leur adresse et leur zèle. Le signalement de son futur beau-frère fut celui qui se grava le mieux dans son souvenir. Peu après, ouvrant d'autres portes, il fit venir ses gens, mais non pas avec assez d'habileté qu'il ne donnât l'éveil aux chercheurs de trésor. Presque tous prirent la fuite, hors un qui maladroitement fit une chute et se cassa la cuisse. Il n'y a pas de bataille, pas de *Te Deum* même, sans estropiés. Ce sont les chances de la gloire.

Peu de jours après, eurent lieu les fiançailles de mademoiselle Cartouche. Le père crut devoir prévenir son fils aîné de ce qui se passait et le convia à la cérémonie ; mais il ne put obtenir du jeune homme qu'il allât faire la visite d'usage au futur beau-père dont il ne voulut même pas savoir le logement. Quant au nom, ou bien il l'avait oublié, ou peut-être même ne connaissait-il pas celui de la personne contre laquelle avait été dirigée la tentative de vol. Cartouche était fort insouciant sur les affaires de sa famille, et l'on s'en inquiétait peu. On ne se faisait pas honneur d'un garnement ; on ne le produisait qu'à contre-cœur et pour la forme. Tout le monde sait ce que c'est que les réconciliations de famille : c'est de la trêve en attendant la guerre. Sans insister sur ce point, on peut déjà pressentir ce qui devait résulter de tout ceci.

La grande soirée venue, la compagnie rassemblée, le futur présent et auprès de sa future, le père Cartouche prend son fils aîné, traverse le cercle, et, allant à M. Dusart, le lui présente. Les bougies illuminaient si bien la physionomie pillarde de Dominique Cartouche et la circonstance de l'autre nuit l'avait si bien décalquée dans la mémoire du conseiller du roi, que celui-ci, à l'aspect de son beau-frère, recule d'un pas, ses bras ouverts retombent, un demi-cri lui échappe, cri qu'il achève en voyant auprès du jeune homme un des autres pillards, ami de cœur de Dominique et que, très étourdiment, Dominique avait invité pour se distraire avec lui des corvées sentimentales de la fête.

Le futur, troublé, se croit presque dans une caverne et au pouvoir d'une troupe de brigands; c'est à peine si la présence de ses propres parens le rassure. Il feint une indisposition subite; il sort, il ne rentre pas; et, peu après qu'il est parti, M. Cartouche reçoit, par un billet, l'annonce de la rupture du mariage, motivée sur l'acte coupable de son fils aîné. Il paraît que M. Dusart ne voulait pas cumuler et entrer dans une seconde famille de voleurs; la sienne lui suffisait. Les grands méprisent les petits et les font pendre quand ils les attrapent, et c'est fort bien vu.

Si Cartouche ne s'était dérobé, par la fuite, à la colère de l'honnête bourgeois, qui, par amour de la vertu, tomba dans un accès de fureur, la gloire de Cartouche n'aurait pas eu d'historien. Son père l'étranglait net. Cartouche préféra les chances d'une carrière plus aventureuse aux risques trop clairs de ce moment. Le masque levé, renonçant aux siens, c'est-à-dire à sa famille, car il garda ses amis, il sortit de la capitale, et d'abord exploita la campagne, pillant les fermes, les maisons isolées, attaquant les voyageurs sur les routes.

Devenu lieutenant d'une troupe nombreuse, il se promenait de nuit sur la levée de la Loire, avec son capitaine, quand ce dernier lui dit en riant :

— Sais-tu, Cartouche, que tu pourrais facilement arriver à la tête de la compagnie ?

— Comment ?

— Je ne sais pas nager, et si tu me jetais à l'eau, je serais noyé sans rémission.

Il fallait avoir bien soupé pour lancer une plaisanterie de ce genre-là.

Cartouche fit un bond.

— Parbleu, l'ami, tu me donnes une idée ; il est gaillard qu'elle vienne de toi !

Cette réponse n'était pas achevée que Cartouche, ayant frappé le capitaine d'un coup de poignard au cœur, l'avait poussé dans la Loire ; les camarades crurent ou non, lorsque Cartouche leur conta pathétiquement un mensonge, à sa vive douleur sur l'événement qui les privait de leur capitaine. Les talens de Cartouche ne leur permirent pas d'en choisir un autre. Devenu chef, il les soumit à des règles sévères ; il se réserva la dictature. Une discipline rigide régna parmi ces mécréans. Il les organisa d'une manière supérieure; et les vols, les coups de main, les attaques, nocturnes, le pillage des coches, les meurtres reprirent leur train avec une effrayante rapidité. Les liens de Cartouche avec la société venaient de se rompre; il acceptait la responsabilité d'une lutte dont il ne pouvait plus sortir qu'à la façon de Romulus et des grands hommes du *De Viris*.

Un jour qu'il traversait la plaine Saint-Denis, il fut frappé de l'aspect pittoresque d'une maison de belle apparence. — A qui cette maison? demanda-t-il à un laboureur. — Au baron Hector d'Orbessan, répondit-on.

Ce nom, faisant vibrer la fibre des vieux souvenirs de Cartouche, lui rappela cette scène de collége où ce même gentilhomme avait pris tant de plaisir à le berner. La partie lui revenait.

Au coup de minuit, avec sa troupe, il fondit sur le château de M. d'Orbessan. Maîtres et gens dormaient; les ouvertures enfoncées, on entra. Cartouche, se réservant sa victime, contraignit un valet à le conduire à la chambre du baron. Celui-ci, par bonheur, veillait avec l'un de ses amis. Le ressentiment, quand il s'exalte est inhabile; avec plus de sang-froid, Cartouche consommait sa vengeance. Le bruit de l'attaque, en avertissant du péril, avait facilité les moyens de le conjurer. Armés jusqu'aux dents, retranchés dans la chambre avec des fusils et des munitions, le baron et son ami soutinrent un siége que la rage de Cartouche ne put conduire à fin. Le jour se levant, les voisins accourant, il dut partir; mais, auparavant, il jura guerre à mort à M. d'Orbessan, et, en se retirant, il tenta d'incendier le château. Depuis et en diverses autres circonstances, il renouvela cette même tentative d'assassinat, ce qui força son adversaire à le combattre à son tour. Plus tard, la lutte alla fort loin. Mais n'anticipons pas.

Par le même esprit de mémoire qui le portait à se venger, Cartouche n'oubliait pas les services rendus. On se rappelle que dans la circonstance où naquit son inimitié contre Hector d'Orbessan, il avait été secouru par un autre condisciple, Ernest de Lusbert.

Nous avons dit la rage implacable du chef de bandits; nous dirons sa reconnaissance. Nous ne sommes pas obligés d'être justes à la manière de ceux qui ne voient qu'un des côtés de la médaille. L'équité vis-à-vis des gens de l'étoffe de Cartouche serait de ne les pendre qu'après leur avoir donné le prix de vertu.

Des éclaireurs de la bande avaient la tâche de s'informer des maisons riches où l'on pouvait tenter de bons coups. Une d'elles, bien désignée, servait de demeure à un riche traitant, le sieur Lacour-des-Chiens, homme de finance bien connu de ceux qui ont lu des mémoires de cette époque. Cartouche dressa un plan de surprise contre ce richard; mais soit qu'il eût été vendu, soit que Lacour-des-Chiens se sachant cousu d'or, se tint sur ses gardes, les voleurs trouvèrent à qui parler; reçus vigoureusement et malmenés, ils durent prendre la fuite. Cartouche, vivement poursuivi, courut de toits en toits, de galetas en galetas, jusqu'à une assez longue distance de cette maison malencontreuse, mais sans rancune pour cette brutale réception, car, après tout, ce sont les chances de la guerre. Les voleurs ont cela de bon qu'ils n'en veulent pas à ceux qui les ont frottés de main de maître; c'est bien assez d'en vouloir à ce qu'ils ont. En cherchant à trouver un escalier le long des combles de la dernière maison qu'il atteignit, il aperçut, par une de ces fenêtres ouvertes, à proximité d'une galerie, un homme ayant près de lui une table chargée de papiers qu'il lisait attentivement, et à ses côtés un sac de peau d'Espagne éventré et d'où sortaient plusieurs pièces d'or, ce qui faisait croire qu'elles pouvaient se trouver en nombreuse et brillante compagnie.

Cartouche était trop vigoureux, trop bien

armé, trop passionné pour l'or, ce métal représentatif de toutes nos voluptés vénales, voluptés qui tentent les uns et les autres, sans considérer que tous n'ont pas le moyen de les satisfaire ; il avait déjà trop exercé sa valeur dans un bon nombre de prouesses pour s'effaroucher de la vue d'un seul personnage; il escalada donc lestement la fenêtre, pénétra dans la chambre sans détourner l'attention du lecteur, et il se préparait à fondre sur lui le couteau à la main, lorsque cet individu, détournant machinalement la tête, laissa voir à l'intrus prêt à le dévaliser la figure de son ancien et bien-aimé camarade de collége, Ernest de Lusbert.

A l'aspect d'un homme muni d'une manière de poignard, Ernest de Lusbert s'étant levé précipitamment, mettait l'épée à la main : « Eh quoi! Lusbert, s'écria Cartouche en abaissant la pointe de son arme, ne reconnaîtrais-tu donc pas le pauvre Dominique Cartouche? Il se souvient de toi, lui; ce n'est pas devant toi qu'il voudrait conserver cette arme. » Lusbert avait perdu de vue Cartouche depuis le collége, où sa réputation du gamin ne sentait déjà pas trop le baume ; il était sorti de Paris pour suivre la carrière militaire, et l'identité du voleur fameux avec son ex-condisciple ne lui paraissait pas bien constante : néanmoins, la réminiscence des filouteries d'enfance de celui qui réclamait d'anciens droits à son amitié, lui fit prendre assez froidement cette rapatriation équivoque. Cartouche, honteux de se mettre à découvert comme voleur, ou redoutant les préjugés de son ancien condisciple, prétendit se sauver par la rubrique d'une aventure galante, et sachant que la rue devait être gardée, demanda l'hospitalité pour le reste de la nuit.

On causa; l'ancienne familiarité reprenant le dessus malgré les scrupules, la franche camaraderie de collége se réveilla bientôt dans l'âme d'Ernest de Lusbert. D'ailleurs, il souffrait d'un événement trop récent pour ne pas bénir une circonstance qui le mettait à même de s'épancher dans le cœur d'un camarade. On n'est pas difficile en excuses dans ces sortes de momens; le noble jeune homme croyant Cartouche digne de son amitié, lui avoua qu'il était si malheureux, que cette nuit même il devait se détruire. A quelle occasion? La voici : Prêt à se marier avec une jeune personne qu'il aimait, un oncle de sa maîtresse l'avait chargé, le matin même, de faire en son nom un recouvrement de deux mille pistoles. L'argent reçu, il l'emportait, lorsqu'un de ses amis l'ayant rencontré, avait voulu se charger d'un des deux sacs. En route, cet ami, sous prétexte de parler d'affaires à un procureur, était entré, nanti de mille pistoles, dans une maison de mauvaise apparence, et une heure après, au moment où de Lusbert, perdant patience, commençait à prendre des soupçons dans les regards indiscrets de ceux qui semblaient étonnés de le voir là, un valet était venu lui apporter une lettre où l'ami disparu lui disait qu'ayant trahi l'amitié en exposant au lansquenet la somme dont il devait se considérer comme le simple dépositaire, il le prévenait que de ce pas même il courait se jeter dans la Seine.

« Je lisais pour la troisième fois cet écrit fatal, continua Ernest de Lusbert, en cherchant à douter de ce double malheur contre lequel j'étais de tout côté sans ressources, lorsque je sentis qu'on me frappait sur l'épaule; je me retournai vivement et me vis face à face d'un autre oncle de ma prétendue bien-aimée, qui, en riant, se mit à me dire : « Ah, ah! compère! vous fréquentez le coupe-gorge de madame de Livray; dès lors je ne vous confierais pas mon coffre-fort, et je ne sais pas si mon frère fera bien de vous abandonner la belle dot de sa fille! vous mangeriez son patrimoine sur une retourne de six. J'en suis au désespoir pour la belle, mais je ne serai pas votre oncle, mon bon ami. »

« Je me suis récrié, car le colloque et le fait ont eu lieu le jour précédent; j'ai juré que je n'avais pas mis le pied dans la demeure de cette misérable créature. L'oncle hochant la tête est parti sans vouloir être détrompé. Depuis, j'ai fait d'innombrables démarches pour me procurer les mille pistoles qu'on m'a ravies. Mes amis sont sans argent ou en voyage. Des juifs prendront des délais, et demain, avant dix heures, au plus tard, si je n'ai pas remis la somme à son possesseur, mon mariage est rompu; car l'oncle qui m'a vu au seuil de la porte de la comtesse de Livray, ne manquera pas de dire que j'ai porté la somme dans ce gouffre, et ma parole d'honneur ne le persuadera pas. Lorsque tu es entré, j'écrivais à ma future, à son père, à mes parens ce que je viens de t'apprendre, et ce soin pris, ce pistolet aurait terminé mon sort! » acheva-t-il en montrant une arme à feu que des papiers cachaient.

— En vérité! répondit Cartouche; eh bien! je remercierai chaudement le mari jaloux qui vient de me pourchasser si rudement, puisqu'il me procure le bonheur de servir le seul de mes condisciples auquel j'ai voué de la reconnaissance, et cela si aisément. C'est donc mille pistoles qu'il te faut?

— Oui, et si tu me les prêtes, tu me rendras la vie.

— Ecoute, prends cet anneau, et crains de le

perdre. A sept heures du matin, rends-toi rue Beaubourg; prends l'issue du côté de la rivière, compte neuf portes, à la dixième; entre dans l'allée; monte l'escalier jusqu'au cinquième étage; là, un pied de biche t'indiquera où tu dois heurter ou sonner; on ouvrira, on te demandera ce que tu veux. — M. Loiseau. — Dans quel but? — Lui faire voir cette bague. La vieille sorcière qui t'interrogera ne manquera pas d'examiner ce talisman avec un soin extrême, puis t'introduira chez un riche juif où j'ai déposé mes fonds. Il les fait valoir dans son commerce, et cela me rapporte gros. Parvenu donc à maître Samuel Diégo, Pères Raby, tu lui remettras ce mot que j'écris à cette fin. Dès qu'il l'aura lu, il te nantira sur ta seule reconnaissance, d'abord de mille pistoles, selon tes besoins, puis d'une parure de diamans, estimée soixante mille livres. Je l'ai eue en Angleterre, à la suite d'une partie de jeux, à si bon marché que je peux te la céder à dix mille livres tournois... Prends-la, tu t'en feras honneur auprès de ta femme. Elle a, te dis-je, une valeur sextuple au moins; quant au paiement, je place sur toi à fonds perdu; ou, si mieux tu l'aimes, tu me rembourseras à ta fantaisie et selon que cela te conviendra.

L'ancien ami, charmé de ce secours inattendu, se refusait à tout accepter; sa méfiance paraissait renaître; car l'élan lui paraissait plus généreux que les souvenirs de collége, si bons qu'ils fussent, ne lui donnaient lieu de l'attendre. Il y avait des *Mille et une Nuits* dans cette aventure. Cartouche alors lui dit :

—Cette nuit je t'ai dû la vie, on m'a poursuivi rudement, sans doute on est encore en embuscade, je ne sortirai même qu'à ton retour. Ne ferais-tu pas la même chose pour moi, si je te rendais le service que tu peux me rendre? Les amis sont rares, sur lesquels on puisse compter dans toutes les circonstances. Laisse-moi libre dans la forme de mes remercîmens.

Déterminé enfin à tout devoir à Cartouche, M. de Lusbert exécuta de point en point ce qui lui avait été prescrit. Le trésorier de la troupe lui remit les mille pistoles et les pierreries. Celles-ci provenaient d'un vol hardi fait par Cartouche en Angleterre à un nabab de la cité de Londres, qui les avait eues pour un morceau de pain d'un domestique chassé par l'ambassadeur.

A son retour, Lusbert ne trouva plus Cartouche, il s'aperçut même de la disparition de son plus bel habillement, dont notre voleur avait jugé prudent de s'affubler pour traverser impunément la rue.

« Ami, avait-il écrit, ce que je t'ai enlevé ser-
« vira de paiement pour tout ce qu'on a dû te

« donner en mon nom; si je meurs avant toi, tu
« feras dire mille messes à mon intention et nous
« serons quittes. »

Lusbert ne revit plus Cartouche, et ce ne fut que plusieurs années après la mort de celui-ci, et lui-même revenant de la Martinique où il était allé recueillir une succession, qu'il apprit la vie et les aventures de son bienfaiteur; il rendit aux pauvres l'équivalent de ce qu'il avait reçu, et en outre, pour les intérêts de la somme, il fit célébrer à diverses églises le nombre de messes funèbres que Cartouche avait fixées. Il est certain que les coquins sont des hommes extraordinaires sur le chapitre de l'amitié. Ce doit être surtout leur vertu, car comment tenir tête à la société sans cela?

Cartouche donnait aussi dans l'amour; ses aventures galantes sont sans nombre. Il revenait un jour de Lyon à Paris dans la messagerie, accompagné d'un voleur, son intime, son favori, son factotum, homme de tête et de bras, bon à imaginer et à faire, nommé Chorain.

Dans cette pesante voiture qui mettait habituellement huit ou dix jours à parcourir ces cent lieues, car les routes n'étaient pas à beaucoup près aussi sûres et aussi rapidement franchies qu'à présent, deux avantages qui marchent de front, se trouvait une jolie dame, la comtesse d'Arsème, Franc-Comtoise, disait-elle, riche, d'écus de bonnes manières, suivie d'une sorte de dame de compagnie. d'un grison, façon d'écuyer, de maître d'hôtel et de valet de chambre. Elle se plaignait amèrement de la barbarie de son père qui n'avait pas voulu qu'elle voyageât avec son carrosse, ses chevaux et ses gens. Elle aurait pu passer outre; mais fille dévouée, veuve soumise, elle exécutait au pied de la lettre les prescriptions filiales du quatrième commandement.

Cartouche ayant à choisir entre tous les noms que l'on peut composer avec les vingt-quatre lettres de notre alphabet, eut la fantaisie passablement téméraire de celui de choisir son irréconciliable ennemi, le baron Hector d'Orbessan, qu'il savait alors dans sa famille, au beau fin fond de la Guyenne. Le voilà donc paré de ce nom respectable et très épris de la comtesse d'Arsème qui trouvait spirituel, gracieux et beau cavalier, M. le baron Hector d'Orbessan.

Il faut que la supériotité donne naturellement ces sortes d'airs-là. Tous les brigands ont du gentilhomme. Les huit jours s'écoulèrent vite; le sentiment allait plus vite que la voiture; on s'aimait déjà lorsque l'on atteignit Paris. La veuve venait solliciter pour un procès à la grand'chambre du Parlement. Le baron, qui voulait ajouter outes les séductions à celle de sa propre personne, abattait des as sur toutes les cartes de la conversation. Il cherchait à faire emplette d'un régiment, il était las de servir dans les mousquetaires. Les comparaisons flatteuses ne lui manquaient pas, ni les prédictions. Il racontait une foule de hauts faits où la vérité se mêlait quelque peu, mais sur des proportions qui le présentaient à l'admiration de la belle comme un rival de la mémoire du maréchal de Turenne. Il fit plus d'une fois frémir la timide comtesse au récit des périls qu'il avait courus. La gloire agit terriblement sur les femmes. Du reste, il eut dans ses amours la continence de Scipion. Cartouche se disait peut-être que la maison de Montmorency, souche des plus vieux barons chrétiens, n'avait pas débuté d'autre sorte, et qu'un bon mariage étant, par le temps qui courait, un brevet d'impunité par son scandale même, pouvait laver des antécédens beaucoup plus graves. Toutes les invraisemblances se sont vues dans le monde; on peut croire tout.

Un mois après on s'entendait. On parla mariage. La veuve déclara ne pouvoir mettre dans la communauté, jusqu'à la mort de son père, que 500,000 francs comptant. Délicat comme un amant, et passant d'un trait sur la modicité de la somme disponible, le baron offrit pour gage ses terres d'Orbessan, estimées un million; de Castelpers, évaluées 800,000 francs; un hôtel à Auch, deux à Bordeaux, un à Toulouse. Un ami du marquis de Grammont, père de la comtesse, se présenta pour vérifier les titres. Les faux ne faisaient pas faute à Cartouche. Le vieil ami, notaire retiré, ne vit là que du feu, comme on dit proverbialement, et pas autre chose.

Le jour de la signature du contrat, et de la livraison de la dot en bons billets au porteur et pistoles trébuchantes, arriva. Les deux familles s'étaient réunies. Cartouche, pour composer la sienne, avait choisi les plus élégans de sa troupe, et les quatre ou cinq coquines les moins déchirées, parmi les maîtresses de ces braves, devinrent les femmes de qualité à opposer aux parentes de sa future. Il s'agissait d'entrer dans le nobiliaire français ou d'escamoter 500,000 francs. Toutes les alternatives étaient bonnes.

L'heure sonna. L'on était chez la comtesse. Les plus beaux noms de France étaient annoncés par le valet de chambre, quand un des hommes de Cartouche, venant à lui, l'air très ému, lui déclare qu'une duchesse de Montmorency, qui venait d'entrer, était positivement la très illustre Margoton, sorte de Sémiramis poissarde, connue par tant de facéties parmi les notabilités de la halle; d'un autre côté, le vicomte de Rochechouart, que le commandeur de la Trémouille, oncle de la comtesse, présentait au baron d'Orbessan, à la vue de celui-ci, poussant un cri d'épouvante, se recule, se démêle de la foule et s'échappe avec rapidité : c'était un ancien voleur, chassé de la compagnie par Cartouche, qui, pour lui signifier un congé plus définitif, avait promis de lui brûler la cervelle s'il le rencontrait jamais.

A ce nouvel incident, Cartouche ne doute plus du tour qu'on lui joue. Sa belle comtesse devait être quelque gredine échappée de Saint-Lazarre. On apporte la dot, on l'étale sur une table. Un tas d'or s'élève d'un côté, de l'autre ce sont les billets, les effets... On ne l'a donc pas trompé... Lui s'approche, étend la main, la remplit de louis, les pèse, les examine ; puis, les rejetant avec colère :

— Ils sont faux ! s'écrie-t-il.

— Faux ? répète l'assemblée.

— Oui, faux ! reprend-il, faux comme le sont les titres de ma future et de sa famille.

— Ajoutes-y, scélérat, comme le sont les tiens ! crie une voix inconnue à presque tous. Au même instant, un militaire s'avance, l'épée et le pistolet à la main : c'est le véritable baron Hector d'Orbessan. « Vile canaille ! poursuit-il, avez-vous eu tant d'insolence que de voler notre nom, ainsi que vous nous avez pillé notre argent! Comtesse, Cartouche est votre futur époux.

— Et toi, ta femme à venir est une infâme créature, qui va de ville en ville duper les sots et dévaliser les imbécilles. Vous avez bien fait de vous rencontrer, vous étiez nés l'un pour l'autre.

— Oui, j'ai été joué, répliqua le voleur; et pourtant je n'en veux pas à cette misérable, car elle me procure ce que je cherche depuis longtemps, le bonheur de t'arracher la vie. Tu es seul, et mes amis sont là; tremble, ta dernière heure a sonné!

— La tienne n'est pas loin! répond le baron. Penses-tu donc que je sois venu seul? À moi, soldats!

A ce signal, les laquais en livrée, les garçons de cuisine, ceux du limonadier, du tapissier, du décorateur, des gens qui semblent être là en amateurs, quittent leurs souquenilles. Ce sont des soldats du régiment du baron ou du guet de Paris. D'autres, en habit de guerre, la baïonnette au bout du fusil, garnissent toutes les issues; on tombe sur les bandits, n'importe le sexe, et ils sont emmenés.

Cartouche devait mourir, et cette catastrophe eût dramatiquement terminé sa vie; mais cette prétendue comtesse, dont l'histoire fournirait matière à un roman, parvint cette fois à l'arracher à sa prison. Un pareil auxiliaire était en effet le plus riche bijou de son écrin. Les grands fripons s'estiment, quand ils ont su se jouer réciproquement. La comtesse postiche se montra compatissante, et tous deux prirent de nouveau la clef des champs. On sait le reste. Je pourrais certainement prolonger le récit des aventures de Cartouche; mais je craindrais de répéter ce que sait le public.

CHAPITRE XXVI.

Mœurs du temps. — Le duc de Richelieu, mademoiselle de Charolais et mademoiselle de Valois.

« Monseigneur, en conformité de votre commandement exprès, je me suis attaché à éclairer les démarches de M. le duc de Richelieu ; je l'ai fait avec ce zèle dont je crois avoir fourni des preuves. Mais il y a des circonstances où l'obéissance est pénible, où souvent même elle devient périlleuse. Monseigneur, je me suis promis de vous tout raconter; je vous conjure seulement de ne pas me perdre, de ne pas faire retomber sur moi ce que je vais vous apprendre. Je suis père de famille, je suis votre créature; ne détruisez pas votre ouvrage, et ne voyez dans mon récit que le désir passionné de vous satisfaire complétement.

« Avec la haute recommandation du premier maître-d'hôtel de madame la duchesse du Maine, j'allai me présenter à M. Nourrissard, intendant de mondit monseigneur le duc de Richelieu. Je fus interrogé sur ma vie passée; mes certificats parurent excellens, et ce qui détermina mon entrée dans l'hôtel fut la révélation de ma double connaissance dans les langues allemande et espagnole. On m'arrêta comme troisième valet de chambre, au prix de cent écus qui est le taux pour cette première classe de domestiques. Je suis en outre logé, nourri, habillé et blanchi; j'ai deux bougies par semaine, trente sols de vin par mois, et le quart de la défroque de monseigneur me sera remis; le second valet de chambre a l'autre quart, et le premier de nous la moitié des pourboires; d'ailleurs, les gratifications sont fréquentes, soit qu'elles viennent du dedans ou du dehors. Néanmoins on dit monseigneur duc de Richelieu avare. Il est bien jeune à mon avis pour se complaire dans cette vilaine passion.

« Peu de jours après mon entrée, M. Norblin, notre premier, est tombé malade d'une fièvre lente qui, sans l'empêcher d'aller et de venir dans l'hôtel, le rend incapable de faire le service extérieur. M. le duc (Richelieu), qui a des égards pour ses vieux domestiques, a voulu, non que Norblin le quittât, mais qu'il ne s'occupât que de la garde-robe. Ses fonctions naturellement allaient à M. Léger, le second : ma bonne fortune en a décidé autrement. Celui-là, je ne sais pourquoi, a déplu à une noble dame que monseigneur visite assidûment; de sorte que toutes les fois qu'il faut aller au Palais-Royal ou à l'hôtel de Condé, c'est moi qui suis choisi.

« 12 mars..... Ce matin, M. le duc s'habillait, Léger et moi le servions lorsque le jeune Saint-Eurène, son page, est accouru tout essoufflé. Je ne sais ce qu'il a dit à monseigneur; mais celui-ci a aussitôt pris Léger à bras-le-corps, il l'a plutôt emporté que poussé dans le dégagement qui communique de sa chambre à la nôtre. Puis, se tournant vers moi, il m'a fait un double signe pour me recommander la discrétion, sous peine de la potence. Il peut être sûr que, hors vous, nul dans le monde ne saura par mon canal ses affaires.

« Dix minutes après, est entrée une marchande à la toilette ; mais si mal mise, tellement fagotée et couverte de crotte, qu'à sa vue, je me suis attendu à ce que M. le duc me commandât de la jeter à la porte. Lui, loin de là, s'est mis à courir vers cette dépenaillée, et, sans faire compte ni attention de mon ébahissement, s'est mis à genoux devant elle en lui baisant les mains dévotieusement.

« Je tombais de mon haut. Qui pouvait-ce être? Je ne savais sur quel nom m'arrêter, lorsque la dame se défaisant de sa calèche, de sa fausse perruque, de son mantelet et d'une foule de pretintailles dégoûtantes, m'est apparue belle comme un soleil. C'était mademoiselle de Charolais. Je ne m'étonnai plus de la génuflexion respectueuse : elle, sans s'occuper de ma présence, dit au duc, s'il ne la plaignait pas, qu'elle était horriblement fatiguée, et qu'un peu de repos lui serait nécessaire.

« — Que votre altesse commande ici comme à l'hôtel de Condé! N'est-elle pas souveraine maîtresse partout où elle se trouve ? Si pourtant elle m'en croyait, on vient de mettre des draps blancs à ce lit, elle pourrait y sommeiller une heure ou deux.

« — Et qui m'habillera ? a-t-elle répondu.

« — Qui ? moi, mademoiselle ! grâce à l'amour, je sais servir de camériste aux dames.

« Là-dessus, elle riposta par des propos à double sens. Lui me fait signe de m'éloigner. Je sors par la porte du salon que monseigneur ferme à double tour.

« Il n'y avait pas six minutes que ceci s'était passé, lorsque je vois revenir au pas de course, ce démon de page, toujours en sentinelle ! Je ne sais où j'étais demeuré dans le salon à m'amuser des folies d'un petit singe que feu madame la duchesse de Bourgogne lui avait donné : mon maître en rafole. Je l'ai un jour entendu rudoyer le petit Arouet, qui a tant d'esprit, parce qu'il avait fouetté Mona (nom de la bête), en punition de ce qu'elle lui avait déchiré de vilaines manchettes. Mon maître et ce monsieur faillirent à se brouiller ; ce fut le duc de Sully qui les raccommoda.

« Je regardais donc les simagrées de ce singe, lorsque, vous ai-je dit, le page reparut. Oh ! cette fois il avait la figure défaite ; et, dès qu'il me vit, il me demanda où était monseigneur.

« — Enfermé, dis-je, et pas seul.

« — Oh bien ! répliqua-t-il, peux-tu entrer pourtant dans sa chambre ?

« — Oui ! par la nôtre, pourvu que je veuille

me faire casser les os, car assurément il recevra mal qui viendra le déranger.

« — N'importe, reprit le page, dût-il te faire mourir sous le bâton d'abord, n'hésite pas à courir à lui; sois sûr qu'il te couvrira d'or pour te récompenser du service que tu vas lui rendre.

« — Eh bien ! que faut-il dire ?

« — Que.... que.... Sois discret comme la tombe, ou malheur à toi !... Dis-lui que Brillant, le coureur de mademoiselle de Valois, est venu m'apprendre que son altesse va être ici dans moins d'un quart d'heure. Elle a à parler à monseigneur d'une affaire importante.

« Au nom de mademoiselle de Valois, l'épouvante me saisit. Néanmoins, comprenant la nécessité du cas, je pus faire le tour de l'appartement; enfin, à l'aide d'un circuit prolongé, j'arrivai à la chambre de monseigneur. Les rideaux du lit étaient tirés, je ne vis pas M. le duc. Je fus accueilli par une volée d'injures telle que jamais pareilles n'ont frappé mes oreilles.

« — Eh monseigneur ! repartis-je en affectant un ton bourru ; valait-il mieux que je laissasse arriver ici ?...

« Je m'arrêtai tout court, effrayé de ma sotte imprudence.

« — Qui ?... qui ?... répéta-t-il; nomme donc bourreau; achève.

« — Croyez-moi, monseigneur, levez-vous en grande hâte, et venez recevoir qui vous survient.

« Au bruit du lit, un craquement redoublé me prouva que le duc se rendait à ma prière; mais on lui dit d'un ton impérieux : — *Reste, je te défends de te lever.*

« — Va dire à qui que ce soit que je suis sorti par la porte de derrière.

« — Au nom de Dieu, monseigneur, ne perdez pas de temps.

« — Drôle, cria l'autre voix, choisis de cent coups de bâton ou de cinq louis d'or. Nomme qui arrive.

« Je me tus; puis recommençant :

« — Ecoutez-moi, monsieur le duc!...

« — Veux-tu parler? dit l'autre personne.

« Même silence de ma part.

« — Duc de Richelieu, je vous commande d'enfoncer sur-le-champ votre épée au ventre de ce faquin, s'il persiste encore à se taire.

« Oh! pour le coup, furieux et piqué à mon tour, je me mis à dire résolument :

« — Eh bien, puisque vous tenez tant à savoir qui arrive, c'est mademoiselle de Valois.

« — Ah! monstre! s'écria toujours la même voix; et j'entendis en outre le bruit d'un coup à poing fermé appliqué sur la chair. Le duc, sans se plaindre, sauta résolument au bas du lit, se retira de dessous les rideaux, et, s'adressant à moi :

« — C'est donc Satan qui la fait venir si mal à propos?

« J'allais lui répondre ; un nouvel incident ne m'en laissa pas le loisir. Voilà qu'on se mit à heurter vivement à la porte du salon, et aussitôt une voix impérieuse cria :

« — Duc de Richelieu, vous êtes dans votre chambre! Ouvrez, et tôt, si vous voulez que je ne vous soupçonne pas.

« — Oh! mademoiselle! s'en vint-il dire dans les rideaux, ne nous perdons pas! Suivez cet honnête garçon ; il sera muet, sourd, aveugle. Je mourrais de chagrin, si je vous compromettais...

« — Je m'en ..., repartit énergiquement son audacieuse compagne. Avons-nous à rougir entre nous? Que je m'en aille !... Ah ouiche! pour qu'elle prenne la place toute chaude. Non ; il en sera ce qu'il pourra ; et quant à elle, eh bien, ce sera de même que feu La Fontaine :

Jean s'en alla comme il était...

« Ce colloque, débité rapidement et très bas, était couvert par le bruit d'une porte qu'on cherche à ouvrir de force. Alors le duc, faisant mine de bâiller :

« — Eh bien! qui va là? qui heurte ces ais à les briser?

« — Ouvrirez-vous, infâme?... ouvrirez-vous?...

« — Quoi! grand Dieu! est-ce vous?... Quoi! vous!... Ah! madame!...

« Le voilà qui, prenant son parti, referme les rideaux et court ouvrir lui-même la porte, bien qu'il eût pour tout vêtement un caleçon de toile blanche, une chemise et son col, qu'il n'avait pas défait. Quant à moi, anéanti de ce que je voyais, plus encore de ce que je prévoyais, je me reculai derrière le battant de l'issue dérobée, d'où je pouvais tout voir, tout entendre, sans être aperçu.

« Mademoiselle de Valois entre, furieuse et fort essoufflée.

« — A la fin, dit-elle, vous daignez ouvrir.

« — Je dormais de si bon appétit... Je passe des nuits blanches; le jour, je me démène. Oh! je ne suis pas de fer.

« — Si vous meniez une meilleure vie, monsieur, si vous cessiez d'aller au cabaret, de courir les mauvais lieux...

« — Ah! madame, je ne vois que très bonne compagnie.

« — Je le sais, et pire que la mauvaise.

« — Le Palais-Royal.

« — Pas d'impertinences.

« — Le château de Sceaux.

« — Où vous feriez bien de ne pas aller si vous teniez à votre tête.

« — L'hôtel de Condé.

« — Peuplé de c...... ·

« — Ah ! madame.

« — Et à commencer par les filles de la maison.

« — Qui du moins n'ont pas couché avec leur père, riposte avec aigreur la voix que j'avais déjà entendue sortir de l'alcove.

« — Ah ! monsieur le duc, dit froidement mademoiselle de Valois, si vous m'aviez prévenue que vous aviez là une dame, je ne me serais pas permis de troubler votre doux tête-à-tête : d'autant que c'est une conquête à laquelle il faut veiller. La place a été si souvent prise, qu'elle ne sait plus comment se défendre.

« — Du moins ne l'apprendra-t-elle pas de vous?

« — Ah ! mesdames ! dit le duc.

« — Vous êtes un scélérat ! s'écria la fille de M. le régent, un monstre que j'abandonne enfin au trop juste ressentiment de mon père....

Ah! mon Dieu, mon Dieu, à qui suis-je sacrifiée?...

« La princesse, déguisée, mais moins salement que sa rivale, s'arracha des bras de mon maitre qui voulait la retenir, et s'éloigna précipitamment. Lui, courut après elle sans pouvoir l'atteindre. Il rentra peu après, et, ne me voyant pas, me crut parti : aussi, ne se contraignant plus, il revint vers mademoiselle de Condé.

« — Vous venez d'en faire de belles, lui dit-il; je ne donnerais pas dorénavant deux liards de ma tête.

« — Oui, plaignez-vous; et moi, que dois-je dire, moi, que vous trompez si coupablement? Quoi! mon amour ne peut vous suffire! et c'est à la fille incestueuse du régent que vous vous adressez!...

« — N'êtes-vous pas lasse de répéter ces folies? Pensez-vous qu'on vous les pardonne? Si elles sont vraies, le père et la fille vous en voudront à la mort; et fausses, elles les armeront contre moi.

« — Mais vous l'aimez, infidèle?...

« Et là-dessus commença une scène de larmes, de reproches et de jalousie, qui n'aurait pas fini si tôt; mais une femme de confiance vint rappeler à mademoiselle de Condé qu'elle donnait à dîner ce même jour à M. le duc (son frère). Elle dut donc vider les lieux. A peine fut-elle partie, que le duc se mit à sonner à ébranler l'hôtel. Je montai, incertain de l'accueil qu'il me réservait. Lui, me voyant, se mit à dire :

« — Pauvre diable, tu as été en une rude position.

« — Eh, monseigneur, comment devais-je faire ?

« — Comme tu as fait... Il ne faut pas néanmoins jeter le manche après la cognée. Je vais écrire à ma belle Valois ; tu iras, pendant ce temps, te mettre en grande tenue ; puis, reviens, et tu iras porter mon poulet.

« Tout cela se fit comme il l'avait dit. Je me hâtai. A mon retour, il cachetait sa lettre ; puis, muni de ses instructions, je courus au Palais-Royal. Il y avait, dans la rue de Richelieu, une issue particulière aux appartemens de mademoiselle de Valois. Je m'y présentai ; et, ayant demandé une de ses soubrettes, nommée mademoiselle Rose Saint-Didier, une manière de mulâtre, fort laid et richement vêtu, me conduisit dans un petit salon, où j'eus le temps de croquer le marmot.

« Enfin je vis arriver une jeune fille leste, accorte, fringante. bavarde à faire mal à la poitrine. Dès qu'elle m'eut envisagé : — Ah ! dit-elle, vous êtes du fruit nouveau ; d'où êtes-vous ? d'où venez-vous? où avez-vous servi?... A propos, contez-moi ce qui s'est passé. Mademoiselle, sortie si gaie, est revenue pleurant à chaudes larmes, enragée, furieuse; que lui a-t-on fait? Allons, beau confident des secrets de votre maître, que je sache ce que vous savez? et, par réciproque, je vous conterai ce qui sera venu à ma connaissance.

« Ne voulant pas me compromettre avec cette écervelée, et tout à la fois craignant de la courroucer, je lui repartis que je n'étais pas dans la chambre du duc lorsque Son Altesse sérénissime était arrivée; que j'aurais même ignoré sa venue si elle, mademoiselle Saint-Didier, ne m'en eût pas instruit.

« Peu satisfaite de ma réponse, elle s'en alla porter le poulet à sa maîtresse; je l'attendais à chaque moment, lorsqu'une porte masquée, placée en face de moi, s'ouvre, et je vois en sortir mademoiselle de Valois, toujours irritée, qui, me jetant une bourse, me tourmente de questions sur mon maître, sur mademoiselle de Charolais, enfin me congédie, en me chargeant de dire au duc qu'elle l'attendait le lendemain à minuit, non pour se rapatrier, mais pour qu'il lui rendît ses lettres, son portrait, et les autres menues béatilles communes aux amans.

« J'allai porter cette réponse au duc; elle le

charma, et il en fit rejaillir sa joie sur moi. Sa générosité me surprit. Il me déclara que dorénavant je l'accompagnerais, et il fut décidé que je commencerais dès le lendemain.

« 14 mars.... A onze heures précises, nous montâmes en voiture à la place Royale, en face de l'hôtel Richelieu. Le cocher eut ordre de prendre les boulevarts, et d'arriver aux *Quinze-Vingts* cinq minutes seulement avant minuit. Il ne tarda ni n'avança d'une seconde. Nous descendîmes, tous deux revêtus d'un habit pareil, recouvert d'un manteau également semblable à l'autre ; nous avions une résille, un vaste chapeau espagnol, un *sombrero*, deux paires de pistolets cachés sous nos pourpoints, la dague et l'épée, costume à la fois simple et rempli d'élégance. Cela sentait l'hidalgo et le contrebandier.

« Nous étions attendus. La porte, entrebaillée, fut refermée après nous avoir livré passage. Nous montâmes l'escalier sans lumière. Sur le dernier palier, notre guide nous quitta. Mademoiselle Saint-Didier parut, fit une gentille révérence, passa la première. Lorsque nous eûmes parcouru une petite galerie chargée de belles peintures, la cameriste me fit signe de rester là. Le duc s'en alla seul avec elle ; je restai sans lustre ni flambeau allumé. Cependant, comme les volets étaient restés ouverts, la lueur de la lune suffisait à me détourner des meubles que j'aurais pu heurter.

« Quelques momens après, mademoiselle Saint-Didier vint me rejoindre; elle a de l'esprit et l'emploie bien. Notre conversation, quoique tâtonnée, ne fut pas pour cela moins agréable. Nous allions et venions; et chaque fois que notre pas de course nous rapprochait des fenêtres, ma compagne examinait l'état des lieux, et notamment du jardin, situé au-dessous de nous.

« Tout à coup elle frappe des mains, saisit les miennes vivement, et, m'entraînant avec rapidité, me dit : — Ah! nous sommes perdus! Son Altesse royale vient voir mademoiselle! Ah! mon Dieu, qu'allons-nous devenir?

« La bonne créature me conduisit d'abord dans sa chambre, leva un pan de tapisserie, fit glisser une feuille du lambris, et je me trouvai dans une sorte de cabinet obscur, qui, au moyen d'un jour de souffrance pratiqué dans la décoration de la boiserie, permettait à l'amitié, à la prudence ou à la curieuse indiscrétion d'examiner tout ce qui se passait dans la chambre à coucher de Son Altesse sérénissime. La chose était d'autant plus commode, que l'observateur avait son poste en face du lit.

« Celui-ci était occupé par mademoiselle de Valois; un mouchoir couvrait ses beaux yeux noyés de larmes; elle reprochait au duc de Richelieu sa perfidie, d'autant plus coupable, qu'elle flagellait une jeune fille (elle) bonne, tendre, naïve, attachée, constante, et qui aimerait mieux mourir que de concourir à une infidélité.

« Ceci se disait encore, quand mademoiselle de Saint-Didier, se précipitant au lieu où soupirait ce jeune coupable, le prévint que M. le Régent arrivait. On lui avait, par courtoisie, conservé ce titre, quoique le roi fût entré dans sa majorité. La nouvelle de sa venue, à laquelle le beau couple n'était pas préparé, le troubla d'une si étrange manière, que ni l'un ni l'autre ne surent se résoudre à ce qu'il fallait faire. La fuite, peut-être, eût été le parti le plus sage. On n'y songea pas d'abord; et lorsqu'on s'en avisa, il n'était plus temps : les antichambres de l'appartement de la princesse, les salons et les pièces cachées se remplissaient de la foule accoutumée, qui s'empresse sur les pas du souverain effectif.

« Le duc de Richelieu ne pouvait cependant attendre le père-amant de sa belle et noble maîtresse; cette rencontre eût été pour lui trop périlleuse, surtout dans l'occurrence, où il était accusé, non sans motifs, d'avoir pris sa part de la conspiration ourdie par le duc, la duchesse du Maine et le roi d'Espagne contre M. le duc d'Orléans.

« Sortir ne se pouvait pas non plus, toutes les issues, ai-je dit, étaient fermées. Il n'y avait là aucune garde-robe, aucun cabinet de travail ou de santé commode à cacher un mystère amoureux.... De seconde en seconde le péril croissait; bientôt il fallut ou disparaître instantanément, ou être surpris. On entendait déjà le bruit du pas lourd de Son Altesse royale. Enfin mademoiselle de Saint-Didier, qui conservait mieux sa tête que la princesse, poussa le duc de Richelieu, non dans la ruelle, car il n'y en avait pas, vu la forme du lit, mais entre l'espace qu'il y avait entre les matelas et la muraille. Là, mon maître se couche de son long, s'enfonce, s'aplatit du mieux possible. D'ailleurs, il était si mince, qu'il s'accommoda facilement, pour se soustraire au premier coup d'œil. On jeta en plus sur lui deux ou trois édredons, des carreaux, des couvertures; et, en réalité, comme ces géans de la fable, il fut enseveli sous une manière de montagne dont on le surchargea.

« Ceci venait à peine d'être achevé, on en tremblait encore, lorsque Son Altesse royale entra.... Elle fut à sa fille, l'embrassa vivement, s'assit, la fit asseoir à ses côtés, puis d'un geste impérieux enjoignit à sa suite d'avoir à se retirer promptement. Mademoiselle de Saint-Didier, interprétant d'une autre manière un signe de sa maîtresse, restait, en se tenant à l'écart; mais Son Altesse royale, se tournant vers elle, lui demanda sèchement ce qu'elle faisait là. Il n'y avait pas moyen de soutenir l'assaut. La bonne camériste dut céder à la nécessité. La persistance eût été l'indiscrétion même. Elle s'en alla, et le père demeura seul avec la fille.

« Il ne fut pas difficile de reconnaître que M. le duc d'Orléans était ce que nous appelons *dans les vignes du Seigneur*. Il sortait de souper, avait bu considérablement, et ne se serait soutenu qu'avec peine sur ses jambes : ses hoquets, ses mouvemens désordonnés, une odeur bachique qu'il exhalait, restaient en témoignage que s'il n'avait pas entièrement perdu la raison, c'était parce qu'il soutenait merveilleusement l'ardente liqueur.

« Son Altesse royale a le vin tendre; et certes, je me serais souhaité à mille lieues de ma place, tant aux premières caresses qu'il hasarda, je me rappelai le poète latin Ovide dans le palais de l'empereur Auguste, lorsque ce dernier courtisait de trop près sa fille, l'ardente Julie. La toilette plus que négligée de mademoiselle de Valois disparut bientôt sous les agaceries d'une sorte de lutte : ses épaules, son sein, tout me fut révélé. Dans sa colère, elle se livrait en se défendant, et Son Altesse royale riait de la défense que j'avais au moins eu raison de croire sincère; tout en y voyant une certaine mollesse, dont je m'étonnais, je voulais douter du dénoûment de cette scène et croire à d'innocentes familiarités : par degré le jeu devint plus grave. Elle parlait avec volubilité, mais de toute autre chose, d'affaires d'état, des bruits politiques; la couleur sombre des draperies mettait cependant tout en relief; et les hardiesses des tableaux de votre petit cabinet, monseigneur, ne sont rien en comparaison des postures lascives dans lesquelles ce père sans frein osa plusieurs fois arrêter sa fille. Il dévorait ce spectacle, et son exaspération était au comble. Elle essaya de lui donner le change, non plus par des combats qui lui donnaient plus de désirs, mais par d'habiles propos sur les gens de la cour, et cette tactique parut réussir : elle évitait ainsi de hardies caresses en le mettant sur le chapitre de ses haines. Ces idées l'entraînèrent malgré lui.

« La conversation s'anima. Le prince dit qu'il ne pouvait plus supporter les intrigues du duc de Richelieu.

« — Oui, poursuivit-il en élevant la voix, voici la lettre de cachet pour l'envoyer à la Bastille. Le prisonnier ne tardera pas à avoir la tête tranchée.

« Mademoiselle de Valois poussa un cri; son père reprenant :

« — Jour de Dieu! je crois que vous êtes amoureuse de ce polisson. Ah! qu'il se tienne bien! car si je le vois rôder autour de vous, je ne lui ferai pas grâce.

« — Cependant, repartit la princesse en essayant de sourire, j'espère que vous la lui accorderez, et qu'il n'ira pas à la Bastille.

« — Demain il y couchera.

« — Non, monsieur, vous serez moins sévère.

« — Tu l'aimes donc, malheureuse; ne sais-tu pas qu'il affiche la Charolais, madame de Polignac, la Beuvron et dix autres dames de la cour, sans faire tort aux bourgeoises, aux femmes de robe, aux actrices et aux moindres catins?

« — On le calomnie, répliqua d'une voix faible mademoiselle de Valois.

« — Oh! pour ça, c'est impossible!

« — Monsieur, confiez-moi cette lettre de cachet.

« — Non! de par tous les diables il n'en sera rien.

« La querelle s'établit, les idées du prince

s'embrouillent ; il a des désirs, et les montre ; on le repousse vivement ; alors il s'exaspère et revient à menacer mon maître. Enfin, après un colloque de près d'une heure, à la suite d'une discussion très bruyante, la lettre de cachet est jetée au feu, du consentement du père, et.... Mais épargnez-moi, monseigneur, les détails, étrangers à tant de titres, tant pour les propos que pour le caractère des libertés, de cette scène incestueuse que tout prouve ne pas être la première. J'en fus le spectateur sans y croire, l'auditeur stupéfait. En présence de ces voluptés inconnues, frénétiques, sans voile, que l'on savourait à deux et demi, je sentais comme une main d'exécuteur s'abaisser de plus en plus sur ma tête ; j'étais entre l'inceste et le bourreau, devant un abominable secret. Le prince avait eu toute facilité pour commettre ce crime ; une résistance prolongée de la part de sa fille aurait par trop compromis le témoin de ce nouveau guet-apens. Mademoiselle de Valois eut toute la fougue, l'abandon, les emportemens et les cris de plaisir d'une femme qui se croit dans la sécurité d'un tête-à-tête, sans doute pour plus de feinte ; car maintefois, en ramenant les lèvres de son père vers les beautés dont il sollicitait la vue, de l'autre main elle essayait de solliciter le pardon du crime et cherchait à saisir la main de l'homme que ce crime, en se donnant toute carrière, devait sauver de la Bastille et surtout des imprudences immédiates de ce fatal rendez-vous. Quant à moi, mon sang bouillait; j'avais des frémissemens dans le sang, des éclairs dans les yeux ; je ne sais comment je ne me suis pas trahi dans ma retraite, et je ressentis plus de vingt suffocations, sans pouvoir me défendre du trouble que jetaient dans mes sens les convulsions luxurieuses de cette femme nue qui se tordait comme une lionne sous les embrassemens fous et prolongés dont Son Altesse royale la couvrait de toutes parts. Essayer de vous dire les mots effrénés qu'il appelait au secours de sa furie, pour en renouveler les transports, comme si le plaisir d'outrager toutes les lois surexcitait à chaque instant ses désirs, ce serait porter dans vos sens des désordres contre lesquels je ne serais encore pas sûr de me protéger moi-même : je me tais. Ce qu'il y a d'extraordinaire dans les choses défendues est une séduction de l'enfer même. De telles mœurs se répandraient si on le savait. Les plaisirs que se donnent les grands sont un orgueil pour les petits. Je tremble pour ma patrie, monseigneur.

« Son Altesse royale peu après sortit en fredonnant le grand air de l'opéra d'*Hésione*. La princesse resta abîmée, anéantie, couchée dans un fauteuil, ayant la rougeur au front et un mouchoir sur les yeux. Il s'écoula plusieurs momens avant que le duc quittât son asile. Enfin, il se montra, non moins embarrassé qu'elle; il aurait dû la remercier, la consoler même; mais lui qui avait à se faire pardonner la princesse de Condé, ne montra aucune délicatesse dans l'occurrence, et, tout au contraire, il se mit, avec une dureté sans pareille, à plaisanter cette pauvre créature, à la féliciter sur sa double bonne fortune; il en dit tant que mademoiselle de Valois, accablée, anéantie, honteuse au-delà de toute expression, courut à une fenêtre et chercha à se précipiter du haut de l'étage.

« Le duc, à son tour, effrayé, courut à elle, la retint dans ses bras et lui prodigua de vives caresses. Dans ce moment, mademoiselle de Saint-Didier, venant me chercher, me ramena dans sa chambre, où je restai jusqu'aux approches du jour que mon maître partit, réconcilié complétement avec la princesse. Dans la route il se parlait à lui-même, et plusieurs fois il se mit à cracher avec dégoût, comme s'il se fût ressouvenu de ce qui avait frappé son oreille; car, du moins, il n'avait pu rien voir.

« Le lendemain il m'envoya d'abord à l'hôtel de Condé, où je dus solliciter un rendez-vous. Ici, monseigneur, permettez-moi de vous raconter une anecdote que je tiens d'un de mes confrères, et dont je laisse à votre excellence à faire usage, sans insister sur ce que je viens de vous dire, la voici :

« Mon camarade servait le comte de Guercheville, qui souvent l'envoyait porter des messages amoureux à une certaine vicomtesse de Poli..... Cette dame, suspectant la fidélité de son amant, le mit à l'épreuve. En effet, que trouva-t-elle ? le comte en bonne fortune avec la propre femme de chambre d'elle. Madame de Poli.... loin d'entrer en fureur, rit, plaisanta, se retira paisible. Mais le lendemain, mon camarade étant venu lui remettre un billet dans lequel le comte sollicitait sa grâce, la vicomtesse de Poli..... lui dit :

« — Germain, as-tu une chemise blanche?

« — Oui, madame, d'hier.

« — Pourquoi laisses-tu ton maître prendre une soubrette; elle te revenait de droit?

« — Dame! madame la vicomtesse, monsieur ni la donzelle ne m'en ont demandé la permission.

« — Eh bien, Germain, ne la lui demande pas

non plus pour lui rendre la pareille..... A nous deux maintenant.

«Ce pauvre garçon, malgré la clarté de ces paroles, n'osait aller plus avant. La vicomtesse lui fit presque violence, et le congédia en lui donnant un double louis. Elle n'est pas riche. Il rapporta pour son maître une invitation à souper au nom de la dame, et pour le même soir, avec un comte de Colbert, je ne sais lequel, son ami intime, grand bavard et mauvaise langue au possible.

« Quand on passa dans la salle à manger, ces seigneurs avisèrent cinq couverts, et eux en se comptant avec madame de Poli.... n'étaient que trois. Alors le comte de Guercheville voyant cela, demanda à la vicomtesse quels étaient les deux perfides convives qui lui faisaient faux bond.

« — Aucun, répondit-elle; mais, comme vous couchez avec ma femme de chambre, j'ai pensé qu'il vous serait agréable de souper avec elle, et moi, qui, à mon tour, me suis donné votre grison, j'aurai du plaisir à trinquer avec lui. Approche, Germain, ajouta-t-elle en élevant la voix.

« — Qui fut penaud, monseigneur ? Ce fut sans

doute le comte de Guercheville ; car son bon ami, au risque d'un coup d'épée, s'en alla partout conter cette vengeance délicieuse, tandis que lui, furibond, poursuivait jusque dans la rue ce pauvre Germain qui, dès ce soir, le quitta sans lui demander son reste.

« A l'application, monseigneur ! »

FIN DU PREMIER VOLUME.

MÉMOIRES

TIRÉS DES

ARCHIVES DE LA POLICE

DE PARIS.

www.ingramcontent.com/pod-product-compliance
Lightning Source LLC
Chambersburg PA
CBHW050548170426
43201CB00011B/1613